10
18
12, AVENUE D'ITALIE. PARIS XIIIe

Sur l'auteur

John Maddox Roberts est né en 1947 dans l'Ohio. Il est l'auteur d'une trentaine d'ouvrages de science-fiction, de *fantasy* et de policiers historiques, dont la série SPQR plusieurs fois en lice pour les Edgar Awards, et qui compte déjà neuf tomes. John Maddox Roberts vit aujourd'hui au Nouveau-Mexique.

JOHN MADDOX ROBERTS

LA RÉPUBLIQUE EN PÉRIL

Traduit de l'américain
par Alexis CHAMPON

10
18

« Grands Détectives »

dirigé par Jean-Claude Zylberstein

Du même auteur
aux Éditions 10/18

Série SPQR : Au nom du Sénat
et du peuple romain

ÉCHEC AU SÉNAT, n° 3782
▶ LA RÉPUBLIQUE EN PÉRIL, n° 3783

Titre original :
The Catiline Conspiracy

ISBN 2-264-03924-8

À Gerald Page,
Qui connaît tout des mystères, de l'histoire
et, naturellement, des tatous

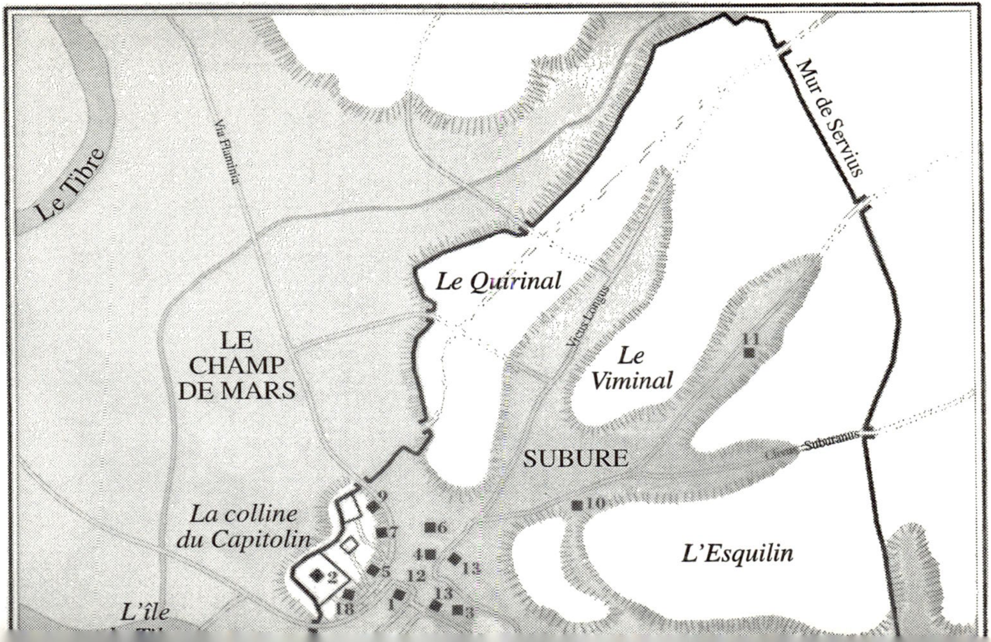
Le Tibre
Via Flaminia
LE CHAMP DE MARS
Le Quirinal
Mur de Servius
Vicus Longus
Le Viminal
SUBURE
Suburanus
L'Esquilin
La colline du Capitolin
L'île
1
2
3
4
5
6
7
9
10
11
12
13
13
18

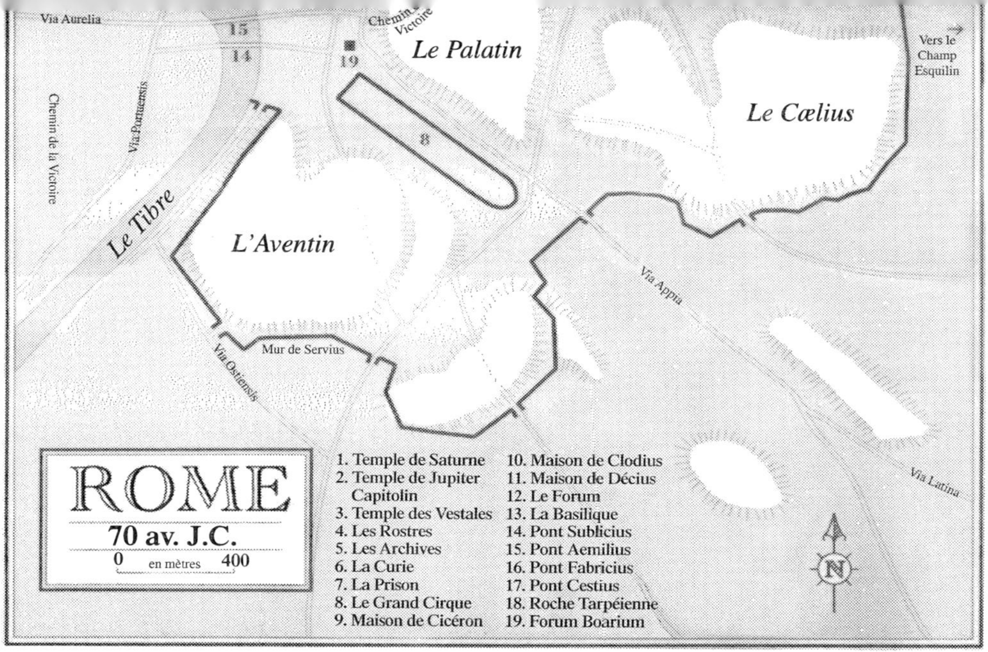

Via Aurelia
15
14
19
Le Palatin
Vers le Champ Esquilin
Le Cælius
Chemin de la Victoire
Via Portuensis
8
Le Tibre
L'Aventin
Via Appia
Mur de Servius
Via Ostiensis
Via Latina
ROME
70 av. J.C.
0 en mètres 400
1. Temple de Saturne
2. Temple de Jupiter Capitolin
3. Temple des Vestales
4. Les Rostres
5. Les Archives
6. La Curie
7. La Prison
8. Le Grand Cirque
9. Maison de Cicéron
10. Maison de Clodius
11. Maison de Décius
12. Le Forum
13. La Basilique
14. Pont Sublicius
15. Pont Aemilius
16. Pont Fabricius
17. Pont Cestius
18. Roche Tarpéienne
19. Forum Boarium
N

I

Cet été-là, nous apprîmes la mort de Mithridate. Nous eûmes d'abord peine à y croire. Il représentait depuis si longtemps une épine dans le flanc de Rome que nous avions fini par le considérer comme une puissance naturelle, aussi immuable que le lever du soleil. Seuls les citoyens romains les plus vieux pouvaient se rappeler l'époque où il n'était pas là pour nous empoisonner la vie. En fait, il était mort à un âge avancé, sans amis, quelque part dans le Bosphore cimmérien, alors même qu'il projetait une énième sortie contre Rome pour envahir l'Italie par le Danube. C'était notre ennemi le plus fidèle ; sans aucun doute, il allait nous manquer.

La nouvelle nous parvint au milieu d'un été splendide, l'un des plus éclatants de mémoire d'homme. Nous vivions alors une époque prospère et paisible. Les souvenirs des guerres civiles qui s'étaient déroulées sous Marius et Sylla s'estompaient enfin, leurs sanglantes proscriptions* semblaient d'un autre temps. Sur tous les fronts, Rome remportait des succès militaires. À l'est, Pompée volait de victoire en victoire. Après avoir

* Les termes suivis d'un astérisque figurent dans le glossaire en fin d'ouvrage. (*N. d. T.*)

écrasé les pirates méditerranéens, il était parti conquérir l'Asie, le Pont et l'Arménie, dépouillant en chemin Lucullus de la gloire finale pour laquelle celui-ci avait combattu si longtemps et avec honneur. La Crète avait été soumise après une campagne décousue plutôt pénible. Alors, qui donc pouvait encore menacer Rome ? Carthage avait été détruite des générations auparavant, ses ruines labourées pour y semer du sel afin que rien ne repousse. L'Est, de la Cilicie à la Palestine, vivait sous la botte romaine, et seuls les Parthes restaient indépendants. Au sud, grasse et indolente comme un crocodile repu, l'Égypte ne faisait plus peur à personne tandis que l'Afrique et la Numidie étaient muselées. À l'ouest, l'Espagne demeurait une province lourdement taxée. Certes, au nord, quelques tribus gauloises n'étaient pas encore civilisées ; affublés de braies et de longs cheveux, leurs guerriers inspiraient à nos dramaturges leurs meilleures scènes comiques.

Alors, qui menaçait Rome ? Les Romains, bien sûr. Nous étions à l'orée d'une autre série de guerres civiles, de convulsions si terribles qu'elles s'étendraient partout dans le monde. Elles se déclencheraient des années plus tard, mais, en regardant en arrière, je me rends compte que ce fut le dernier été de la vieille République. Elle mourut à l'automne.

Toutefois, à ce moment-là, rien ne le laissait deviner. Certains prétendent même que la République n'a pas vraiment disparu, que notre estimé Premier Citoyen l'a au contraire restaurée. Paroles de fous et de flagorneurs. Aujourd'hui trop vieux pour me soucier de ce que le Premier Citoyen pense de moi, je décrirai les événements tels que je les ai vécus. Si son ancêtre, le Divin Jules, n'apparaît pas dans cet exposé comme un dieu, c'est parce que j'ai connu Caius Julius à l'époque, contrairement à lui. Rien de surprenant à cela, d'ailleurs, vu que le Premier Citoyen naquit justement l'année où commence mon récit. À point nommé, d'une certaine manière.

Donc, ce fameux été, rien de tragique ne nous effleurait l'esprit. La controverse politique la plus grave de cette période avait été soulevée par la décision du préteur* Roscius Othon. Quatre ans plus tôt, alors tribun* du peuple, il avait fait adopter une loi qui accordait les quatorze premiers rangs du théâtre aux *equites**, la classe riche mais d'origine plébéienne. Devenu préteur, il la maintint. Il n'y eut pas d'émeutes, mais Othon était sifflé chaque fois qu'il se montrait au théâtre.

Le grand événement de la saison fut sans conteste le triomphe* de Lucullus. Rentré en Italie depuis près de quatre ans, il avait alors demandé au Sénat la permission de fêter ses victoires sur Mithridate et sur Tigrane. Pompée avait manipulé les tribuns pour bloquer la décision, mais Lucullus venait finalement d'obtenir gain de cause. Pendant cette période d'attente, il avait été contraint d'établir son campement hors des murs de Rome, ainsi que la tradition l'exigeait. Avant lui, Quintus Marcius Rex, le vainqueur de la Cilicie, et un parent à moi, Quintus Cécilius Métellus Créticus, vainqueur des Crétois, furent également empêchés de célébrer leur triomphe chèrement acquis. Pompée avait une interprétation fort simple de la loi de la nature : toute la gloire lui appartenait, et quiconque en réclamait sa part devenait aussitôt un voleur.

La procession triomphale fut superbe, car Lucullus avait écrasé des armées considérables et rapporté un immense butin des villes de Tigranocerte, d'Artaxate et de Nisibis. Du haut des Rostres*, d'où la vue était excellente, je contemplai la colonne humaine qui avançait vers le Forum*. En tête, les sonneurs de trompe faisaient puissamment résonner leurs instruments. Derrière marchaient les porte-étendards des légions de Lucullus. Ceux-ci, comme tous les soldats de la procession, n'avaient gardé, outre leur tunique*, que leurs bottes et leur ceinturon militaires. Une loi ancienne, en effet, leur interdisait de pénétrer en armes dans la ville. Puis venaient des chars. Le premier, surmonté d'une statue colossale de Jupiter, traînait à sa suite les bœufs sacrificiels blancs. Les autres, tirés par des soldats, transportaient plusieurs fresques des batailles. Suivaient des légionnaires, vêtus d'une tunique blanche ; la tête coiffée d'une couronne d'or, drapés de guirlandes de fleurs, ils brandissaient les palmes de la victoire tandis que de jolies esclaves les arrosaient de pétales de fleurs, au son des tambours et des flûtes.

Venaient ensuite les chars chargés des armes prises à l'ennemi. Ils étaient artistiquement aménagés sur le modèle des trophées improvisés que les soldats érigeaient dans l'ancien temps sur les champs de bataille, en élaguant les branches d'un arbre proche afin d'y suspendre leurs prises. Dans chaque véhicule, en effet, était planté un arbre qui portait sa récolte d'épées, de lances, d'armures étincelantes, et de boucliers multicolores. Des casques à plumes étaient fichés sur des faisceaux de flèches. Autour des trophées, des prisonniers entravés, la corde au cou, se tenaient assis, complètement prostrés. Vu le temps écoulé entre les victoires et le triomphe, il ne s'agissait sans doute que de doublures, louées pour l'occasion. Derrière les chars, d'autres prisonniers, des animaux sacrificiels, un orchestre et, enfin, ce que tout le monde attendait avec impatience : le butin.

Les clameurs qui accueillirent celui du pillage de Tigranocerte étouffèrent même le tapage des musiciens. Il y avait des plateaux d'argent massif, des coupes incrustées de pierreries, des chaînes d'argent, des sculptures en ivoire, des coffres ornés d'ambre, des vases précieux, des couronnes, des sceptres, de fabuleuses œuvres d'art que les monarques d'Asie avaient pillées dans les colonies grecques. On avait même peint sur des planches de bois le montant des rançons, et le fruit de la vente des prisonniers et des esclaves. Il y avait aussi des monceaux de soieries chatoyantes dont le prix excédait de loin leur poids en or ; des lingots d'or et d'argent de la taille de briques, en assez grande quantité pour construire un temple. Et toute cette fortune était acclamée avec un enthousiasme extatique digne des plus grandes bacchanales. On dira ce qu'on voudra des Romains en tant que conquérants, mais nous avons toujours pris un plaisir honnête dans le pillage, le vol et la rapine. C'est chez nous une qualité que l'hypocrisie n'a jamais ternie.

Enfin, presque en dernier, vint l'homme du jour, Lucius Licinius Lucullus Ponticus en personne. Les soldats étaient déjà sortis de la ville et on avait refermé les portes derrière eux, car, encore à cause d'une ancienne loi, un général et ses troupes n'ont pas le droit de se trouver en même temps dans l'enceinte de Rome. Dans sa robe triomphale de pourpre de Tyr, Lucullus avait l'air d'une statue étrusque. Le visage et les mains peints en rouge, la tête couronnée de lauriers d'or, il brandissait un sceptre et un rameau d'olivier, tout en conduisant un char doré tiré par quatre chevaux blancs ; derrière lui, un esclave lui rappelait de temps en temps à l'oreille :

— Souviens-toi que tu es mortel.

Le prisonnier le plus éminent fermait la marche. Comme Lucullus n'avait pas capturé Mithridate, et que Tigrane avait passé un marché avec Pompée, cet honneur revint à l'un des généraux de Tigranocerte. Le char fit le tour des Rostres puis commença la montée vers le Capitole. Pendant ce temps, on mena le prisonnier dans la geôle, située dans les flancs de la colline ; là, il serait étranglé. J'éprouvais une certaine pitié pour l'homme. Ayant moi-même eu le malheur d'y être enfermé, je puis témoigner que l'endroit est peu plaisant, certainement le dernier où l'on souhaiterait mourir.

La seule fausse note du défilé concernait la condition déplorable du temple de Jupiter Capitolin* où Lucullus devait sacrifier un taureau lorsque le prisonnier rendrait son dernier soupir. Deux ans auparavant, la foudre avait frappé l'édifice, et on avait consulté les haruspices* sur le présage. Après mûre réflexion, ceux-ci avaient décrété que la vieille statue de Jupiter devait être remplacée par une nouvelle, plus grande, dirigée vers l'est et regardant le Forum. Une fois en place, elle aiderait le Sénat* et le peuple à détecter les complots contre l'État. Le jour du triomphe de Lucullus, la nouvelle statue était encore devant l'énorme cavité qui avait été creusée dans le mur du temple. Pouce par pouce, avec un soin infini et des efforts colossaux, on la poussait petit à petit vers sa place définitive.

Privilège rare, la pièce où je travaillais donnait sur les Rostres. Cette année-là, j'étais questeur*, le grade le plus bas des fonctionnaires élus. Certains questeurs étaient les assistants personnels des consuls, d'autres voyageaient à travers l'Italie, conduisaient des enquêtes dans les possessions romaines d'outre-mer, ou se rendaient au moins à Ostie afin de superviser les chargements de céréales. Mais pas moi. Moi, Décius Cécilius Métellus le Jeune, j'étais assigné au Trésor. Cela signifiait que je passais mes journées dans le temple de Saturne* où j'avais la charge des esclaves publics et des affranchis* qui faisaient, eux, tout le travail. Et le travail, ils n'en manqueraient pas après le triomphe. Lucullus devait remettre un coquet pourcentage de son butin au Trésor et les étendards militaires retrouveraient leur place d'honneur dans le temple, jusqu'à ce que les légions reprennent du service.

En descendant des Rostres, je me réjouissais des festivités qui rompraient avec la monotonie de ma tâche.

En tant que fonctionnaire, j'étais invité au gigantesque banquet que Lucullus donnerait ce soir-là, à la suite duquel il patronnerait plusieurs journées de jeux pour remercier les dieux et honorer ses ancêtres. Courses, combats et festins se succéderaient sans relâche, tandis qu'on distribuerait exceptionnellement des céréales, de l'huile et du vin au public. En outre, comme cadeau à Rome, Lucullus dédierait un nouveau temple à Minerve.

Il faisait un temps splendide, ce qui ne gâtait rien. Rome n'est certes pas une belle ville, mais le Forum, avec ses magnifiques bâtiments publics et ses temples, est l'endroit le plus majestueux du monde. Or, ce jour-là, il était drapé d'énormes guirlandes de fleurs, jonché de pétales semés par les esclaves sur leur passage et jetés des toits ou des balcons par les citoyens. La ville était embaumée de toutes ces fragrances, mais aussi de l'encens qui s'élevait des temples, et des parfums dont chacun s'aspergeait pour ces festivités.

Ce fut donc le cœur léger que je traversai le Forum pour assister au stockage de l'or et des étendards. Toute activité officielle était interdite les jours de triomphe, néanmoins on faisait bien sûr une exception dans ce cas précis. Je passai devant le sanctuaire de Janus, l'un des plus anciens dieux de Rome, avec ses deux visages opposés, l'un regardant à travers l'ouverture de la façade, l'autre tourné vers les portes arrière du temple. On ne fermait celles-ci que lorsque nul soldat romain ne combattait quelque part dans le monde. J'ignorais à quoi ressemblait le temple avec ses portes closes car je les avais toujours vues ouvertes. En fait, elles étaient restées ainsi depuis l'époque du roi Numa Pompilius qui avait bâti ce sanctuaire plus de six siècles auparavant. Une légende prétendait pourtant qu'elles avaient été fermées quelques jours pendant son règne. Avec de telles histoires, comment s'étonner que nous soyons un peuple guerrier ?

Au temple de Saturne, je fis mine de superviser le transfert, pendant qu'un vieil affranchi du nom de Minicius s'occupait en fait du chargement. Étant le questeur, donc celui qui possédait les clefs, mon rôle s'était borné à ouvrir les portes. Pendant qu'une multitude d'esclaves, suant et peinant, transportaient le butin dans les salles du Trésor, sous le temple, j'observai les soldats qui remisaient avec respect les étendards dans leurs fourreaux où la statue de Saturne, noircie par les ans, veillerait sur eux.

Un soldat, fier d'avoir convenablement rangé une aigle rutilante, s'avança vers moi d'un pas mal assuré. Il était très jeune, légèrement gris, et des pétales de fleurs restaient collés sur ses bras en sueur.

— Excuse-moi, citoyen, commença-t-il avec un fort accent gaulois. Peux-tu me dire pourquoi on a enveloppé ce vieux bonhomme comme une momie égyptienne ?

Il désigna du menton la statue de Saturne. J'examinai celle-ci. L'ayant connue toute ma vie, il ne m'était jamais venu à l'esprit qu'on pût trouver étranges les bandelettes de laine dont on l'avait affublée.

— C'est pour l'empêcher de quitter Rome, expliquai-je au jeune soldat. On ne défait les bandelettes que pendant les saturnales*.

— C'est pas plus mal, rétorqua-t-il. Tout le monde est plutôt défait pendant ces agapes.

À ce moment-là, Minicius revint du sous-sol, l'air scandalisé.

— Vous devriez déjà être dans votre campement ! protesta-t-il. Les soldats ne sont pas censés rester en ville pendant que le *triumphator* est à l'intérieur du *pomerium** !

— Du calme, grand-père, dit un ancien au visage durci par la guerre. Ce sont les emblèmes sacrés des légions ; nous devons veiller à les ranger proprement.

— Nous vous promettons de ne pas renverser le gouvernement, dit un autre.

— Laisse, Minicius, fis-je. Nos soldats méritent une certaine tolérance le jour de leur triomphe.

Les hommes saluèrent et partirent, respectant au moins mon élocution aristocratique.

— Nos soldats ? railla Minicius. Ce sont des soldats de Rome ? Je n'ai pas reconnu un seul accent de la ville.

— Hormis les officiers, répliquai-je, les légions sont dorénavant recrutées dans les provinces. C'est comme ça depuis Caius Marius. Quel Romain s'engage encore chez les aigles ?

— Questeur, j'ai besoin de ta signature pour le prochain chargement, me rappela-t-il.

Comme nous marchions vers le palier, des esclaves qui entraient par le portique, désorientés par l'obscurité, se dirigèrent vers une porte sur la droite.

— Pas par là, imbéciles ! rugit Minicius. Le Trésor, c'est là-bas !

Et il désigna la volée de marches qui commençait juste sous les pieds bandés de la statue de Saturne.

— Qu'y a-t-il derrière cette porte ? demandai-je.

Je connaissais mal le temple, hormis les parties ouvertes au public durant les fêtes.

— Seulement l'escalier qui conduit à de vieilles réserves, m'expliqua Minicius. Il n'a sans doute pas été utilisé depuis cent ans. On devrait le murer.

Nous descendîmes alors à la cave, où je surveillai les opérations avant de signer le registre. Après le départ des soldats et des esclaves, je fermai soigneusement les portes de fer et nous remontâmes dans le temple.

Dehors, le soir tombait. Mais les jours sont longs en été et il faisait encore clair. La liesse n'avait pas quitté la ville. L'heure du banquet approchait et mon estomac me rappelait que je n'avais rien mangé de la journée en prévision du festin.

Le banquet devait se tenir dans le superbe jardin qui jouxtait le nouveau temple que Lucullus inaugurerait le lendemain. Alors que je m'y dirigeais, je vis un homme fendre la foule exubérante et venir à ma rencontre. Il marchait pieds nus et portait la tunique bordée de pourpre des sénateurs. Une tunique de sénateur et des pieds nus, cela ne pouvait être que Marcus Porcius Cato, le politicien le plus extraordinairement ennuyeux de Rome. Il attribuait tous nos malheurs à notre incapacité de vivre avec la simplicité qui caractérisait nos ancêtres. Il se considérait comme l'exemple vivant de la vertu antique. Puisque les premiers Romains ne portaient pas de sandales, il n'en mettait pas non plus. Il venait de se faire élire tribun en proclamant tout le long de sa campagne que ne pas voter pour lui serait une insulte à nos ancêtres. Il me salua à l'ancienne.

— Salut, questeur ! Je suis bien aise de voir un fonctionnaire qui n'hésite pas à travailler, même un jour de fête.

Je pointai un pouce en direction du temple.

— Il y a environ cinquante millions de sesterces là-dedans avec mon nom dessus. L'année prochaine, quand je quitterai ma fonction, il se trouvera toujours quelque imbécile pour m'accuser de détournement de fonds s'il manque le moindre as de cuivre.

— C'est très consciencieux de ta part, déclara Caton, complètement insensible à l'ironie. Je vais de ce pas au banquet de Lucullus. Veux-tu m'accompagner ?

Ne trouvant pour refuser aucun prétexte poli, j'acceptai son offre et le suivis, chaussé de mes sandales décadentes. Il marchait d'un pas de légionnaire, autrement plus vigoureux que mon allure nonchalante de citoyen romain.

— Superbe triomphe, n'est-ce pas ? fit Caton. Je me suis battu sans relâche au Sénat pour que Lucullus obtienne cet honneur.

— Tes efforts ont été une source d'inspiration pour nous tous, assurai-je.

— Les partisans de Pompée sont vraiment devenus insupportables. Savais-tu que Balbus et Labiénus essayaient de faire passer une loi qui autoriserait Pompée à porter les attributs de *triumphator* dans tous les jeux publics ?

Le cynique endurci que j'étais n'en fut pas moins atterré par la nouvelle.

— Tu plaisantes ?

— Je ne plaisante jamais, dit-il le plus sérieusement du monde.

— Ils vont trop loin, admis-je. Évidemment, il fallait s'y attendre de la part d'un homme qui s'est autoproclamé « le Grand » alors qu'il avait à peine vingt ans.

— Trop loin ? C'est impie, oui ! Un affront aux dieux immortels ! Quelle sera la prochaine étape ? Le couronnement, peut-être ?

Caton devint rouge pivoine. Il n'était pas loin de succomber à une attaque d'apoplexie, une perspective que j'étais prêt à accepter avec une résignation toute philosophique.

— De son côté, reprit-il, Lucullus est un général digne des Anciens. Je ne puis fermer les yeux sur son goût du luxe, mais il discipline ses légions de manière exemplaire. Son administration des villes d'Asie a été un modèle d'honnêteté et d'efficacité.

Là, je dus acquiescer. Lucullus était en outre miséricordieux, mais ce n'était pas une qualité que Caton aurait trouvée vertueuse. Nous descendions vers le fleuve.

Pendant que Lucullus attendait dans sa villa, hors de la cité, ses agents avaient acheté un morceau de terrain marécageux qui n'avait jamais produit que des moustiques. Après l'avoir asséché et labouré, ils l'avaient transformé en jardin et y avaient érigé un beau temple à la déesse de la Sagesse, patronne des artisans. À cette époque, celle-ci n'avait pas encore épousé les attributs de la Grecque Athéna, déesse de la Guerre.

À l'entrée du jardin, on avait disposé les statues des divinités d'État et un autel au dieu inconnu. Caton insista pour s'arrêter devant chacune d'elles afin de jeter une pincée d'encens dans les charbons ardents des braseros qui brûlaient continuellement. À notre arrivée, un héraut nous annonça d'une voix de stentor.

— Le sénateur Marcus Porcius Cato et le questeur Décius Cécilius Métellus le Jeune !

Je le gratifiai d'un pourboire et le félicitai pour son remarquable organe.

— Tu es le deuxième Décius Métellus que j'annonce, m'apprit-il.

— Ah, mon père est donc là ?

— Oui, citoyen, ainsi que plusieurs Quintus.

Je dois peut-être m'expliquer. Je viens d'une famille affreusement nombreuse, hautement distinguée, l'une des plus importantes dans la politique, mais qui souffre d'un cruel manque d'imagination dès qu'il s'agit de nommer ses membres. Pendant des générations, la plupart des mâles ont reçu le nom de Quintus. Cette fameuse année où commence mon récit, pas moins de cinq sévissaient dans la vie publique. J'ai déjà mentionné Quintus Cécilius Métellus Créticus, qui attendait l'heure de son triomphe hors des murs de Rome. Il ne reçut l'autorisation qu'en mai. Il y avait aussi le préteur Quintus Cécilius Métellus Céler. Le *pontifex maximus* Quintus Cécilius Métellus Pius, sous qui j'avais servi en Espagne, gisait sur son lit de mort ;

son fils adoptif, Quintus Cécilius Métellus Pius Scipio Nasica, était aussi un grand pontife*. Pour clore le lot, il y avait le légat de Pompée, Quintus Cécilius Métellus Népos, qui rentrait d'Asie et qui, comme Caton, avait été élu tribun pour l'année suivante. Pour des raisons de clarté, je les désignerai dorénavant sous les noms de Créticus, Céler, Pius, Scipion et Népos.

Je pris congé de Caton et me frayai un chemin parmi la foule des invités. Tous les hommes les plus distingués de Rome étaient présents, y compris les ennemis de Lucullus. Après tout, un triomphe étant un témoignage de gratitude envers les dieux de l'État, personne ne trouvait hypocrite que quelqu'un pût festoyer au banquet de victoire de son pire ennemi. De longues tables avaient été dressées entre les rangées d'arbres odorants, dont certains étaient en pleine floraison. Pour leur faire remonter le Tibre, on les avait transportés en barge, leurs racines soigneusement enveloppées. Leur transplantation avait été ensuite une prouesse logistique, digne de la construction d'une pyramide.

Il y avait également de nombreuses femmes, certaines aussi importantes que leurs époux dans les affaires de la cité, d'autres simplement infâmes. C'était l'époque des femmes indignes. Heureusement, quelques vestales, dont ma tante, prêtaient leur dignité au banquet.

Je n'essayai pas de saluer méthodiquement tous les invités, comme c'était l'usage dans les réceptions courantes. En revanche, je partis à la recherche des deux consuls*. Un jeune fonctionnaire doit pouvoir les trouver dans n'importe quelle foule. Cette année-là, il s'agissait, comme chacun s'en souvient, de Marcus Tullius Cicero et de Caius Antonius Hybrida. Je les découvris en compagnie de Lucullus ; ils accueillaient une cohorte d'ambassadeurs étrangers qui étaient toujours désignés comme invités d'honneur dans ce genre de cérémonie. Tout simplement parce qu'on jugeait bon de les impressionner en étalant devant eux notre puissance militaire et en leur prouvant que nous savions nous montrer magnanimes. Certaines personnes présentes étaient d'anciens ennemis qui avaient préféré une capitulation avantageuse à une résistance vouée à l'échec.

Cicéron avait atteint sa plus haute dignité. Venu de nulle part (il n'était pas natif de Rome mais d'Arpinum, une ville qui ne bénéficiait de la citoyenneté romaine que depuis seulement cent vingt-cinq ans), il s'était élevé dans le monde politique romain avec la rapidité et la puissance d'une pierre projetée par une catapulte. C'était ce que nous appelions un *novus homo**, un homme nouveau, qui ne descendait pas d'une des vieilles familles. Le fait en soi était mal vu de nombre de ses contemporains, mais de toute façon on ne se faisait pas élire au consulat sans s'attirer d'ennemis.

Hybrida, son collègue, avait été choisi parmi les derniers, uniquement grâce au soutien de Cicéron. Ce genre de marché politique était qualifié du nom merveilleusement approprié de *coitio**. De la gens* des Antonii, Hybrida avait tous les traits caractéristiques de la famille, il était vicieux, astucieux et aussi impulsif qu'un enfant. Cette même dichotomie était encore plus prononcée chez Caius Antonius. Son étrange *cognomen**, qui se référait au croisement d'une truie et d'un sanglier, témoignait de sa nature à demi sauvage.

Ce soir-là, étant de bonne humeur, il me serra la main de bon cœur. Le visage aviné, même à cette heure matinale, il suivait dans l'ivresse une autre pente caractéristique des Antonii.

— Content de te voir, Décius, mon garçon. Un triomphe splendide, ne trouves-tu pas ?

La vue de tout cet or lui avait fait du bien, c'était évident. Les Antonii étaient aussi connus pour leur cupidité, même si, sans doute pour compenser ce travers, ils dépensaient les fruits de leurs pillages avec une grande libéralité. C'étaient des rapaces incroyablement violents, mais on ne pouvait pas leur reprocher leur manque de générosité.

— Une cérémonie glorieuse, acquiesçai-je. Et bien méritée par le *triumphator.*

Je lui désignai du menton Lucullus, maintenant vêtu d'une toge unie, et le visage débarrassé de sa peinture rouge. Il était entouré d'une foule d'admirateurs.

— Ça me donne envie d'accomplir un exploit de ce genre, admit Hybrida.

Cela n'augurait rien de bon pour la Macédoine, la province proconsulaire qu'il gouvernerait après son année de consulat.

Cicéron m'accueillit tout aussi chaleureusement, bien qu'avec un brin de conformisme. Nous nous étions toujours bien entendus, mais à cette époque il était en haut de l'échelle et moi en bas. La vanité et l'autosatisfaction gâchaient quelque peu son caractère, par ailleurs admirable. Je le préférais quand il était plus jeune.

Les arômes du festin en préparation me firent saliver, et je dus réfréner l'envie de m'emparer d'une des coupes qu'on distribuait avec libéralité. De vigoureux esclaves passaient, de lourdes amphores sur l'épaule, et remplissaient les coupes sitôt qu'elles étaient vides. Si j'avais commencé à boire à ce moment-là, je ne me serais sans doute pas souvenu de la suite du banquet.

Un homme d'une laideur consommée se tenait sous un bien joli cyprès. Une large cicatrice zébrait son visage, coupant presque son nez en deux. C'était mon père, Décius Cécilius Métellus l'Ancien, plus connu sous le sobriquet de Nez-Coupé, pour des raisons qu'il n'est point besoin d'expliciter. Vêtu d'une toge d'un blanc de neige, il était empreint d'une grande dignité. Rentré récemment de la province proconsulaire de

Gaule Cisalpine, il ne s'était pas encore remis du statut quasi divin attaché à sa fonction. Je me dirigeai vers lui pour lui parler, et il m'accueillit, toujours aussi bougon.

— Encore sobre, on dirait. Les responsabilités t'ont fait du bien. Comment vont les choses au Trésor ?

Qu'on ne m'ait pas donné de meilleure questure était pour lui un signe de mon inaptitude et de mon impopularité. Il n'avait pas tort.

— Lucullus aurait dû bâtir un nouveau temple pour Saturne, rétorquai-je. On sera bientôt obligé d'entreposer le butin sur le toit.

— Tu t'apercevras que l'argent file aussi vite qu'il rentre. Plus vite, même.

Il paraissait encore plus amer que de coutume, peut-être parce qu'il n'avait jamais célébré de triomphe et qu'il n'en aurait sans doute plus l'occasion. Aucune guerre digne de ce nom ne s'était déclenchée pendant son proconsulat. Il contempla d'un air sévère un groupe d'hommes rassemblés près d'un bassin ornemental qui s'extasiaient devant les carpes, buvaient sec et semblaient mal à l'aise. Certains d'entre eux, vêtus de toges normales, étaient convenablement coiffés, mais la plupart avaient les cheveux longs, de grosses moustaches, et portaient des tuniques sur des braies, le tout avec des rayures ou des carreaux de couleurs criardes.

— Qui sont ceux-là ? demandai-je à mon père.

— Des Allobroges. Des Barbares qui vivent au nord de mon ancienne province, la Gaule Cisalpine. Ils sont venus se plaindre parce que, d'après eux, des fonctionnaires romains leur ont extorqué quelques sesterces. Ils trouveront probablement un avocat ambitieux pour me poursuivre en justice.

— Les plaintes pour extorsion sont devenues une branche mineure de la philosophie, remarquai-je. Ont-ils matière à se sentir lésés ?

— Ce ne sont que des fauteurs de troubles qui ne supportent pas de payer leurs impôts. Oh, je ne dis pas que des publicains* locaux ne leur ont pas serré un peu trop la vis à l'occasion, mais c'est dans la nature des choses. Ce n'est rien à côté de ce que leurs anciens chefs leur faisaient subir. Ils râlent surtout parce qu'on ne les laisse plus se bagarrer entre eux.

— Eh bien, père, maintenant que tu es de retour, que comptes-tu faire ?

— Faire ? Mais mes devoirs de patron* et d'ami, quoi d'autre ? répondit-il d'un air innocent.

Innocent comme celui qui serre une dague ensanglantée dans son poing.

— Il va y avoir une élection pour le censorat, l'année prochaine, lui rappelai-je, comme si c'était nécessaire. Cette fonction était autrefois une tradition familiale. Cela fait des années que les Metelli ne l'ont pas occupée.

— Pourquoi ne me représenterais-je pas plutôt au consulat ? Je serai éligible dans sept ans.

— Père, fis-je, acceptant finalement une coupe qu'un serviteur me tendait, dans sept ans, tous nos généraux se battront pour le poste. Leurs armées camperont devant les portes de Rome pour rappeler aux citoyens dans quel sens voter. Pour le consulat, l'heure n'est plus aux modérés. Le censorat, en revanche, est le couronnement d'une carrière politique. Combien d'hommes ont détenu chaque poste, y compris celui-là ?

Père hocha pensivement la tête, comme s'il n'y songeait pas depuis des années.

— C'est juste, grommela-t-il. En outre, c'est réellement une tradition familiale.

Son acquiescement me soulagea. Il n'envisageait donc pas sérieusement de se porter candidat pour le consulat. D'un autre côté, le censorat, ne comportant pas d'*imperium**, n'était pas convoité par les généraux.

En revanche, les censeurs* détenaient le pouvoir de purger de la liste des sénateurs ceux qui n'en étaient pas dignes. J'étais persuadé que père y travaillait déjà.

Le vin, un excellent cécube, m'inspira.

— Père, pourquoi n'ai-je pas été appelé Quintus ?

— Pardon ? Eh bien, parce que tu as repris mon nom, imbécile !

— Justement, je me disais que tous les mâles de la famille avaient reçu le nom de Quintus, hormis Lucius.

— Ton grand-père, sous le masque duquel tu passes chaque fois que tu viens chez moi, a reçu en rêve la visite de Castor et Pollux*. Ils lui ont prédit qu'il vaincrait les Samnites le lendemain s'il appelait son premier-né Décius, un nom que la gens* Caecilii n'utilisait jamais.

— A-t-il vaincu ? demandai-je.

Père me foudroya du regard, une chose qu'il faisait plutôt bien.

— C'est un grand banquet, dit-il. Il s'y trouve certainement des imbéciles pour goûter ta compagnie et ta conversation. Et n'oublie pas de te procurer une couronne.

Je me mis en quête de compagnons plus amènes. Obéissant aux conseils de père, j'acceptai une couronne et une guirlande des mains d'une esclave. Des feuilles de vigne, dont on assurait qu'elles prévenaient l'ivresse. Au milieu du jardin, on avait disposé les fresques des batailles de Lucullus que j'avais déjà pu voir lors du triomphe. Je m'approchai pour les examiner de près pendant qu'il faisait encore jour. On allumerait bientôt les torches, ce qui convenait aux intrigues, politiques ou amoureuses, mais moins à la contemplation d'œuvres d'art.

Commandés aux meilleurs ateliers d'Athènes et de Rhodes, ces immenses tableaux décrivaient, avec un luxe de détails pittoresques, les grandes batailles des campagnes contre Mithridate et Tigrane. Lucullus y était toujours campé plus petit qu'en réalité. Tandis que les rois étrangers étaient représentés plus grands que nature, mais en fuite, et terrifiés. Comme d'habitude, les artistes grecs avaient habillé les soldats romains à la façon des guerriers du temps d'Alexandre, ou même d'une époque antérieure : plastrons musculeux, casques à plumes, grands boucliers ronds et longues piques. Toutefois, les Barbares morts ou démembrés qui jonchaient chaque tableau étaient peints avec un réalisme authentique.

— De bien belles œuvres, tu ne trouves pas ?

Celui qui venait de s'exprimer ainsi était un vieil ami, le médecin Asclépiade qui soignait les gladiateurs du *ludus** de Statilius Taurus. Il était devenu célèbre pour ses écrits sur le corps humain et sur les différentes façons de soigner les blessures.

— Superbes, en effet. Mais les artistes devraient se donner la peine de voir à quoi ressemblent les soldats romains avant d'essayer de les peindre.

— Quelle importance ? On enseigne aux Grecs à vénérer l'idéal et le beau. L'équipement militaire romain est laid et bassement fonctionnel ; comment s'étonner qu'ils trouvent leur inspiration dans l'Antiquité, quand le dessin des armes était plus harmonieux ?

Il se pencha pour examiner de près une peinture où figurait Lucullus.

— Tu vois, le général est un beau garçon qui ne ressemble pas à l'homme à qui je viens juste d'adresser la parole.

Je m'approchai à mon tour.

— Tu as raison. Il n'avait pas non plus cette allure dans sa robe pourpre, quand il était tout maquillé de rouge.

J'allai vers un autre tableau.

— Comment va ton travail ? m'enquis-je.

— Je vais sans doute m'installer à Capoue pour quelque temps. L'école de Statilius va fermer en attendant qu'on en construise une nouvelle.

— Fermer ? Pourquoi ?

— Tu n'es pas au courant ? Le général Pompée a acheté le domaine. Il a l'intention de démolir l'école et ses vieux bâtiments afin d'ériger un magnifique théâtre avec une salle de réunion attenante pour le Sénat. Ce sera un bâtiment en pierre, à la grecque.

— On peut compter sur Pompée pour ce genre d'outrage, commentai-je.

Un siècle auparavant, quelqu'un avait commencé à bâtir un théâtre permanent, dans le style des Grecs, mais, voulant combattre l'esprit laxiste de ces derniers, les censeurs avaient ordonné sa démolition avant la fin des travaux. Depuis, tous nos théâtres étaient provisoires, en bois ; et dernièrement, agrémentés des quatorze rangées de gradins réservées aux *equites*. En fait, pour prévenir les critiques, Pompée allait ajouter un temple dédié à Vénus *Victrix* au-dessus de son gigantesque théâtre ; ainsi, il prétendrait que les gradins infamants étaient en réalité des marches menant au sanctuaire. On ne peut pas dire qu'il n'avait pas un certain sens de l'humour !

Le cri puissant des hérauts annonça le commencement du festin. Je cherchai aussitôt ma place. Un serviteur me guida vers la table centrale, au haut bout de laquelle Lucullus en personne était allongé. Sur toute sa longueur, une seule couche courait, derrière laquelle avait été aménagé un espace étroit qui permettait aux esclaves de servir les mets. Puis venait un charmant bassin, flanqué par deux statues, une de Junon et une de Vénus. Dans l'eau, des nageurs déguisés en Triton et en néréides batifolaient. C'était, évidemment, la table la plus distinguée, celle des consuls, des préteurs, des proconsuls, des pontifes, des édiles* et des questeurs. Étant donné ma position subalterne, on m'avait installé en bout de table, mais c'était néanmoins un grand honneur de me retrouver aussi près de Lucullus, un jour pareil. J'aurais presque pu atteindre sa place d'un jet de javelot.

Un esclave prit mes sandales et je m'étendis sur la couche au moment même où les serviteurs apportaient les plats. Même si tout le monde connaissait déjà les goûts de luxe de Lucullus, ce repas somptueux fut le premier d'une série qui le rendit encore plus célèbre que ses victoires. Ses banquets furent remarqués non seulement pour la saveur des mets, mais pour leur extravagance spectaculaire. Ce jour-là, le premier plat, par exemple, était composé d'œufs de toutes sortes d'oiseaux, durs et mollets, disposés en pièce montée imitant le grand phare d'Alexandrie. Au sommet, de l'huile parfumée brûlait dans une coupe.

Les plats suivants épousèrent le même thème nautique. Des esclaves habillés en marins apportèrent une trirème dont les rameurs étaient de merveilleux cochons de lait rôtis. Ensuite furent servies des volailles grillées dont les plumes avaient été recollées, de sorte qu'on les aurait crues vivantes ; en outre, on leur avait, à chacune, astucieusement attaché le corps et la queue d'un lieu noir, ce qui leur donnait l'aspect mythique des créatures hybrides de la mer.

De crainte que nous ne mourions de faim entre ces mets débordant d'imagination, les tables étaient parsemées d'aliments plus prosaïques : pains, fromages, noix, olives, petites saucisses grillées, etc. On faisait glisser tout cela avec d'excellents vins, dont le moindre eût constitué le joyau d'un banquet ordinaire. À côté des nobles falernes, Lucullus servit les meilleurs vins de Gaule, de Judée, des îles grecques, d'Afrique, et d'Espagne. Pour les intrépides, il y avait aussi quelques nouveautés, comme la liqueur de datte d'Égypte, ou celle de mûre d'Arménie rapportée de Tigranocerte. Néanmoins, l'un des meilleurs crus ne venait pas d'aussi loin : une cuvée remarquable du Vésuve.

— Notre hôte s'est trompé, déclara quelqu'un à ma gauche.

— Trompé ? m'étonnai-je, en me retournant pour voir qui avait émis cette hypothèse.

— Oui, dit un rouquin rougeaud qui contemplait les magnifiques figurines estampées sur le fond de sa coupe.

Aussitôt, un esclave se précipita pour la remplir.

— Il aurait dû dédier le temple à Bacchus plutôt qu'à Minerve.

— Salut, Lucius ! fis-je. J'étais tellement occupé à me goinfrer que je n'avais pas remarqué ta présence.

— On a tout le temps pour bavarder. Mais ce n'est pas si souvent qu'on peut manger comme ça.

Et il empoigna une côte d'aurochs grillé. Provenant de Germanie, elles étaient disposées de façon à imiter la couronne de Neptune.

Il s'agissait de Lucius Sergius Catilina, une vague connaissance. Plusieurs fois candidat pour le consulat, il avait presque réussi à être élu lors de sa récente tentative. La campagne avait été si chaude que Cicéron était venu aux élections en armure. Catilina savait paraître jovial, mais, au fond de lui, il enviait maladivement la richesse et le succès.

— Je n'aurais jamais cru te voir attablé aux côtés de Cicéron, remarquai-je, même à distance respectable.

Ce n'était certes pas très diplomatique, mais j'avais trop fait honneur à ces vins délicieux. Heureusement, Catilina était de bonne humeur.

— Même la vue de son visage ne peut gâter mon appétit pendant un tel festin. Tiens, mon garçon, fit-il en brandissant sa coupe, donne-moi encore de ce merveilleux vin de Judée.

— Dommage que Caton n'apprécie pas, comme toi, les plaisirs de cette table, observai-je.

Quelques places plus loin, Caton, en effet, se cantonnait au pain, au fromage, aux olives, ne se laissant tenter que par de rares bouchées de viande ou de poisson grillés. Toutefois, il ne lésinait pas sur la boisson.

— Sais-tu pourquoi Caton boit autant alors qu'il fustige toutes les autres formes de libéralités ? demanda Catilina.

— Non, pourquoi ?

Je mordis dans un morceau de chevreau rôti qui avait appartenu à l'équipage de l'*Argo*. Le navire vogua le long de la tablée tandis que des esclaves découpaient ses rameurs devant chaque convive.

— Parce que ça lui permet de souffrir le lendemain.

Nous rîmes tous sans modération de cette pique. Catilina savait être un joyeux compagnon quand il s'en donnait la peine, ce qui était le cas pour ce banquet.

— Un jour, Décius, reprit-il, versant un peu de vin sur le sol pour appuyer son vœu, je donnerai moi aussi un banquet comme celui-là.

— À voir Pompée manœuvrer, rétorquai-je, il n'y aura bientôt plus personne à vaincre.

— Oh, il restera toujours des ennemis, m'assura-t-il. Au moins, des hommes comme Pompée et Lucullus ont gagné leur place d'honneur. Que deviendra Rome quand des avocats parvenus devanceront ceux qui ont donné leur vie au service de l'État ? Quand on les préférera aux citoyens de haute lignée ?

Ah, cela ressemblait davantage à Catilina. C'était un patricien*, et, comme beaucoup, il croyait que sa naissance le prédisposait aux plus hautes fonctions. Cependant, il changea aussitôt de sujet.

— Oh, ne fais pas attention. Je parle comme ça tous les jours. Je peux faire une exception aujourd'hui, car nous pouvons nous réjouir. Quand je pense que ce vieux Mithridate est mort, j'ai du mal à le croire ! Il nous causait déjà du tort à l'époque du consulat de Claudius et de Perpenna, quand Sylla était encore propréteur en Cilicie.

Lorsqu'on servit le plat suivant – c'était, si je m'en souviens bien, des langues d'alouettes avec une sauce aux câpres –, Catilina parut nostalgique. Il avait été l'un des partisans les plus sanguinaires de Sylla pendant les proscriptions, et il en avait largement profité. Il pouvait donc avoir des regrets, car la nouvelle génération de politiciens, des hommes comme Caton et César, poursuivait en justice les exécuteurs des hautes œuvres de Sylla, tandis que ses partisans disparaissaient du pouvoir.

En pensant à cela, je cherchai des yeux Caius Julius. Son frère Lucius et lui n'étaient pas en fonction cette année-là, mais on leur avait attribué un titre de préteur grâce à une nouvelle loi introduite par le tribun Labiénus afin de juger le financier Rabirius, membre de l'ordre équestre, pour le meurtre du tribun Saturnius. Étant donné l'époque où s'était déroulé le crime, près de quarante ans auparavant, c'était comme de poursuivre en justice un gladiateur* pour ses victoires ; aussi avait-il fallu ressortir l'accusation obsolète de *perduellio* pour condamner le vieil homme. Crime de haute trahison, le *perduellio* faisait dans ce cas référence au statut semi-sacré de tribun de la plèbe*. Bizarrement, le fils de Rabirius devint plus tard un fervent partisan de César, mais j'ai remarqué que pères et fils sont souvent en désaccord.

Je finis par repérer Caius Julius à une autre table, en compagnie de la bande d'Allobroges. Cela me sembla étrange car je n'avais jamais vu Caius Julius se lier avec quiconque sans arrière-pensée politique ; pourtant, ces Barbares chevelus ne votaient pas dans les assemblées. J'en déduisis donc qu'il était arrivé en retard et n'avait pas trouvé d'autre place.

C'est alors que des esclaves parurent, vêtus d'une robe blanche, le front couronné de feuilles de laurier. Ils circulèrent parmi les tables en jouant de la lyre et en déclamant des poèmes d'Homère et des odes de Pindare. Le signal du premier entracte. Les convives se levèrent péniblement, enfilèrent leurs sandales et déambulèrent en titubant pour activer un semblant de digestion. Il y avait des bains publics à côté du jardin ; on les avait laissés ouverts, et un personnel nombreux attendait les invités.

Des milliers de lampes scintillaient sur l'eau quand j'y entrai. Je remis mon admiration à plus tard. J'avais une affaire urgente à régler : me diriger droit vers les latrines. Elles étaient équipées de plus d'une centaine de sièges, mais il y eut quand même une bousculade car de nombreux convives devaient recevoir l'aide d'esclaves pour s'y asseoir. D'autres, qui avaient succombé à la gourmandise, vomissaient à grands jets convulsifs. Je les ignorai avec superbe. À l'époque, j'étais fier de mes capacités digestives.

Grandement soulagé, je retournai dans la salle principale qui comportait une piscine. De jeunes convives s'y ébattaient déjà. Les femmes comme il faut fuient la promiscuité des hommes dans les bains publics, mais certaines, décidément moins respectables, n'ont pas ces réticences. Ce jour-là, je remarquai parmi elles des femmes de haute lignée et reconnus même deux épouses de sénateurs ainsi que la sœur d'un pontife. Je me rendais vers le bain de vapeur quand une voix féminine me héla. La foule était trop dense pour me permettre de deviner d'où elle provenait.

— Par ici, dans l'eau !

Je me dirigeai vers le bord de la piscine, et m'agenouillai près d'une tête aux boucles châtaines ruisselantes : ma cousine Cécilia. Toutes les femmes de la famille se nommant Cécilia, nous l'appelions Félicia, non qu'elle fût heureuse, mais à cause de ses airs de chatte et de son caractère félin. C'était la fille de Créticus qui attendait devant les murs de Rome ; elle avait récemment épousé Marcus Crassus, le fils aîné de l'ex-consul qui avait défait Spartacus.

— C'est très mal pour une femme qui vient juste de se marier, la taquinai-je.

Elle appuya son menton sur ses bras croisés, et agita ses jolis pieds dans l'eau.

— Ne sois pas stupide. Je me suis mariée parce que notre famille et les Crassi voulaient régler leur différend après une longue brouille, et parce que Pompée allait rentrer. Je ne suis qu'un osselet dans le grand jeu de la politique.

— Les osselets sont durs et noueux, ce qui est loin d'être ton cas, chère cousine. Où se trouve ton heureux époux, à propos ?

— Il ronflait sur sa couche quand je l'ai quitté. Je n'ai pas l'intention de manquer une occasion comme celle-ci. J'avais envie de me rafraîchir. Viens donc me rejoindre.

— Une autre fois, Félicia, dis-je en me relevant. La dignité de ma fonction m'interdit, n'est-ce pas...

— Questeur ? ricana-t-elle. Ce n'est pas une fonction, c'est une punition !

Sa remarque cruelle, mais juste, me fit grimacer. Je pris très vite congé. Dans la cour, des gladiateurs se livraient à des duels pour rire avec des épées émoussées, mais portaient leurs plus belles armures. Je les laissai entrechoquer leur ferraille et pénétrai dans l'étuve humide. Là, je remis mes vêtements à un assistant, pris une pile de serviettes et disparus dans le brouillard de vapeur. Bien que la salle fût obscure, je trouvai un banc et m'y assis. Je transpirai bientôt abondamment, comme un légionnaire à la fin d'une rude journée.

Celui qui veut réellement profiter des joies d'un festin sait qu'il est essentiel de faire une pause de temps à autre, et de se purger de ses excès héroïques. Or j'avais la ferme intention de voir le soleil se lever. Même dans cette étuve, Lucullus avait pensé à notre confort. Au centre de la salle nous attendait une grande bassine dans laquelle des pichets de vin refroidissaient sous la neige qu'on avait transportée des Alpes jusqu'ici en chariot.

Un jeune homme d'une beauté saisissante entra alors, suivi par un groupe d'amis de son âge. Il avait environ dix-neuf ans, les cheveux noirs et bouclés, et un sourire à faire pâlir d'envie Apollon lui-même. Il scruta la salle enfumée, puis se dirigea vers moi et m'offrit sa main.

— Questeur Métellus ? interrogea-t-il.

— Lui-même. Et tu es... ?

— Marcus Antonius.

J'aurais dû le deviner. Il avait un air de famille.

— Le fils du consul ?

Un de ses compagnons lui tendit une coupe de vin glacé.

— Son neveu. Mon père est Marcus l'Ancien.

Il s'assit à côté de moi tandis que ses amis, qu'il dominait à l'évidence, s'installaient comme ils pouvaient.

— Ton père a présidé comme augure* mon passage à l'âge adulte, il y a quelques années.

— Alors, ce doit être ton premier banquet triomphal, notai-je. Il n'y en a pas eu depuis qu'Afranius et Calpurnianus ont célébré le leur voici sept ans.

— À ce qu'on m'a dit, ils n'arrivaient pas à la cheville de celui-ci.

Une fièvre juvénile brûlait dans son regard.

— Lucullus sait organiser un banquet.

J'acquiesçai volontiers. Son père, Marcus Antonius l'Ancien, avait été un criminel incompétent, même selon les critères des Antonins. Envoyé en Méditerranée détruire la flotte des pirates, il avait préféré mettre à sac les provinces, attaquant la Crète sous prétexte que ses habitants s'étaient alliés aux pilleurs. Sur l'île, il avait accompli l'exploit unique de se faire battre. Depuis, on le surnommait Créticus par dérision. Lorsqu'il était mort en Grèce, dix ans avant ce mémorable banquet, personne ne l'avait pleuré. Quelle pitié que ce beau jeune homme eût un tel héritage !

— Sais-tu pourquoi j'adore les bains ? demanda celui-ci. C'est le seul endroit de Rome où on est sûr de ne pas rencontrer de Gaulois.

Ses amis s'esclaffèrent bruyamment, mais le rire de Marcus Antonius couvrait les leurs. Franc et contagieux, il rendait ses mots d'esprit les plus plats d'une drôlerie irrésistible.

— Tu parles sans doute des Allobroges que j'ai vus au banquet ? fis-je.

— De qui d'autre veux-tu que je parle ? Ils passent chez mon oncle quasiment tous les matins. Ça veut dire que je dois les supporter pendant mes visites matinales.

Les garçons de son âge s'imaginent que les vexations de la vie ne sont dirigées que contre eux.

— Cela aurait pu être des Germains, dis-je d'un ton apaisant.

Un de ses compagnons le défia à la lutte, et ils s'éclipsèrent en courant. Un plongeon dans l'eau glacée finit de m'éclaircir les idées. Après que des assistants m'eurent vigoureusement essuyé et massé, je me sentis de taille à affronter la suite du banquet.

À la sortie des bains, un attroupement s'était formé dans la rue. Devant le jardin, les gens chantaient les louanges du *triumphator*. Certains hymnes étaient si anciens que plus personne n'en comprenait les paroles.

J'allais me faufiler dans la foule lorsque je vis une silhouette solitaire perchée sur le piédestal de la statue de Flore, située dans un renfoncement entre les bains publics et le nouveau temple de Minerve. L'homme était étrangement droit et digne, une attitude que je crus reconnaître, malgré la pénombre de la niche. Curieux, je fis quelques pas et levai les yeux.

— Consul ? lançai-je.

Cicéron me toisa.

— C'est toi, Décius Métellus ? Monte me rejoindre.

Médusé, je contournai le socle et gravis les marches qui menaient au piédestal. Bien que les floralies aient eu lieu quatre mois plus tôt, on avait drapé la statue de la déesse de guirlandes de fleurs en l'honneur du triomphateur. Le parfum était presque irrespirable.

Agrippé aux plis de pierre, je fis le tour de la sculpture afin de retrouver Cicéron. Il scrutait le ciel. Très calme, il ne ressemblait pas ainsi à l'image que le public avait de lui.

— Loin de la lumière des torches, c'est un endroit idéal pour observer les étoiles, me dit-il. Chaque nuit, je reste un long moment à les contempler.

— Mon père m'a appris à comprendre les augures, qui ne tiennent compte que des météores. En revanche, il affirme que la contemplation des étoiles est une élucubration des Orientaux.

— Nombreux sont les Romains qui pensent ainsi, mais ils se trompent lourdement. J'ai étudié les écritures des Égyptiens, des Perses, des Grecs ; même les druides admettent que les étoiles exercent une grande influence sur nous. Surtout celle-là.

Il pointa son index vers le firmament, et je compris aussitôt à laquelle il faisait allusion. C'était de loin la plus brillante et la plus rouge ; elle était suspendue à la voûte céleste, telle une goutte de sang parmi une multitude scintillante de diamants.

— Même moi, je la connais, dis-je. Sirius, l'étoile de la constellation du Chien, *Canicula*, « petite chienne », entre autres noms. Elle est protectrice des jours qui viennent, de la canicule à la fin de l'été.

— Cela, tout le monde le sait. Mais pourquoi la craignons-nous ? Qu'est-ce qui en fait une étoile maudite ?

— Je croyais que c'était parce que la canicule est l'époque de la pestilence et qu'elle annonce la saison des tempêtes.

Quel étrange sujet de discussion un jour de festivités !

— C'est exact, mais ce n'est pas tout. Lors de la fête de cette aimable déesse, ajouta-t-il en caressant le genou de la statue, pendant les floralies, nous sacrifions des chiens roux pour apaiser Sirius. Nous faisons de même au moment des robigalies, quand nous honorons son équivalent masculin. Pourquoi ?

Je me languissais de ce délicieux vin de Cécube.

— Ce sont de très anciennes divinités, bougonnai-je. Nous continuons à observer certains rites que nous avons cessé de comprendre depuis longtemps.

— C'est juste. Remarque tout de même que, de mémoire d'homme, Sirius n'a jamais été aussi rouge que cet été.

Dans le lointain, par-delà les chants de la foule, nous entendîmes les hérauts proclamer la reprise du festin. Je sautai de mon perchoir avec soulagement, et tendis la main à Cicéron. Il n'avait pas besoin de mon aide à cause d'une quelconque faiblesse – il n'avait que quarante-trois ans à l'époque, un âge étonnamment précoce pour un consul – mais parce que sa toge* de cérémonie l'embarrassait ; elle était si blanche qu'elle brillait presque dans l'obscurité du renfoncement.

Tandis que nous nous frayions un chemin parmi la foule, je repensai à ce qu'il venait de dire. Nous autres Romains, nous vivons en fonction des signes et des prédictions. Je ne connais pas d'autre peuple qui entretienne deux communautés religieuses séparées pour l'interprétation des présages. Nous n'entreprenons aucune action publique sans interroger les augures et les haruspices. Et quand cela ne suffit pas, nous consultons les *Livres sibyllins* qu'un collège de cinquante hommes a le pouvoir d'étudier en cas de danger national. En dehors de ces questions on ne peut plus sérieuses, les habitants de Rome, des consuls aux esclaves, sont littéralement fous des présages. Ils en voient partout, même aux endroits les plus inattendus et dans les circonstances les plus imprévues.

Les oiseaux, la foudre, les orages, les étranges objets qui tombent du ciel, les naissances monstrueuses, tout est relevé, remarqué, interprété dans un sens ou dans un autre, que ce soit pour la perte d'un amant ou pour un désastre militaire outre-mer. Lorsque les phénomènes naturels ne suffisent plus, on en invente de toutes pièces. Les statues parlent ou bougent la tête ; les chèvres mettent au monde des lionceaux, des dieux apparaissent à des bergers isolés, des voix s'élèvent des océans, des serpents morts prophétisent à l'intérieur d'œufs en or... la liste est sans limite.

Cependant, je n'ai jamais vu une preuve tangible venir corroborer ces prétendues révélations. Chaque fois que j'en faisais la remarque, on me rétorquait qu'il était vain de rechercher une confirmation aussi bassement matérielle dans de tels domaines. Des philosophes m'ont affirmé que certains Grecs croyaient qu'on parvient à la vérité en analysant les faits avant d'en tirer les conclusions qui s'imposent, mais ils n'ont jamais convaincu personne. Malgré cela, j'ai toujours eu un penchant pour aller au fond des choses, pour chercher des indices et examiner ce qu'il en ressort afin de découvrir la vérité. Pour fourrer mon nez partout, comme mon père disait quand il était mécontent de mes agissements. Cela m'a souvent valu quelques ennuis, et c'est d'ailleurs ce qui allait encore m'arriver peu de temps après cette mémorable soirée.

De retour à table, je vis que les serviteurs avaient apporté un plat qui était censé représenter le monstre marin Scylla recherchant le navire d'Ulysse. Je consultai aussitôt Catilina et un autre convive, un questeur du nom de Vatinius qui était chargé de veiller à ce que les métaux précieux ne quittent pas l'Italie, et, d'un commun accord, nous décidâmes qu'il était constitué de lamproies bouillies dans de l'encre de calamar. Préférant m'abstenir d'y toucher, j'attendis le plat suivant. Il faut dire que je n'ai jamais été assez affamé pour apprécier les lamproies, encre ou pas.

Je n'eus pas à attendre longtemps. Avec ravissement, je constatai qu'on nous servait une gazelle d'Afrique grillée au feu de bois, allumé avec des épineux de sa terre natale. En tout cas, c'est ce que nous affirma le domestique. Ici, la référence nautique était obscure. Elle concernait un dieu babylonien ; à moins que ce ne fût une déesse, je ne me souviens plus. Je n'ai jamais réussi à comprendre le sens de ces mythologies orientales, mais je dois avouer que je n'ai pas fait beaucoup d'efforts pour cela. Quel que fût le rapport avec la divinité, la chair était succulente. Catilina parla avec beaucoup d'autorité des gazelles, de leurs habitudes, des meilleurs moyens de les préparer et de les manger. Il prétendit qu'il tenait son savoir de sa propréture en Afrique, trois ans auparavant. Nous discutions ainsi agréablement des différentes façons de cuire cette charmante créature quand je vis son visage rubicond blêmir soudainement. Les yeux exorbités, il regardait droit devant lui. Je suivis son regard à travers les tables, les esclaves et les musiciens, et je compris. Publius Clodius !

Il ne s'était pas toujours appelé Clodius, bien sûr. Connu sous le nom de Publius Claudius Pulcher, descendant d'une des familles patriciennes les plus nobles, il avait choisi de faire carrière avec les *populares**, et avait donc pris la forme plébéienne de son nom de famille.

— Il faut vraiment qu'il soit ivre pour oser se montrer ici, remarquai-je.

Légat de Lucullus en Asie, Clodius avait fomenté une mutinerie parmi les propres légionnaires du général. Ensuite, il avait déserté et rejoint l'armée de Marcius Rex, qui attendait devant les murs de Rome en compagnie de Créticus.

— Bah, il a peut-être été invité, dit Vatinius. Après tout, c'est le beau-frère du *triumphator*. Une autre de ses sœurs a épousé le préteur Métellus Céler. On dit que la femme de Céler se fait dorénavant appeler Clodia, comme son frère.

— Encore un osselet, dis-je.

— Qu'est-ce que tu racontes ? s'étonna Vatinius.

Fasciné par Catilina qui bouillait d'une rage furieuse, je n'entendis même pas. Sa main disparut soudain sous sa tunique, et se referma sur un objet qui me parut être le pommeau de sa dague. Me retournant vivement, j'agrippai son poignet d'une main ferme.

— Tu ne peux pas faire ça ici ! sifflai-je. Tous les prêtres et tous les magistrats de Rome sont présents ! C'est un sacrilège de porter une arme à l'intérieur du *pomerium* ; un meurtre serait des plus mal vus. Cache cette dague, Lucius, et calme-toi !

Peu à peu, son visage se détendit, son regard s'éclaircit. Il empoigna sa coupe, la vida à longs traits, puis la brandit afin qu'on la remplisse.

— Ça fait dix ans que je brûle d'envie de tuer ce rat d'égout. Depuis qu'il est rentré à Rome, il ne paraît plus en public sans sa bande de sicaires.

Sa voix tremblait mais il s'était ressaisi.

— C'est dommage de perdre une si belle occasion, mais tu as raison, Décius, c'eût été une erreur politique. Merci.

— De rien. Nous avons tous eu envie de tuer Clodius à un moment ou à un autre. Il a été jusqu'à lancer ses sbires à mes trousses, il n'y a pas si longtemps de ça. Pour une affaire politique.

Bien sûr, pour Catilina, cet antagonisme revêtait un caractère beaucoup plus personnel. Dix ans plus tôt, Clodius l'avait accusé d'avoir eu une liaison illicite avec la vestale Fabia. Le couple avait été lavé de tout soupçon, mais, depuis, une haine mortelle opposait Catilina à Clodius.

Vatinius, qui s'était prudemment abstenu de remarquer la scène, nous proposa une aimable diversion en repoussant avec horreur le plat qu'un esclave avait posé devant lui. Je l'examinai attentivement : un lièvre aux fèves.

— Quiconque supporte la vue de lamproies bouillies ne devrait rien craindre d'un lièvre aux fèves, déclarai-je.

— La fève est un légume impur, m'expliqua-t-il. En manger est contraire à l'enseignement de Pythagore.

— J'ignorais que tu étais pythagoricien.

Peu de choses m'ennuyaient autant que l'enseignement de Pythagore, ou de n'importe quel autre philosophe d'ailleurs, mais le sujet était inoffensif.

Lorsque les premières lueurs de l'aube apparurent à l'est, je savais que je n'aurais plus jamais envie de manger, et je connaissais tout de l'enseignement de Pythagore. Avant de partir, chacun de nous reçut un présent. Le mien était une bague en or massif sertie d'un grenat, prête à être frappée de mon sceau par un bijoutier. Comme tout le monde, je m'étais pourvu d'un grand tissu afin d'emporter des restes pour mes esclaves. Certains ayant pris une pièce d'étoffe de la taille d'une toge de garçonnet, nous avions l'air d'une bande de légionnaires avinés quittant une ville, le butin sur l'épaule.

Je rentrai chez moi le cœur guilleret. Il est difficile d'être triste au sortir d'un tel banquet. Des festivités et des jeux nous attendaient dans les jours suivants, et je n'avais pas de travail en perspective. Cependant, une certaine mélancolie m'habitait. Une fois encore, nous nous étions réjouis de la puissance et de la gloire croissantes de Rome, pourtant j'avais le pressentiment d'une fin imminente.

Avec un petit groupe de fêtards, je me dirigeai vers Subure*. Nous piétinâmes des monceaux de pétales de fleurs et nous entonnâmes des chants de victoire, comme si nous avions gagné les batailles nous-mêmes. Après que mes compagnons m'eurent laissé devant ma porte, je restai un moment sur le seuil. La rue était calme et déserte.

Je m'interrogeai sur le sens de mon inexplicable abattement. J'avais entrevu la fin d'un monde, mais je n'arrivais pas à saisir la portée de cette vision. Levant la tête, je contemplai le ciel où l'aube grise avait effacé les étoiles. L'œil sanguinaire de Sirius avait disparu.

II

Père avait raison au sujet du Trésor. Je m'aperçus que l'or coulait aussi vite que le Tibre en crue. La plus grosse partie servit à rétribuer les soldats, car les grands travaux publics sont souvent à la charge des riches citoyens qui en font cadeau à la cité. Il peut paraître choquant qu'un aussi petit nombre de légionnaires, dont la solde n'est pas élevée, pût coûter si cher. On oublie trop vite qu'à côté des légions proprement dites se trouve une multitude d'auxiliaires qu'on doit également rémunérer. Il y a aussi les esclaves, les chevaux et d'autres animaux à nourrir, les tentes, etc. On doit construire des forts, acheter des navires et leurs équipages. Comme les citoyens romains ne paient quasiment pas d'impôts, et que les pillages comme celui de Tigranocerte sont de plus en plus rares, on doit bien trouver la quantité nécessaire de sesterces quelque part.

Bien sûr, l'astuce est de taxer les provinces. Or le gouvernement de Rome est trop auguste, trop digne, pour se salir les mains dans la collecte d'impôts ; aussi, la tâche en revient aux publicains qui achètent aux enchères les contrats publics, parmi lesquels figure la levée d'impôts. Souvent, les provinces sont saignées à blanc, mais ceux qui refusent les taxes feraient mieux de gagner la guerre. En outre, cette situation présente un avantage non négligeable pour nous, car tous ces gens détestent les publicains locaux, oubliant que le véritable responsable est le gouvernement romain.

La plupart des Romains s'arrangent, d'ailleurs, pour ignorer tout cela, mais mon travail m'obligeait à en avoir conscience. De plus, étant questeur, je devais contribuer à l'entretien des grandes routes sur ma propre bourse. Une sorte de droit d'entrée dans la politique. Résultat, je m'endettais lourdement auprès de mon père qui, au moins, ne m'accablait pas d'intérêts usuriers.

Malgré cela, je n'avais pas grand-chose à faire au Trésor. Les heures s'écoulaient doucement tandis que je regardais avec ennui les esclaves et les affranchis effectuer de laborieuses additions ou soustractions. De temps à autre, je signais des avis de contributions et de décaissements. Les jours passaient, monotones et immuables : matinées au temple ; après-midi aux bains, soirées en ville, invité chez tel ou tel citoyen. En tant qu'officiel, même de bas échelon, j'étais très demandé.

Un matin d'automne, je me réveillai de meilleure humeur que d'habitude. L'année tirait à sa fin, ma charge s'achèverait bientôt. Un pauvre bougre allait alors devoir prendre ma place dans les salles obscures sous le temple de Saturne. D'avoir rempli cette fonction me vaudrait le rang de sénateur, avec une tunique bordée de pourpre et le privilège de siéger à la Curie*. Un avenir tout tracé : j'écouterais des discours, ferais semblant d'être un personnage influent, et tenterais peut-être de trouver un poste de légat* dans l'une des provinces. J'ai toujours détesté m'absenter de Rome, mais j'étais prêt à changer d'horizon après cette questure fastidieuse. D'ailleurs, il était vain de chercher une plus haute fonction sans un passé militaire glorieux.

Ces pensées réjouissantes à l'esprit, je quittai ma maison et me dirigeai vers le Forum. Mais, à mi-chemin, un attroupement me boucha la route. Lorsque les gens se regroupent en ovale, les yeux rivés au sol, et que les derniers arrivés se mettent sur la pointe des pieds pour regarder par-dessus l'épaule du voisin, vous pouvez être certain qu'ils contemplent un cadavre. Cela me parut étrange car il n'y avait pas eu de bagarres entre les bandes depuis les élections. M'apercevant de loin, un homme vêtu de la tunique des vigiles* courut à ma rencontre.

— Il vient d'y avoir un meurtre, questeur ! Veux-tu t'en occuper jusqu'à l'arrivée d'un préteur ?

— Très certainement, dis-je, ravi d'affronter un peu d'imprévu. Connais-tu la victime ?

— Euh, non, citoyen. Nous n'avons pas osé la toucher. Non que j'aie peur des fantômes ou des malédictions d'un mort, mais les autres sont inquiets.

C'était typique. Nous autres Romains, nous massacrons joyeusement partout dans le monde, nous aimons nous repaître des jeux du cirque, mais nous avons peur de toucher un cadavre.

— Alors, va au temple de Libitina et envoie un prêtre et quelques assistants afin qu'ils procèdent aux rites. On ne peut abandonner un cadavre en pleine rue en attendant qu'un parent ou un propriétaire vienne le réclamer.

— Il n'y aura pas de propriétaire, questeur, assura le vigile. Comme tu peux le voir.

La foule s'écarta à notre approche et je pus observer le mort. Bien que sa toge en désordre lui recouvrît la tête, j'apercevais sa tunique qui arborait la bande pourpre courant du col à l'ourlet. Ce n'était pas celle des sénateurs, très large, mais celle plus fine des *equites*. L'homme gisait, face contre terre, une main sortant tragiquement des plis de sa toge. Dans la lumière du petit matin, les bagues en or massif qu'il portait scintillaient. Une dague était plantée dans son dos. Autour de la lame, une tache rouge tranchait sur la blancheur du tissu.

J'avisai plusieurs hommes, des seaux d'eau se balançant au bout de leurs bras.

— Vigiles ! lançai-je à ces citoyens préposés à la lutte contre les incendies. Dispersez la foule et faites la circulation.

Ils m'obéirent aussitôt. Je m'accroupis près du cadavre en prenant soin de ne pas me salir et, surtout, en évitant de frôler le corps. Non que j'aie peur des fantômes ou des malédictions d'un mort, mais si je le touchais je deviendrais rituellement impur, et je ne pourrais pénétrer dans le temple sans m'être au préalable livré à de fastidieuses ablutions.

La poignée de la dague était curieusement sculptée, mais dans le jour naissant je ne pus en discerner les détails. Aussi, je me promis de l'examiner ensuite plus attentivement. J'ignorais tout de la victime hormis son rang, et je n'en apprendrais pas davantage avant que les *libitinarii* ne le retournent sur le dos. J'étais presque déçu que l'ourlet pourpre ne fût pas plus large. Je connaissais quelques sénateurs que je n'aurais pas été fâché de retrouver sur le carreau. La victime n'était pas non plus patricienne, ce qui était fort dommage ; si seulement il s'était agi de Clodius !

Au bout de quelques minutes, un licteur* fendit la foule ; les gens s'écartèrent comme par magie devant ses faisceaux*. Il était suivi par un sénateur que je reconnus. C'était Caius Octavius qui avait été désigné comme juge-enquêteur pour l'année. Je me levai à son arrivée.

— Le préteur Rufus m'a envoyé un rapport, annonça-t-il. J'imagine qu'il n'y a pas de témoins ?

— Comme d'habitude, évidemment ! rétorquai-je.

— Qui est-ce ?

— J'aimerais bien le savoir, répondis-je avant d'ajouter : Nous allons bientôt en apprendre un peu plus. Voilà les pompes funèbres.

Apparurent alors ceux que les Romains redoutaient par-dessus tout : les *libitinarii*, précédés de leur prêtre armé d'un long maillet. Avec leur longue tunique rouge, leurs hauts cothurnes, leur barbe étrusque en pointe, leur chapeau mou à large bord, et leurs fausses oreilles pointues, ils présentaient le plus horrible spectacle qu'il soit donné de voir de si bon matin. Chacun se recula, le poing serré laissant dépasser un pouce, ou brandissant frénétiquement une minuscule amulette phallique.

Sans un mot, le prêtre s'approcha du mort et l'effleura de son maillet en demandant à la déesse du monde souterrain de l'accueillir. Un assistant ouvrit le coffret qu'il portait et le prêtre, entonnant un long chant, y puisa de temps à autre des poudres et des liquides afin d'en asperger le cadavre. Lorsque le *lustrum** fut terminé, l'assistant referma le coffret.

— Retournez-le, ordonna Octavius.

Les *libitinarii* s'accroupirent à côté de la dépouille. L'un d'eux arracha la dague et la jeta négligemment sur le pavé, puis, saisissant le corps sous les épaules et les genoux, les autres le roulèrent sur le dos.

Je ne reconnus pas l'homme. Il paraissait la cinquantaine, les cheveux blond-roux grisonnants. Sa bouche et ses yeux étaient grands ouverts mais son visage inexpressif.

— Qui le connaît ? lança Octavius.

Murmures et haussements d'épaules. Cependant, un homme s'avança.

— C'est Manius Oppius. Il vit... euh, il vivait près d'ici. Je lui ai souvent livré des sandales. Ma boutique se trouve au coin de la rue.

— Parfait. Conduisez ces hommes chez lui. Sa famille voudra récupérer son corps.

Octavius se tourna vers moi.

— Ce sont des banquiers, non ?

— Oui, je crois.

Une bousculade en haut de la rue attira mon attention. Un homme important arrivait, suivi par une foule d'amis, de clients* et de serviteurs.

— Quoi encore ? pesta Octavius, puis il s'alarma. Oh, non ! Empêchez-le d'approcher !

Je vis alors le personnage en question et courus lui barrer la route. C'était Caius Julius Caesar. Il souriait, surpris de me voir.

— Bonjour, Décius Cécilius. Que se passe-t-il ?

— Il y a eu un meurtre, Caius Julius. On a poignardé un chevalier du nom d'Oppius.

— Oppius ? fit César, consterné. Pas Caius Oppius, j'espère.

— Le cordonnier ici présent prétend qu'il se nomme Manius. Le juge Octavius s'en charge.

— Je ne connais aucun Manius Oppius, mais Caius est un ami. Je m'informerai. Merci de m'avoir prévenu, Décius. Cela aurait pu être une terrible épreuve pour la cité.

Il tira un pli de sa toge par-dessus sa tête, comme s'il s'apprêtait à offrir un sacrifice, et il s'en cacha le visage lorsqu'il passa devant le corps, suivi par son entourage. C'était nécessaire, mais, venant de César, cela prit des proportions théâtrales.

Quelques semaines plus tôt, le vieux *pontifex maximus* était enfin mort. À la grande joie de la cité, César avait été nommé pour lui succéder. Connu pour la fréquence et la diversité de ses débauches, il était donc devenu le plus grand prêtre de Rome. L'une des exigences de la fonction voulait que le grand pontife ne pose jamais son regard sur du sang humain.

— Quelqu'un a-t-il une pièce pour le passeur ? demanda le prêtre.

Fouillant dans ma bourse, je sortis un as de cuivre que je lançai à un assistant qui le plaça sous la langue du cadavre. C'était bien le moins que je pusse faire pour le malheureux qui avait égayé la monotonie de mon quotidien.

Tandis que les *libitinarii* soulevaient le corps pour le mettre sur un brancard, je me baissai pour ramasser la dague. La toge de la victime étant déjà souillée, je m'en servis pour essuyer la lame. C'est alors que je me souvins d'un détail important.

— Y a-t-il un moyen de savoir depuis combien de temps il est mort ? leur demandai-je.

— Il est encore chaud, me dit l'un d'eux. Et il n'est pas rigide. Disons qu'il est mort depuis une heure ou deux, pas plus.

Alors qu'on emportait le corps, Octavius et moi dirigeâmes nos pas vers le Forum. Je lui montrai la dague.

— C'est une pièce à conviction, expliquai-je. Tu es témoin que je ne porte pas d'arme à l'intérieur du *pomerium*.

Il s'esclaffa.

— Si nous appliquions cette loi, les tribunaux seraient débordés. Quel genre de dague est-ce ?

Je pris un air perplexe. Ce n'était pas le large *pugio** des légionnaires, ni la *sica** recourbée, arme préférée des coupe-jarrets de la cité, mais une lame droite à double tranchant avec une arête renforcée en son milieu. Constituée d'un os sculpté représentant un serpent grossier, la poignée offrait une prise solide. La garde et le pommeau, qui dessinait une sorte de champignon, étaient tous deux en bronze.

— Ça m'a tout l'air d'une arme ordinaire, répondis-je. Le genre qu'on trouve dans n'importe quelle coutellerie.

— Alors, elle ne nous sera d'aucune utilité, constata Octavius. Ce n'est pas comme si on avait gravé sur la lame « Mort aux ennemis du roi Phraatès des Parthes », ou une devise de ce genre.

— Évidemment, c'eût été commode, mais la vie m'a appris qu'on rencontre rarement de telles facilités.

Je lançai la dague en l'air et la rattrapai.

— Ma parole, Décius, tu deviens philosophe ! As-tu aussi l'intention de te laisser pousser la barbe et d'ouvrir une école ?

— Épargne-moi, Octavius. Et tiens-moi au courant, s'il te plaît. C'est un peu comme si ce pauvre bougre était mon client, vu que j'ai présidé à la première partie de ses rites funéraires.

Il promit de me tenir informé et nous nous séparâmes devant le Forum.

C'était une de ces matinées fraîches et limpides comme on en voit durant l'automne en Italie. La chaleur oppressante de l'été s'était estompée et les pluies froides de l'hiver n'avaient pas encore commencé. Ce temps idyllique me fit revenir sur mon intention de quitter Rome. Toutefois, l'hiver guérirait bientôt mes hésitations. Alors je me mettrais à penser aux îles grecques, à l'Afrique. À moins que je demande une ambassade à Alexandrie, dont on disait monts et merveilles.

La journée s'écoula comme toutes les autres, hormis l'imprévu du matin. Le personnel m'attendait impatiemment devant les portes du Trésor, aussi dus-je apaiser leurs craintes en leur donnant des détails terrifiants sur le meurtre. Après avoir signé un envoi de pièces d'argent aux légions, j'allai faire un tour alors que commençait le pesage fastidieux d'un chargement d'or en provenance d'Espagne.

Je quittai l'atmosphère renfermée du temple, avec ses relents de vieil encens et d'anciens sacrifices, pour respirer l'air pur de la cité. Plutôt pur, en tout cas. Pour une fois, le vent ne venait pas du marché aux poissons ni des abattoirs, ni, pis encore, des fosses communes à ciel ouvert, mais descendait du nord, c'est-à-dire des Alpes. Ce fut une agréable coupure ; pourtant, tout a une fin, et je rebroussai chemin pour remplir mon devoir. Arrivé devant l'entrée du temple, je m'arrêtai. Quelque chose n'allait pas. Je regardai soigneusement autour de moi. La statue de Saturne était là, comme de bien entendu. Les pigeons nichaient sur les chevrons, comme d'habitude. Ce temple, l'un des plus vieux de Rome, était en grande partie construit en bois. Les alcôves et les porches me semblaient avoir leur apparence habituelle. C'est alors que mon regard tomba sur la porte basse à la droite de l'entrée, celle dont le vieux Minicius avait dit qu'elle menait à des réserves inutilisées. Je la franchis pour vérifier ce qui n'allait pas.

Il y avait des empreintes fraîches dans la poussière, et en grand nombre. Des esclaves se seraient-ils encore trompés de chemin ? Je me serais sans doute désintéressé de la question si l'ennui ne m'avait pas rendu plus réceptif à l'insolite. Mais peut-être était-ce aussi parce que mon esprit était accaparé par un fait qui me paraissait bien mystérieux : pourquoi l'assassin n'avait-il pas volé les bagues de Manius Oppius ? À elles seules, elles auraient permis d'entretenir confortablement une famille entière pendant deux ou trois ans. À moins que mon *genius* ne m'ait murmuré à l'oreille quelque exhortation. Les génies* sont, paraît-il, des esprits gardiens, mais le mien me pousse toujours à l'aventure.

Pour la deuxième fois de la journée, je m'accroupis afin d'examiner des indices. Il y avait deux sortes d'empreintes. Celles des pieds nus avaient probablement été laissées par des esclaves. En revanche, au moins deux paires de sandales avaient marqué le sol de traces bien distinctes. Je me relevai et m'assurai que personne ne m'observait. Soudain, je me sentis ridicule, un peu comme un enfant qui grimpe aux arbres quand il devrait étudier ses leçons. Néanmoins, je m'avançai sans bruit jusqu'à une niche murale où je pris une lampe à huile, puis je retournai vers la porte basse.

Les empreintes maculaient le palier d'où partait un escalier abrupt. Je le descendis lentement afin que mes yeux s'habituent à l'obscurité. Lorsque j'arrivai en bas, l'éclairage de la mèche me parut suffisant malgré la fumée qui me piquait le nez. Les marches aboutissaient à un autre palier étroit, offrant à peine la place pour un homme et sur lequel s'ouvraient trois portes, une de chaque côté et une en face. En fait, ce réduit se trouvait sous les fondations du temple, creusées à même la roche, donc bien au-dessous des salles du Trésor. J'éprouvais une impression étrange, celle de me tenir là où Romulus avait peut-être posé le pied.

Je choisis de commencer par la porte de face. Courbant la tête, je passai sous le linteau et me retrouvai dans une petite pièce exiguë. Des peintures étrusques de dieux et de démons décoraient les murs. Sur l'une d'elles, un homme aux yeux bandés se faisait dévorer par un chien ou un loup tenu en laisse par un démon de la mort, affublé d'un long nez et d'oreilles pointues. Sur une autre, deux hommes nus s'étreignaient dans un combat mortel sous l'œil d'hommes et de femmes en habits religieux. Le premier serrait son adversaire par le cou et lui plongeait son arme dans le corps tandis que la lame du second traversait la cuisse du vainqueur. Du sang jaillissait des blessures. Sur le troisième mur, revêtu d'une armure antique, un guerrier empoignait par les cheveux un prisonnier entravé et l'égorgeait d'un coup d'épée.

J'aime à croire que je ne suis pas superstitieux, pourtant ces peintures anciennes m'emplirent de terreur. Saturne avait-il autrefois exigé que ses adorateurs lui dédient ces rites barbares ? Mon horreur provenait moins de la violence des meurtres, à laquelle j'étais habitué en tant que Romain, que du rituel, de son aspect religieux. Nous aimons nos dieux, patrons de l'agriculture, des arts, de la guerre, en revanche nous n'éprouvons aucune sympathie pour les divinités sanguinaires des mondes souterrains. Apparemment, nos ancêtres étaient moins délicats.

Je songeai un instant avec perversité, il faut le dire, à faire visiter cette pièce à Caton. Ne serait-il pas capable de proposer au Sénat de revenir aux sacrifices humains puisque telles étaient les coutumes de nos aïeux ?

Un tissu recouvrait un monceau informe. Derrière moi, je trouvai une niche dans laquelle je posai ma lampe, puis je m'accroupis et soulevai l'étoffe poussiéreuse. La flamme scintillante éclaira un enchevêtrement de métal. Des armes étaient empilées en vrac, surtout des épées et de courtes lances. Je reconnus l'épais *gladius** des légions. Certains de ces glaives étaient récents, d'autres dataient de Scipion et des guerres puniques. Il y avait aussi la longue *spatha** de la cavalerie et des armes de différentes formes utilisées dans l'amphithéâtre. Certaines lances étaient des armes de chasse, comme celle à large lame utilisée contre les sangliers. D'autres étaient purement militaires, tels le javelot léger et le lourd javelot des légions. Ces derniers étaient aussi d'époque ancienne.

Un étrange mélange qui provenait à l'évidence de sources multiples. Mais dans quel but avait-on entassé ces armes ? Je n'en avais aucune idée. Je replaçai donc le tissu et allai visiter les autres pièces. L'une était vide. Dans l'autre, je découvris un grand nombre de boucliers empilés, non les grands *scuti** des légions destinés à protéger le corps entier, mais les petits écus ronds ou ovales des auxiliaires.

Ayant terminé mon inspection, je remontai l'escalier. Je m'arrêtai un moment sur le palier pour m'assurer qu'il n'y avait personne, puis me glissai dans le temple et replaçai la lampe dans sa niche. Lorsque j'entrai dans la salle du Trésor, Minicius me jeta un regard inquisiteur.

— D'où viens-tu ? me demanda-t-il.

Ce n'était qu'un affranchi, mais l'un des plus importants de Rome et il n'avait pas à faire preuve d'humilité. Assis à sa table, il notait des chiffres sur un rouleau de papyrus.

— J'ai dû courir aux latrines des bains publics. Sans doute quelque chose que j'ai mangé ce matin.

— Ce ne serait pas plutôt ce que tu as bu hier ? Tiens, j'ai besoin de ta signature pour ces documents.

Je les parcourus du regard, mais je ne compris pas ce dont il s'agissait. Seul un homme qui passe sa vie dans les chiffres peut trouver un sens à ces colonnes de gribouillis. J'étais obligé de faire confiance à Minicius. Comme les questeurs qui s'étaient fiés à lui depuis quarante ans n'avaient pas été inquiétés, je me sentais en sécurité.

Je ne lui parlai pas de ma découverte. Cela requérait d'abord une profonde réflexion. Réflexion à laquelle, d'ailleurs, je me livrai dans l'après-midi après avoir fermé le Trésor. Pour cela, j'allai dans un des petits bains publics, où j'avais peu de chances de rencontrer quelqu'un à qui j'aurais été obligé de faire la conversation. Là, je m'assis dans le *caldarium** et, mijotant dans l'étuve, je méditai.

On avait caché des armes dans le temple de Saturne. Sûrement pas dans l'intention de voler le Trésor : en général, les cambrioleurs cherchent à tout prix à éviter la bagarre. D'un autre côté, si quelqu'un préparait un coup d'État, son premier geste serait de s'emparer du Trésor.

Qui cela pouvait-il bien être ? Rome était paisible depuis près de vingt ans, depuis la dictature de Sylla. Hormis la rébellion des esclaves dirigée par Spartacus, aucune guerre ne s'était déroulée sur le sol romain. Un de nos généraux s'apprêtait-il à marcher sur Rome ? Avait-il l'intention d'armer des partisans à l'intérieur de la cité ? Cela s'était déjà vu.

Toutefois, un détail contredisait cette hypothèse. Je réfléchis longuement avant de le découvrir : l'aspect hétéroclite des épées et des lances. Un général fournirait à ses troupes des armes de nature uniforme, ne serait-ce que pour maintenir une certaine cohésion militaire. Non, celui qui avait entreposé tout cet attirail avait été le chercher un peu n'importe où ; il l'avait probablement acheté par petits lots afin de ne pas éveiller les soupçons.

Bien sûr, tous nos généraux n'avaient pas la fortune de Pompée. L'Italie regorgeait de vétérans d'une dizaine de guerres, démobilisés, installés dans de petites fermes le long de la péninsule. Leur casque, leur bouclier, leur épée et leur armure pendaient près de l'âtre ; ils attendaient que leur général les rappelle sous les aigles. Ces anciens légionnaires constituaient une menace permanente pour Rome, un nid de rébellion. Presque tous les hauts dignitaires de la vie politique, soit parce qu'ils se sentaient trahis, insultés, soit qu'ils voyaient leurs plans contrariés, risquaient de se rappeler qu'ils avaient de nombreux soldats prêts à répondre à leur appel. L'un d'eux pouvait donc avoir acheté des armes afin d'équiper une cohorte urbaine.

À qui en parler ? Hélas, quasiment n'importe quel haut fonctionnaire pouvait être l'instigateur de cette conspiration, ou l'un de ses partisans. Parmi ceux qui occupaient un poste important, on trouvait nombre de mes parents, mais je ne pouvais compter là-dessus pour sauver ma peau si l'un d'entre eux complotait contre l'État.

La question allait nécessiter du doigté, de l'audace, et sans doute comporter des risques. Je décidai de rendre visite à celui qui était passé maître dans ces trois domaines, Titus Annius Milo.

Milon représentait à merveille le type d'homme qui avait acquis une certaine notoriété à Rome au cours du siècle : le criminel politique. De tels individus, outre leurs activités délictueuses, servaient de bras armé aux politiciens. Ils semaient le désordre dans les rassemblements rivaux, s'assuraient que les électeurs de leur district votaient convenablement, procuraient des gardes du corps ou des émeutiers, et ainsi de suite. En retour, leurs patrons influents les protégeaient devant les tribunaux. Clodius faisait partie de cette gent, mais je le détestais tandis que je considérais Milon comme un ami sûr. Clodius et Milon, inutile de le dire, étaient des ennemis jurés.

Au sortir des bains, je me dirigeai vers la maison de Milon, qui se trouvait non loin de chez moi, au pied du Viminal, dans un quartier de boutiques bruyantes. En fin d'après-midi, avec la fatigue de la journée, le vacarme s'estompait. Milon était l'ancien assistant de Macron, un célèbre chef de bande. Il avait succédé à son patron et vivait dans la maison qui lui avait appartenu. À la mort, plutôt soudaine, de Macron, Milon avait produit un testament qui semblait authentique.

Un grand rustre dégingandé était adossé au chambranle de la porte ; il me gratifia d'un sourire édenté. C'était un Gaulois, mais il avait dû arriver très jeune dans la ville car il parlait sans accent. On devinait, sous l'aisselle de sa tunique, l'inévitable bosse d'une *sica*.

— Salut, questeur, ça fait longtemps qu'on ne t'a vu.

— C'est que je ne fréquente plus les tribunaux, Berbix, sinon les occasions n'auraient pas manqué.

— Voyons, citoyen, ricana-t-il, tu sais très bien que je suis aussi innocent qu'un agneau. À propos d'innocence, tu ne chercherais pas des noises à mon patron avec cette lame que j'aperçois sous ta tunique ? Je sais que vous êtes amis, mais l'amitié s'arrête là, si tu vois ce que je veux dire. Vraiment, citoyen, tu me choques. Toi, un officiel !

J'avais complètement oublié la dague. Je l'avais enveloppée dans un bout de tissu et l'avais fourrée sous ma tunique. Berbix avait vraiment de bons yeux pour voir à travers ma toge.

— Depuis quand une malheureuse dague ferait-elle peur à Milon ? rétorquai-je.

— Ah, tu marques un point, citoyen. Entre, je vais t'annoncer.

C'était une belle demeure dans laquelle Milon avait fait certains travaux afin d'avoir une large cour intérieure et une salle où rassembler ses associés quel que fût le temps. L'épaisse porte en bois, renforcée de barres métalliques, était munie de verrous qui la rendaient tout à fait sûre. L'endroit était bâti comme un fort afin de repousser les attaques des bandes rivales. La maison était bordée par trois rues, et la porte d'entrée ouvrait sur la plus étroite pour fournir le plus petit espace possible aux assaillants éventuels.

Le Gaulois me conduisit dans une petite antichambre et envoya une servante chercher son maître, puis il reprit sa faction devant l'entrée. Que Milon ne poste qu'un seul guetteur prouvait bien que nous vivions une époque paisible. Milon avait l'ambition de devenir tribun du peuple, un poste qui avait valu la mort à plus d'un Romain. Clodius postulait pour la même fonction, et les oisifs du Forum anticipaient avec ravissement l'inévitable affrontement entre ces deux célébrités.

Clodius cultivait la fortune montante de César tandis que Milon avait formé une étrange alliance avec Cicéron.

Milon entra, arborant un large sourire, et je lui serrai la main. Malgré les années, sa poigne était aussi ferme qu'à l'époque où il gagnait sa pitance en maniant l'aviron. D'une carrure imposante, encore dans la force de l'âge, il débordait tellement d'énergie et d'ambition que sa seule présence m'épuisait.

— Décius ! Pourquoi avoir tant tardé à venir ? Tu m'as l'air bien pâle. Voilà ce que c'est de passer ses journées à compter de l'argent sous l'œil vigilant de Saturne. Être responsable de tout cet or, ça fait quel effet ?

— J'ai la satisfaction de le voir passer entre mes mains, mais je te garantis que c'est un plaisir bien mince.

— Alors, laisse-moi te remonter le moral. Suis-moi.

Il me précéda dans une petite pièce équipée d'une table et de deux couches, près desquelles se trouvait une vasque en bronze, remplie de pierres rougies au feu ; celles-ci procuraient une chaleur dépourvue de fumée qui me surprit agréablement, car le temps avait viré au froid. Des coupes et un pichet de vin garnissaient la table parmi un assortiment de bonnes choses : olives, noix, dattes et figues. Loin de la simplicité frugale d'un philosophe, il s'agissait plutôt des dispositions prévoyantes d'un homme pressé.

Nous trinquâmes à notre santé, échangeâmes quelques plaisanteries. Puis Milon me déclara avec son franc-parler habituel :

— J'ai beau apprécier ta compagnie, j'imagine que ta visite doit avoir un caractère officiel ?

— Pas exactement. Ma fonction présente n'y est pour rien. J'ai quelque raison de penser que quelqu'un fomente une conspiration contre l'État. J'ai découvert des indices mais j'avoue que je ne sais pas très bien quoi en faire. Je ne connais personne à qui je puisse me fier.

— À part moi, sourit Milon.

— En quelque sorte, admis-je.

— Je t'écoute.

Avec Milon, il n'était pas question de biaiser, de faire des circonvolutions, ni de parler par allusions. Je lui décrivis donc exactement ce que j'avais trouvé et où. Je lui expliquai les raisons qui m'avaient incité à n'en pas souffler mot aux consuls ni aux préteurs. Il m'écouta avec grande attention. Il n'était peut-être pas l'homme le plus intelligent de Rome – j'aurais plutôt décerné ces lauriers à Cicéron –, pourtant, je n'ai jamais rencontré quelqu'un doté d'un tel pouvoir de concentration.

— Je comprends ta prudence, dit-il lorsque j'eus terminé. Ainsi, tu suspectes un complot contre l'État ?

— Que veux-tu que ce soit d'autre ?

— Tu crains, je le sais, que Pompée ne se proclame roi de Rome, mais je ne le vois pas armer une centaine de pouilleux pour qu'ils lui ouvrent les portes. S'il le voulait vraiment, il pourrait rentrer en Italie avec des soldats et pénétrer dans la ville sans qu'il y ait opposition.

— Il n'y a pas que Pompée, soulignai-je. Pense à ceux qui ont un jour commandé des légions et qui savent qu'ils n'en auront plus jamais l'occasion. À ceux dont les aspirations à un poste important ont été déçues. À ceux qui sont désespérés. Que sais-je encore ?

— Les armes que tu décris ne serviraient pas à grand-chose sur un champ de bataille, mais c'est exactement ce qu'il faut pour combattre à l'intérieur d'une ville. Pas de lourds boucliers, ni d'armures encombrantes, ni de longues lances, ni d'arcs et de flèches. On peut certes les utiliser comme tu le crains, mais il y a une autre possibilité.

— Je serais heureux de l'entendre.

— Décius, tu as laissé l'ambition démesurée de ces généraux troubler ton jugement. Ces hommes-là ont retenu la leçon de Marius et de Sylla. Je suis persuadé qu'à l'avenir ils se battront hors de l'Italie. Mais tu oublies tous ceux qui ne cherchent pas à commander de grandes armées ni à régner sur les provinces. Ceux auxquels je pense veulent tout simplement contrôler Rome, et elle seule. La cache que tu as découverte leur serait d'une grande utilité.

— Puis-je savoir à qui tu penses ?

— Clodius Pulcher est le premier qui me vient à l'esprit.

— Et toi, tu serais le second. Non, c'est trop tentant, et cela me rend encore plus sceptique. Il n'y a rien au monde que j'aimerais davantage que d'accuser Clodius devant le Sénat. Je débarrasserais ainsi la République d'un rustre méprisable, et je me ferais, incidemment, un nom dans la politique. J'ai du mal à croire que les dieux m'offriraient une occasion pareille. Je n'irai pas, bien sûr, jusqu'à suggérer que tu es mêlé à cette histoire.

— Non, je suis plus subtil que cela, accorde-le-moi. Eh bien, revenons aux mécontents qu'un coup d'État démange. Il ne peut s'agir d'un seul homme. Ces gens-là ont l'art de se reconnaître et de partager leur rancœur.

— Oui, mais pourquoi le temple de Saturne ? m'étonnai-je.

— Il est bien situé, près du Forum. Il possède, comme tu l'as découvert, des réserves inutilisées où personne ne fourre jamais son nez. Le Trésor est bien gardé, mais le temple lui-même reste toujours ouvert. D'ailleurs, je suis sûr qu'il y a d'autres caches. Surveille celle-là et vérifie s'il n'y a pas d'autres dépôts dans les prochains jours. Mais tâche de ne pas te faire remarquer. Je n'aimerais pas apprendre un beau matin qu'on t'a retrouvé mort dans la rue, comme ce pauvre Manius Oppius.

Il avait sans doute appris le meurtre peu après la découverte du cadavre. J'espérais seulement qu'il n'était pas au courant avant.

— Je suis passé devant le cadavre, ce matin, lui dis-je. Je m'en suis occupé en attendant l'arrivée du juge Octavius. Sais-tu quelque chose sur la victime ?

— C'était un banquier, comme c'est souvent le cas dans sa famille. Je ne l'ai jamais rencontré, mais je connais pas mal de gens qui lui doivent de l'argent.

— Ah, les suspects ne manqueront pas, dans ce cas.

Je sortis la dague de ma tunique et déroulai le tissu.

— C'est avec ça qu'on l'a tué, dis-je. As-tu déjà vu une arme semblable ?

Il examina la dague, la retourna, fit courir son pouce le long du serpent, puis hocha la tête.

— Ce n'est pas une arme romaine, à ma connaissance. Ce n'est pas non plus de la belle ouvrage. Si je devais tuer quelqu'un, j'irais sans doute au marché, j'achèterais une arme d'occasion comme celle-ci, et je la laisserais sur le cadavre ou je la jetterais dans l'égout le plus proche.

Il me la rendit.

— Désolé. J'imagine que celui qui s'en est servi l'a choisie parce qu'il savait qu'on ne pourrait pas l'identifier.

Je me levai.

— Je te remercie, Milon. Je ne sais pas encore ce que je vais faire, mais tu m'as fourni matière à réflexion.

— Reste dîner, proposa-t-il.

— Hélas, je mange chez l'ambassadeur d'Égypte. Ptolémée, le Flûtiste, a encore des ennuis ; il courtise tous les hauts fonctionnaires romains pour obtenir leur soutien. Il vient à Rome si souvent qu'on devrait lui accorder la citoyenneté.

— Dans ce cas, je ne te retiendrai pas.

Il se leva à son tour et posa sa main sur mon épaule en me raccompagnant à la porte.

— Tu te souviens de ce que je t'ai dit au sujet de l'aptitude des mécontents à se reconnaître ?

— Oui.

— Si tu veux vraiment découvrir si certains d'entre eux envisagent un coup d'État, laisse-les te contacter. Ils sont toujours à la recherche de leurs semblables. Ne sois pas trop démonstratif, mais permets-toi quelques commentaires sur les offres inacceptables que tu as reçues pour faire suite à ton année de questure. Suggère que tes ennemis influents contrecarrent tes ambitions par pure jalousie. Tu connais la rengaine. Mais surtout, laisse leur croire que ce sont eux qui te subornent.

Il parut réfléchir.

— Tu peux faire quelques allusions en présence de Quintus Curius, par exemple.

À la porte, je le remerciai et pris congé. Comme chaque fois que je discutais d'un problème avec Milon, j'eus l'impression qu'il m'avait accordé de précieux éclaircissements. Il avait l'art de simplifier les sujets les plus complexes, d'aller droit au cœur du problème. Il ne se laissait pas distraire par les peurs inconsidérées, les réticences éthiques, ou les broutilles puériles qui encombraient mon esprit. Sa fixation sur la conquête du pouvoir était aussi intense, omniprésente, que chez Clodius, Pompée, Cicéron, César et les autres, mais il était bien plus aimable qu'eux, César compris qui savait se montrer charmant avec ceux dont il avait besoin.

Ainsi, pourquoi n'avais-je pas pensé à Quintus Curius ? C'était un fâcheux de premier ordre, un atrabilaire, un homme à qui l'on pouvait attribuer la moitié des crimes inscrits sur les tables de la loi et qu'on soupçonnait d'avoir aussi commis l'autre moitié. Si quelque infâme complot se tramait à Rome, il y était à coup sûr mêlé. Quelques années auparavant, les censeurs l'avaient expulsé du Sénat pour conduite scandaleuse. Il descendait d'une vieille et noble famille et croyait ainsi que la fortune, les plus hautes fonctions et l'estime de ses concitoyens lui revenaient de droit. C'était exactement le genre de Romain qui ne pouvait comprendre qu'un *novus homo* comme Cicéron puisse devenir consul.

Je rentrai chez moi revêtir ma plus belle toge tout en me demandant comment établir un lien avec Curius. Cela ne devrait pas être difficile. À Rome, la vie mondaine, comme la vie politique, était dominée par un nombre d'hommes et de femmes relativement réduit. Comme je dînais en ville presque chaque soir, je ne me donnais que quelques jours pour nouer une relation. L'occasion allait se présenter bien plus tôt que je ne l'avais espéré.

La demeure de l'ambassadeur d'Égypte était située en dehors des murs de la ville, sur le Janicule. Elle avait presque l'aspect d'une villa campagnarde et permettait à l'ambassadeur de prodiguer à ses invités les distractions interdites dans la cité. La politique égyptienne constituait une source de divertissements sans fin pour les Romains. La gigantesque et riche nation était gouvernée, pour employer un euphémisme, par une famille macédonienne dont les membres avaient adopté la coutume pittoresque de légitimer leur règne en épousant une ou plusieurs proches parentes. Cette dynastie avait une pénurie de noms quasi romaine : tous les hommes s'appelaient Ptolémée ou Alexandre, les femmes Cléopâtre ou Bérénice. (On trouvait bien parfois une Séléné, mais c'était souvent la troisième sœur. D'ailleurs, celui qui l'épousait avait peu de chances d'accéder au trône.) L'un des Ptolémées déposa son frère aîné, Ptolémée, épousa sa femme, Cléopâtre, qui était leur sœur à tous deux, puis, pour ne pas faire de jalouses, se maria dans la foulée avec sa fille (donc sa nièce), elle aussi appelée Cléopâtre.

Le dernier de la lignée était Ptolémée XI, un client romain, qui s'empara du trône en faisant marcher ses troupes sur Alexandrie ; il épousa ensuite Bérénice, à la fois sa cousine et sa belle-mère, puis la fit assassiner vingt jours plus tard. Les Alexandrins, qui aimaient particulièrement la Bérénice en question, le massacrèrent sur-le-champ. En quête d'un Ptolémée, pour ne pas troubler l'ordre naturel des choses, ils trouvèrent un bâtard, Philopater Philadelphus Néos Dionysus, plus connu sous le nom d'Aulète, « le Flûtiste », pour ses compétences incomparables. Dans le même temps, pour des motifs dynastiques d'une incroyable complexité que seuls les Égyptiens comprennent, ils proclamèrent son frère roi de Chypre. Depuis cette époque, plusieurs cousins avaient réclamé le trône d'Égypte. Comme il était entendu que le souverain légitime était celui qui obtenait l'appui de Rome, tous, les cousins, les ambassadeurs, parfois le Flûtiste lui-même, venaient à Rome, donnaient de somptueuses réceptions et distribuaient des pots-de-vin extravagants. C'était, pour nous autres Romains, une source inépuisable de réjouissances et de profits, et j'étais fréquemment invité, comme tout homme qui avait des chances d'occuper un jour une haute fonction.

La villa elle-même était un merveilleux mélange d'architecture, avec des statues grecques, des jardins romains, des nénuphars du Nil, des papyrus, des chapelles en l'honneur du panthéon romain, du Divin Alexandre, d'Isis et d'une horde de divinités égyptiennes à têtes d'animaux. Les jardins possédaient un magnifique vivier au milieu duquel était planté un énorme obélisque, et un étang où nageaient des crocodiles près duquel trônait l'horrible dieu à leur effigie, appelé Sobek. Le bruit courait que les Égyptiens nourrissaient ces énormes reptiles avec les cadavres non réclamés qu'ils obtenaient en graissant la patte des préposés aux fosses communes. Mais je n'ai jamais eu en main le début d'une preuve de ce genre de marché.

L'ambassadeur de l'époque était un vieillard obèse, un Alexandrin dégénéré qui répondait au nom de Lisas. Alexandrie, qui formait une nation à elle seule, était la cité la plus cosmopolite de toutes, et Lisas le prototype même de ses habitants : un mélange indiscernable de Grec, d'Égyptien, de Nubien, d'Asiatique, et Jupiter seul sait quoi. Ce croisement de races produit des femmes d'un charme exotique renversant et des hommes d'une laideur à faire peur. On dit que peu de villes atteignent la beauté d'Alexandrie, mais qu'il vaut mieux l'apprécier de loin.

Lisas m'accueillit sur le seuil avec son onctuosité poisseuse habituelle.

— Ah, mon ami Décius Cécilius Métellus le Jeune ! s'exclama-t-il, tout sourire. Ta présence illumine cette maison du roi ! Comme c'est généreux de ta part d'avoir répondu à mon humble invitation ! Je ne saurais te remercier...

Il continua à perdre haleine sur cette veine.

— Je suis absolument ravi d'être là, assurai-je.

Les parfums qui s'élevaient de l'intérieur effaçaient presque ceux dont il s'aspergeait. Il me fit entrer avec moult effusions et me présenta à ses invités qui étaient bien une trentaine. Comme le but de l'ambassade était de ratisser au plus large, Lisas ne se cantonnait pas à la coutume romaine qui voulait que l'on n'invite pas plus de neuf convives à un dîner – « pas moins que les Parques, et pas plus que les Muses », avait dit un jour quelque bel esprit.

Là se trouvait rassemblée toute la gamme de la vie sociale et politique, le maximum de fonctionnaires élus que Lisas avait pu persuader de venir, quelques poètes en vogue, des érudits pour conférer une certaine dignité, et une pincée de bouffons pour la frivolité. Il y avait également un certain nombre de femmes connues pour leur beauté et leur grâce, mais aussi pour des qualités moins recommandables. La soirée s'annonçait agréable.

Parés du pagne et de la tunique plissés en lin, les musiciens jouaient de plusieurs instruments exotiques, tels la harpe et le sistre, tandis que les danseuses, vêtues du strict minimum, tournoyaient, frappaient des mains, et agitaient leurs longues tresses avec une frénésie orgiaque. Les serviteurs, tous des Nubiens, noirs comme l'ébène, étaient peinturlurés et affublés de peaux de bête. En outre, certains étaient couverts de cicatrices rituelles et leurs dents étaient taillées en pointe. Ils offraient des vins d'Égypte, épais et capiteux, ainsi que les cépages plus agréables du monde civilisé.

Ces soirées étaient toujours distrayantes ; elles commençaient tôt et se poursuivaient plus tard qu'à la manière romaine. Le prévenant Lisas entretenait une cohorte d'intermédiaires et de gardes qui escortaient les invités chez eux.

L'atrium, où les convives se rassemblaient, était une vaste pièce circulaire, bâtie selon une architecture qui ne m'était pas familière. Sur les mosaïques du sol, était reproduite la faune égyptienne : des crocodiles et des hippopotames folâtraient dans des eaux parsemées de roseaux ; des autruches, des cobras et des lions batifolaient dans le désert ; des vautours et des faucons sillonnaient les airs. Les peintures murales représentaient des Pygmées du Nil en train de combattre des grues au long cou. Bien que des voyageurs aient prétendu que ces êtres minuscules existaient réellement, quelque part aux environs de la source du grand fleuve, je n'en ai jamais vu.

Cependant, ce soir-là, mes yeux tombèrent sur quelqu'un qui m'intéressait vivement : la superbe Sempronia, l'une des femmes peu recommandables dont j'ai parlé plus tôt. Je veux dire par là qu'elle était cultivée, directe, indépendante, intelligente et assez riche pour tout se permettre. Bien que d'un âge avancé, elle figurait encore parmi les beautés de Rome ; elle avait un visage aristocratique d'une grande finesse combiné à ce port arrogant que les Romains trouvaient positivement admirable. Son mari, Décimus Junius Brutus, était un bourreau de travail qui ne se souciait pas des agissements de sa femme ; d'ailleurs, ils ne vivaient plus ensemble depuis des années. Elle était aussi dans les meilleurs termes avec les pires dépravés de Rome dont elle jugeait la compagnie autrement plus stimulante que celle des amis respectables de son époux.

— Décius ! s'exclama-t-elle quand je m'approchai. Comme je suis contente de te voir !

Elle me tendit la joue que je baisai, surpris de n'y trouver aucune trace de crème. Son teint était son seul maquillage. Elle me prit par les épaules et m'examina.

— Tu es encore plus beau que la semaine dernière, mais je ne devrais pas le dire ; n'oublie pas que j'ai un fils de ton âge.

— Oh, si, dis-le aussi souvent qu'il te plaira, rétorquai-je en lui prenant la main. D'ailleurs, pourquoi te vieillir ? Le jeune Décimus ne doit pas avoir plus de sept ans.

Elle rit de son merveilleux rire musical.

— Tu me flattes, Décius !

Elle caressa d'un doigt la balafre qui ornait mon visage.

— Tu ne m'as jamais dit comment tu avais attrapé ça. D'habitude, les hommes se vantent de leurs cicatrices.

— Une lance ibère, dis-je. À l'époque où je servais sous les ordres de Métellus Pius pendant l'insurrection de Sertorius. Je ne m'en vante pas parce que c'est arrivé de manière très stupide. Maintenant encore, j'en rougis.

— Enfin un Romain qui ne trouve pas chic de se faire lacérer le visage !

Elle embrassa la pièce du regard.

— Quelle agréable assistance, tu ne crois pas ?

— Après avoir passé ma journée au Trésor, je me sentirais bien même avec des cordonniers.

Je m'efforçais d'être léger, une attitude qui ne me vient pas naturellement.

— Ah, tu n'aimes donc pas ton travail, Décius ? demanda-t-elle avec un intérêt sincère.

— Tout le monde sait que cette fonction échoit aux questeurs qui ne bénéficient d'aucun soutien en haut lieu.

— Avec ta famille ! s'étonna Sempronia.

— C'est précisément le problème. Nous sommes si nombreux qu'un Métellus de plus au bas de l'échelle politique ne mérite pas qu'on lui donne un coup de main. Si tu veux savoir le fin mot de l'histoire, les anciens de la famille s'imaginent que les hautes fonctions leur reviennent de droit, et ils voient d'un mauvais œil l'arrivée de jeunes parents ambitieux.

Elle accepta une coupe d'un esclave qui passait, puis me jaugea en buvant une gorgée.

— Et bien sûr, tu t'es endetté afin de remplir tes devoirs ?

Étrange remarque mais qui me parut de bon augure. Je n'avais emprunté qu'à mon père, mais de nombreux politiciens nécessiteux se ruinaient en voulant s'acquitter avec dignité des exigences de leur fonction.

— Jusqu'au cou, affirmai-je. Paver les grand-routes coûte une fortune, figure-toi. Je ne suis pas certain de pouvoir postuler à l'édilité, avec tous les frais que cela entraîne.

— On t'a certainement offert une charge intéressante pour le jour où tu quitteras le Trésor, non ? Quelque chose qui ouvre des perspectives d'avenir à un jeune homme bien né ? Nombre de proquesteurs et de légats s'enrichissent afin de se porter candidats aux plus hautes fonctions, même s'ils sont nés pauvres.

Elle me toisa attentivement.

— C'est ce que j'espérais, répondis-je, mais on ne m'a encore rien proposé. Et la prochaine guerre prometteuse risque de se faire attendre longtemps. Les alliés de Pompée monopolisent les postes clés.

Comme j'avais l'impression d'en faire un peu trop, je changeai de sujet.

— Enfin, qui sait ? Une occasion va peut-être se présenter. Dis-moi, Sempronia, qui est là, à part les pique-assiette habituels ?

— Voyons voir...

Elle considéra l'assistance.

— Il y a le jeune Catulle. Il vient d'arriver de Vérone.

— Le poète ?

J'avais entendu parler de lui. On le tenait pour l'inspirateur de la « nouvelle poésie ». Pour ma part, je préférais l'ancienne.

— Lui-même. Il faut absolument que tu le rencontres.

Elle me prit par le bras et m'entraîna vers le jeune homme. À ma grande surprise, je découvris qu'il n'avait pas plus de dix-neuf ou vingt ans. Sempronia fit les présentations. Visiblement intimidé de se retrouver dans la haute société de Rome, il cachait son malaise sous une assurance factice qui frisait l'arrogance.

— On m'a chanté les louanges de ton œuvre, dis-je.

— Ce qui signifie que tu ne l'as pas lue. C'est aussi bien, mes meilleurs poèmes sont encore à venir. J'ai honte quand je relis mes premiers écrits.

— Sur quoi travailles-tu en ce moment ? s'enquit Sempronia, sachant que les poètes n'aiment rien tant que de parler de leur art.

— Je m'escrime sur une série de poèmes d'amour dans le style des Alexandrins. C'est pour cela que j'étais content d'être invité à cette soirée. J'ai toujours admiré l'école alexandrine de la versification grecque.

Bien sûr, il y avait une autre raison : le repas gratuit. Je ne dis pas cela par médisance, m'étant trouvé moi-même dans cette situation de nombreuses fois. Avant que nous ne le laissions à ses admirateurs, Catulle me posa une question.

— Excuse-moi, serais-tu apparenté à Métellus Céler, le préteur ?

— C'est un cousin de mon père, mais je ne le connais pas plus pour autant. Lance une pierre dans la curie, elle aura de fortes chances d'atteindre un Métellus.

Il rit de mon bon mot, et je devinai qu'il le gardait en mémoire afin de s'en resservir dans un pamphlet politique. Cela ne me choqua pas, car je l'avais moi-même puisé chez une connaissance.

— Pourquoi s'intéresse-t-il à Céler ? demandai-je à Sempronia quand nous fûmes seuls dans le jardin.

Elle se pencha et me dit à l'oreille d'un ton de conspirateur :

— Tu ne savais pas ? Il est amoureux de Clodia.

— Ah bon ? Elle vient d'épouser Céler il y a à peine huit mois. N'est-ce pas un peu tôt pour une intrigue ?

— Oui, mais tu connais Clodia.

Oh, oui, je ne la connaissais que trop bien. Et j'éprouvais pour elle des sentiments contradictoires.

— En fait, poursuivit Sempronia, je crois qu'il l'adore de loin ; il lui écrit des poèmes lyriques, rien de plus. Clodia est flattée, et c'est bien normal.

— Tu crois vraiment que cela s'arrête là ? demandai-je en me maudissant d'y attacher de l'importance.

Sempronia me lança un regard pénétrant.

— Notre chère Clodia ne veut pas que son devoir conjugal empiète sur ses occupations mondaines, répondit-elle. Bien sûr, elle mène une vie toujours aussi débridée. Mais, depuis son mariage, elle est beaucoup plus discrète en ce qui concerne ses relations amoureuses. À mon avis, elle est fidèle ; du moins, dans ses propres limites.

Comment aurais-je pu blâmer un jeune poète sentimental de tomber amoureux de Clodia ? Il fut un temps où moi-même je n'avais pas pu résister à son charme.

Nous cheminions près d'une ravissante chapelle dédiée à Isis quand nous rencontrâmes un homme visiblement très entouré. Une dizaine d'Égyptiens, dont Lisas, s'empressaient autour de lui. Bien qu'il portât une tunique d'*eques*, ses admirateurs le traitaient avec la déférence réservée aux rois. Apercevant Sempronia, il sourit et repoussa les Égyptiens qui s'effacèrent comme s'il était précédé par une centaine de licteurs. C'était un grand et bel homme d'âge mûr dont je ne pus qu'envier la mise raffinée, même s'il n'avait pas de bijoux, hormis la chevalière en or qui marquait son rang. Ma compagne m'apprit qu'il s'agissait de Caius Rabirius Postumus, le célèbre banquier, fils du distingué sénateur que César avait essayé de poursuivre pour un crime vieux de près de quarante ans. Je compris alors la déférence des Égyptiens. Bien que ne l'ayant jamais rencontré, je n'ignorais pas que Postumus avait prêté des sommes colossales à Aulète.

— Décius Cécilius, dit-il après l'échange classique d'amabilités, on prétend que tu as découvert le corps de mon ami Oppius, ce matin. Est-ce vrai ?

— Oh, je passais simplement par là. C'était un de tes amis ?

— Nous faisions des affaires ensemble. Il appartenait à la communauté des banquiers. J'ai été atrocement secoué d'apprendre qu'il avait été assassiné.

— Avait-il des ennemis ?

— Comme tous les banquiers. Mais c'était un homme rangé ; je ne lui connaissais pas d'ambition politique.

— Alors, son meurtrier est certainement un débiteur.

— Cela n'aurait aucun sens, affirma Postumus. Il a des héritiers, des associés, des gens qui reprendront ses créances à leur compte. Crois-moi, si la mort d'un créancier annulait les dettes, il n'y aurait plus un seul banquier en vie. Tous les débiteurs ne sont pas aussi raisonnables que le roi Ptolémée.

— Pourquoi dis-tu cela ? s'étonna Sempronia.

— Il m'a nommé ministre des Finances du royaume.

— Il en a bien besoin, observai-je. Je n'ai jamais compris comment le roi du pays le plus riche du monde pouvait être aussi pauvre.

— Oui, c'est vrai, c'est surprenant, acquiesça Postumus. Cette situation découle sans doute du fait que l'Égypte n'est plus une véritable nation depuis plusieurs siècles. Au fond, depuis l'époque des pharaons. Ensuite, elle n'a connu que des conquérants, les Macédoniens n'étant que les plus récents.

— En plus, on peut dire qu'Alexandre était le dernier Macédonien de valeur, opinai-je.

Le vin aiguisait mon esprit de repartie.

— Bien qu'il n'ait pas vraiment accompli d'exploits véritables. Après tout, est-ce si difficile de vaincre les Grecs et les Perses ? Néanmoins, les Macédoniens étaient de bons Barbares, tant qu'ils restèrent sur leurs montagnes. Quelques générations après Alexandre, que sont-ils devenus ? Des fous et des ivrognes. Et de plus en plus dégénérés.

— Tu devrais avoir honte, Décius, s'emporta Sempronia. Médire ainsi d'un homme dont tu ne dédaignes pas de boire le vin !

— À l'époque où Alexandre batifolait aux Indes, rétorquai-je, Rome n'était qu'une petite bourgade italienne qui se battait contre les autres peuples du Latium et les Étrusques. Aujourd'hui, nous sommes les maîtres du monde, et nous n'avons pas eu besoin d'un demi-dieu adolescent pour en arriver là.

Sempronia m'entraîna vers la salle à manger.

— Il est grand temps que tu te restaures, Décius. On a annoncé que le dîner était servi.

Cela me convenait parfaitement. Ces conversations éclairées m'avaient ouvert l'appétit. La soirée se déroula de manière plaisante, même si une phrase me trottait dans la tête. C'était quelque chose que Postumus avait dit, mais je n'arrivais pas à m'en souvenir clairement. En outre, je préférais profiter de l'instant présent et me laisser bercer par les divertissements.

III

Le lendemain matin, je m'éveillai avec des tintements dans la tête et une bouche pâteuse qui me fit penser que le dernier plat du banquet de la veille avait dû être une momie égyptienne. Mes vieux esclaves, Caton (aucun lien avec le sénateur) et Cassandre, ne me témoignèrent aucune compassion. Ils n'approuvaient jamais mes excès, et je ne pouvais décemment pas leur expliquer que je n'avais fait que remplir mes devoirs publics.

Par tradition, nous laissons nos vieux domestiques nous tyranniser, et je dois avouer que ces deux-là ne me respectaient pas le moins du monde. M'ayant élevé depuis l'enfance, ils ne se faisaient plus d'illusions sur mon compte. Ils refusaient catégoriquement que je les affranchisse. Tel un couple de vieux bœufs de trait, ils étaient incapables de subvenir à leurs besoins, mais tant qu'ils pouvaient me persécuter, leur vie avait un but.

— Tu l'as bien cherché, maître ! me lança gaiement Caton en ouvrant les volets.

Vengeance d'Apollon, un horrible rayon de lumière crue inonda la pièce.

— Voilà ce qu'on mérite quand on passe la nuit dehors à faire la fête avec des étrangers, qu'on réveille ses pauvres vieux serviteurs qui ont donné leur vie pour son service, et qu'on les traite comme s'ils n'avaient pas droit à un peu de repos.

— Oh, la paix, Caton ! croassai-je. Je vais mourir, et toi, où iras-tu ? Tu retourneras chez mon père ? S'il supportait ta présence, il ne t'aurait jamais laissé partir.

Étouffant un juron, je me levai en chancelant et me rattrapai à l'écritoire, près de mon lit. Un objet inconnu faillit en tomber, un rouleau de matière blanche. Je me souvins alors d'avoir accepté un présent de mon hôte en quittant le banquet. Sachant que j'étais un fonctionnaire avec une nombreuse correspondance à rédiger, Lisas m'avait fait un cadeau réellement utile. C'était un papyrus égyptien de la meilleure qualité. Tout gros Alexandrin pervers qu'il fût, Lisas se révélait un homme prévenant.

— Mes clients m'attendent-ils dehors ? demandai-je.

— Ils sont déjà repartis, maître, et cela fait des siècles que tu n'es pas allé rendre tes devoirs matinaux à ton père.

— Il ne l'exige pas pendant que je suis en fonction, lui rappelai-je.

— Possible, mais c'est jour de foire, aujourd'hui, me répliqua Caton. Les affaires publiques sont interdites, et tu ferais preuve d'éducation en lui présentant tes respects quand tu n'es pas tenu d'aller au temple. Remarque, il est trop tard.

— Un jour de foire ? fis-je, rasséréné.

C'était l'occasion de traîner en ville et d'ouvrir grand mes oreilles. Rome avait beau être la maîtresse du monde, elle restait sur bien des plans une petite bourgade. Potins et ragots y prospéraient et les foires étaient aussi attendues que les fêtes officielles. Je m'aspergeai le visage d'eau froide, enfilai une de mes meilleures toges et sortis sans prendre la peine de déjeuner. Je n'aurais rien pu avaler.

À l'époque, la foire se tenait encore dans le *forum bovarium*, l'ancien marché aux bestiaux. Lorsque j'arrivai sur la place, les fermiers avaient déjà installé leurs étals et une foule bruyante se pressait. On n'y vendait plus de bétail, seulement des poules, des lapins et des cochons qu'on égorgeait sur-le-champ à la demande des clients ; les cris des pauvres bêtes se mêlaient alors au vacarme. La saison ayant été exceptionnelle, les éventaires regorgeaient de produits frais, même à cette époque tardive de l'année.

Outre les fermiers, toutes sortes de marchands et de camelots avaient disposé leurs tables. Je m'arrêtai chez l'un d'eux, un barbier. Pendant qu'il s'attaquait à mon menton, je m'absorbai dans la contemplation du spectacle qu'offrait le marché. Les stands des diseurs de bonne aventure étaient les plus fréquentés. On les chassait périodiquement de la cité, mais ils y revenaient toujours. Juste à côté du barbier, une vieille femme, assise par terre, vendait des herbes et des philtres étalés sur une couverture.

— Regarde-moi ces deux-là ! me dit le barbier.

Je suivis la direction qu'il m'indiquait du doigt et vis deux jeunes gens entrer dans la baraque d'un diseur de bonne aventure. Ils portaient tous deux la barbe, une mode répandue parmi les Barbares et les philosophes, mais qui connaissait aussi un certain succès chez les jeunes de la cité.

— Des Romains barbus comme de vulgaires Gaulois, quelle honte ! fulmina mon barbier. Sans compter que ça fait du tort au commerce.

— Les Gaulois portent la moustache, pas la barbe, rectifiai-je. Mais peu importe. C'est normal qu'à leur âge ils soient fiers qu'elle pousse.

— Ce sont des voyous, oui ! tonna le barbier. Avec leurs quinze poils follets sur le menton, ils ne pensent qu'à se bagarrer et à boire. Remarque, ce sont tous des fils de bonne famille. Ça se voit à la qualité de leurs vêtements. C'est d'ailleurs pour ça qu'ils se laissent pousser la barbe. Ils ont peur de paraître respectables.

Je le réglai, puis allai me promener dans le marché, en faisant attention où je mettais les pieds. Depuis que le bougre m'avait parlé des jeunes barbus, je n'arrêtais pas de tomber sur l'un d'eux. Ils n'étaient pourtant pas si nombreux, seulement, lorsque quelque chose me préoccupe, cela finit par m'obséder au point que je ne fais plus attention au reste. Et là, en l'occurrence, je me posais des questions. Lorsqu'on pleure la perte d'un parent, on oublie souvent de se raser, de se faire couper les cheveux et de s'habiller correctement, mais ces jeunes gens ne portaient pas le deuil. Et leurs mises étaient de bonne coupe.

Cependant, je finis par trouver ce que je cherchais : un coutelier. Celui-ci ne tentait pas d'écouler ses propres ouvrages, il voyageait, vendait et achetait des couteaux de toute sorte. Exactement ce qu'il me fallait. Il avait disposé des coffrets de présentation, dont les battants grands ouverts étaient munis de râteliers. Sur ces présentoirs scintillaient des couteaux de cuisine, des tranchelards, des ciseaux, des cisailles, des alênes, des faucilles, des serpettes et autres instruments de fermier, quelques dagues et de courtes épées.

— Tu désires quelque chose de particulier, citoyen ? me demanda le marchand. J'ai des armes militaires raffinées. Un homme de ton rang passe certainement pas mal de temps avec les légions. J'ai dans ma réserve des épées ornées d'or et d'argent, des pièces d'apparat incrustées d'ambre sculpté, d'autres avec des manches en ivoire. Ici, la clientèle est plutôt rustique, donc je n'ai pas tout étalé. Mais si ça t'intéresse, mon esclave peut...

— En fait, le coupai-je, j'ai besoin d'un renseignement.

Je sortis la dague à la poignée de serpent et la lui tendis. En voyant la déception crisper son visage, je crus bon de lui adoucir sa journée.

— Je suis le questeur Décius Cécilius Métellus, et j'enquête sur un meurtre. Ceci est l'arme du crime.

Je n'avais en réalité aucune autorité en la matière, mais je jugeai préférable de mentir.

— Un meurtre !

Avec un intérêt passionné, il examina la dague. Les gens sont toujours prêts à vous faire profiter de leur savoir quand ils se sentent investis d'une tâche importante. Il retourna la dague dans tous les sens, admira les décolorations que le sang avait laissées sur la lame.

— Tu connais ce type d'armes ? demandai-je avec impatience.

— Euh, elle vient d'Afrique, ça, c'est sûr. Ils font des lames à l'arête centrale renforcée, là-bas. Et puis, j'ai déjà vu ce genre de serpents sculptés : les Carthaginois avaient un dieu serpent, et ils font encore des manches comme ça à Utique et à Thapsus.

— Tu vois souvent passer des dagues de ce style ?

— Oh, parfois un soldat en rapporte une en souvenir. Il y en a eu tout un lot après la guerre contre Jugurtha, mais ça remonte déjà à cinquante ans et il n'en reste plus beaucoup. Il n'y a pas une grande demande, vu que les couteaux latins ou gaulois sont de bien meilleure qualité.

— Je te remercie. Tes informations me seront précieuses.

Le coutelier se rengorgea.

— Je suis toujours prêt à rendre service au Sénat et au peuple, citoyen. Tu es sûr que tu ne veux pas un *gladius* d'apparat ? Une épée incrustée de jais et de corail, peut-être ?

— Non merci, mes armes ont encore de beaux jours devant elles.

— Eh bien, citoyen, pense à moi le jour où tu as besoin de les renouveler. Et puis, je te souhaite de capturer l'assassin. C'est celui qui a tué le chevalier dont j'ai appris la mort ce matin ?

— Oui. Un banquier du nom d'Oppius.

Le coutelier parut perplexe.

— Ah, je croyais que c'était Calénus, l'entrepreneur.

Je le remerciai de nouveau et pris vivement congé. Les jours de foire, les services publics ne fonctionnant pas, les affranchis n'étaient pas obligés de travailler, mais les esclaves n'avaient pas ce privilège. Le meilleur moyen de retrouver un entrepreneur était donc d'aller à la grande manufacture de briques que possédait la famille Afer. Elle se dressait près du fleuve, non loin du *forum bovarium*.

J'en étais encore à cent pas quand la chaleur des énormes fours me fouetta le visage. Un esclave m'accompagna jusqu'au contremaître qui écrivait des notes sur une tablette en cire, assis sous un abri ouvert. Il se leva dès que je me fus présenté.

— Que puis-je pour toi, citoyen questeur ?

— Fais-tu commerce avec un dénommé Calénus ?

— Bien sûr. Il s'occupe de plusieurs projets publics, et nous lui fournissons des briques.

— J'ai besoin de savoir où il habite. Peux-tu me dire où c'est ?

— Un de nos messagers va t'y conduire. Hector ! cria-t-il.

— C'est très aimable à toi, assurai-je.

L'esclave au nom héroïque parut. C'était un enfant de douze ans.

— Hector, conduis cet homme chez Sextus Calénus, et reviens sans traîner en route.

Je suivis le garçon, qui semblait réjoui de quitter la fabrique, même pour un court laps de temps.

— Tu trouveras facilement la maison de Calénus, maître, me déclara-t-il. Tu pars de la porte d'Ostie, tu tournes dans l'allée, à la fontaine surmontée de la statue de Neptune. Ensuite tu continues jusqu'à la chapelle de Mercure et tu montes l'escalier entre le foulon et la taverne dont la façade représente un portrait d'Hercule. En haut des marches, tu suis la courette sur ta gauche et tu passes devant trois portes. Après, tu verras d'autres marches qui conduisent à un moulin qu'un âne aveugle fait tourner. La maison de Calénus est juste à côté.

— Pourquoi ne m'accompagnes-tu pas ?

Contrairement aux nouvelles cités provinciales, Rome était un enchevêtrement de ruelles où il était difficile de trouver son chemin sans guide. De temps à autre, un sénateur proposait d'instituer un système qui permettrait de désigner les rues et les maisons par des noms et des numéros, mais les Romains sont bien trop conservateurs pour accepter une réforme, fût-elle utile. Quand on invitait un ami chez soi, on lui envoyait un esclave pour l'y conduire. C'est pourquoi celui qui n'avait pas les moyens de s'offrir un esclave ne recevait pas de visite.

Lorsque j'atteignis la demeure de Calénus, je découvris une foule compacte massée devant. Je glissai un as au garçon qui partit en courant, sans doute en se demandant comment il allait le dépenser. A priori, le contremaître n'était pas près de le revoir. Je me frayai un passage entre les esclaves qui étaient rassemblés devant la maison. Dans l'atrium, des gens se recueillaient devant un corps. Le *designator** et son assistant se tenaient en retrait, contre le mur, attendant que la famille leur demande de préparer la dépouille pour les funérailles. Le défunt, un quinquagénaire chauve, était déjà revêtu d'une toge neuve. Son visage avait été maquillé pour lui donner une expression de sérénité.

Des jeunes gens, les fils sans doute, réconfortaient une personne d'âge mûr, leur mère certainement. Entourées d'esclaves, d'autres femmes sanglotaient amèrement mais aucune n'avait la verve des pleureuses professionnelles qui n'arriveraient que pour les funérailles. Parmi les amis venus rendre leurs derniers devoirs au mort, je vis plusieurs hommes en tunique sénatoriale. Remarquant alors la présence de Quintus Crispus, un ami de mon père, j'attirai son attention, et, aussitôt, il me rejoignit.

— Quelle affreuse histoire, Décius ! Tuer un homme comme Sextus Calénus ! Je ne lui connaissais aucun ennemi.

— C'était un ami à toi ? demandai-je.

Nous parlions à voix basse comme il sied en présence d'un mort, bien que personne n'eût pu nous entendre avec tous ces gémissements.

— C'était un client. Sa famille est une cliente de la mienne depuis des générations, bien avant qu'elle n'acquière le rang équestre.

— Comment est-ce arrivé ? interrogeai-je.

— Ça s'est passé la nuit dernière. Je l'ai vu hier après-midi pour affaires ; étant son patron, je lui dénichais souvent des contrats publics. Ensuite, il a été dîner chez des amis qu'il n'a quittés qu'à la nuit tombée. Il aurait été attaqué alors qu'il arrivait chez lui. Et volé, paraît-il.

— Des témoins ?

— Les gens chez qui il avait dîné lui avaient prêté un esclave pour le raccompagner. Le garçon est quelque part par là. Il a été assommé et légèrement tailladé, mais ses jours ne sont pas en danger. C'est toi qui enquêtes ?

— Oui.

J'enquêtais bel et bien, même si c'était à titre personnel.

— J'interrogerai cet esclave tout à l'heure, déclarai-je avant de prendre congé.

Je rejoignis le *designator*, un homme squelettique, au visage empreint de la solennité lugubre commune à ceux dont la tâche est de préparer les corps pour les funérailles. Après m'être présenté, je le questionnai sur la nature des blessures qui avaient causé la mort de Calénus.

— On n'a pas retrouvé l'arme du crime, questeur. Tout ce que je sais, c'est que Calénus a reçu cinq coups de couteau. À mon avis, le meurtrier l'a d'abord frappé à trois reprises, mais les côtes ont arrêté la lame ; alors il l'a poignardé deux fois sous la cage thoracique et l'un des coups a transpercé le cœur.

— Une idée de l'arme utilisée ?

— Les blessures avaient environ quatre doigts d'épaisseur. C'était soit une dague à large lame, soit une courte épée, peut-être un *gladius*.

Je me mis en quête de l'esclave et le découvris dans la cuisine, assis sur un tabouret. La tête bandée, il appuyait contre son cou une compresse rouge de sang. Il avait à peu près seize ans, les cheveux blonds comme le sable et un visage intelligent sous son masque de douleur. Sa tunique, tachée mais d'excellente qualité, témoignait de la richesse de son propriétaire. Je lui demandai de me décrire les événements de la veille.

— Je m'appelle Ariston, et j'appartiens à la maison de Marcus Duronius. Hier soir, on m'a donné une torche et on m'a demandé de raccompagner maître Sextus. Mon maître est dans l'atrium avec la famille du défunt, il le confirmera. Nous venions d'atteindre la porte d'entrée et je n'avais pas encore eu le temps de frapper quand deux hommes ont surgi de l'ombre. L'un d'eux a agrippé maître Sextus par-derrière et, au même moment, l'autre m'a assommé avec la garde de son épée. Je ne crois pas m'être évanoui, mais je ne me souviens pas comment j'ai eu ça.

Il ôta la compresse et me montra sa gorge affreusement entaillée. Il saignait encore, mais la blessure ne paraissait pas grave.

— Je crois que c'est ça qui m'a sauvé, ajouta-t-il en touchant le mince anneau de cuivre qui ornait son cou. Un jour, je me suis enfui, et mon maître me l'a posé.

Je m'approchai pour l'examiner. Comme toujours, le collier portait le nom de l'esclave, celui de son maître, et la promesse d'une récompense à celui qui attraperait le fuyard et le rendrait à son propriétaire. La lame avait laissé une profonde encoche avant de glisser sur le cuivre et d'entailler le cou du garçon. Je remontai ses cheveux et vis que son front n'avait pas été marqué du *F* traditionnel des *fugitivii*. Le collier était donc une mesure disciplinaire temporaire.

— Tu peux avertir ton maître qu'il te faut un nouveau collier, son nom est presque effacé. Tu pourras alors garder celui-là comme porte-bonheur. Qu'as-tu d'autre à me dire ?

— Pas grand-chose. Je les ai à peine distingués dans le noir. Je serais incapable de les reconnaître. Tout s'est passé très vite, parce que je me rappelle que le *janitor** est sorti voir ce qui se passait et qu'ils ont aussitôt décampé. Dites, je n'aurai pas à témoigner devant le tribunal, j'espère ?

Il avait raison d'avoir peur : les esclaves ne pouvaient témoigner que sous la torture.

— Ne t'inquiète pas, certifiai-je en lui tapotant l'épaule. Comme on ne t'accuse de rien, ce sera purement formel. On te versera un peu d'eau dans le nez, c'est tout.

— Mais je n'aime pas ça ! s'exclama le garçon.

Sa blessure le fit grimacer. Cela me soulagea presque de voir quelqu'un en plus mauvais état que moi.

— Tu ne peux rien me dire d'autre ? demandai-je. Par exemple, est-ce que la torche s'est éteinte ?

Il réfléchit.

— Je vous l'ai dit, je n'ai pas vu grand-chose, mais je me souviens effectivement que la torche brûlait encore quand le *janitor* est sorti. Elle avait roulé un peu plus loin dans la rue.

Ariston se frictionna le cou de sa main libre.

— Il m'a aidé à me relever, mais, évidemment, il m'a aussitôt lâché quand il a vu son maître étendu par terre comme un mouton sacrificiel. Je crois que c'étaient des étrangers, ajouta-t-il après mûre réflexion. Des Grecs ou des Asiatiques.

— Qu'est-ce qui te fait dire ça ?

— Eh bien, ils portaient la barbe !

Je rentrai chez moi, songeur. J'avais le sentiment que les deux crimes étaient liés, même si je n'établissais aucun rapport entre eux, hormis le rang social des victimes. Bien entendu, il y avait peu de chances que quelqu'un partageât mon point de vue. Pour différentes raisons : les *equites* formaient une vaste classe et, comme Rome était extrêmement peuplée, les meurtres y étaient fréquents. Or, l'une des victimes était un banquier, l'autre un entrepreneur. De plus, le premier avait été poignardé dans le dos avec une dague africaine, le second, attaqué par deux agresseurs, avait reçu un coup d'épée dans le ventre.

À l'évidence, les meurtriers de Calénus n'étaient pas des professionnels. Les sicaires qui infestaient la ville préféraient utiliser des poignards incurvés et trancher les gorges. D'autre part, un manieur d'épée confirmé, ancien soldat ou ancien gladiateur, aurait porté un seul coup mortel, même dans le noir. Là, l'assassin, bien qu'aidé d'un complice et éclairé par une torche, avait eu besoin de s'y reprendre à cinq fois, et, en plus, il avait raté l'esclave qui, pourtant, gisait à demi inconscient.

Bien sûr, les deux hommes avaient dépouillé la victime, mais c'était peut-être pour déguiser leur crime, une astuce à laquelle le meurtrier d'Oppius n'avait pas pensé. Encore une erreur d'amateur. Quant aux barbes, je ne trouvai aucune explication.

Quoiqu'il fût encore tôt, je me sentais las. Cependant, après m'être forcé à engloutir quelques morceaux, j'eus l'impression de revivre et me rendis aux bains pour éliminer les excès de la veille.

Ensuite, j'allai au temple de Saturne. Comme c'était un jour de fête consacré au repos et qu'il n'y avait pas de rites à effectuer, il devait être quasiment désert. Néanmoins, lorsque j'entrai, un vieux prêtre me salua ; aussi attendis-je d'être seul, en faisant semblant d'examiner les étendards militaires. Je pris alors la même lampe que la veille et descendis dans les réserves.

La salle où étaient entreposés les boucliers contenait à présent une quarantaine de pièces supplémentaires ainsi qu'un faisceau de javelots. Dans celle qui était encore vide la veille, des épées étaient entassées, aussi hétéroclites que les autres, mais deux retinrent mon attention. Je les attrapai pour mieux les examiner. Courtes et de forme plutôt ancienne, elles avaient un serpent grossier gravé sur le manche, qui pour l'une était en corne, pour l'autre en bois. Je les remis en place et remontai dans le temple.

Était-ce une coïncidence ? Le coutelier avait affirmé qu'on voyait ces armes partout en Italie, après la guerre de Jugurtha. Or de trouver de telles antiquités deux jours de suite, reliées à deux crimes différents, suggérait un concours de circonstances que je n'étais pas encore prêt à accepter.

Je devais agir, mais j'avais besoin d'informations complémentaires. Et surtout, d'une autorisation légale. Parmi les préteurs en poste cette année-là susceptibles de m'accorder une telle autorisation, il y avait un parent que je connaissais assez bien. Il se nommait Métellus Céler. Depuis la mort de Métellus Pius, c'était le chef de famille virtuel. À Rome, il jouissait d'un grand prestige. Quand Cicéron, pour des raisons personnelles, refusa le gouvernorat de la Gaule Cisalpine à la fin de son consulat, on attribua la province à Céler. Pourtant, il était rare qu'un préteur reçût un proconsulat, mais tel était le respect qu'inspirait Céler.

Prenant mon courage à deux mains, je me présentai à sa porte. Ce n'était pas Céler qui me rendait nerveux, mais sa femme, Clodia, avec qui j'entretenais une relation complexe. Certes, Clodia ignorait ce qu'était la simplicité des rapports entre individus. On la soupçonnait même d'un certain nombre de meurtres, et je savais pertinemment qu'elle en avait commis quelques-uns.

— Le questeur Décius Cécilius Métellus demande à voir le préteur, annonçai-je au *janitor* qui gardait l'entrée.

Il appela le *major domus*, le majordome, qui m'introduisit dans l'atrium.

Mes craintes se confirmèrent quand Clodia entra.

— Décius ! Nous ne te voyons plus !

Elle était aussi belle que dans mon souvenir, et son sourire ne trahissait pas la présence du démon qu'elle nourrissait en son sein.

— Mon travail m'occupe beaucoup, mentis-je.

— Il ne t'a pas empêché de répondre à l'invitation de l'ambassadeur d'Égypte, hier soir.

Un signal d'alarme se déclencha dans ma tête. M'aurait-elle fait suivre ?

— Catulle m'a dit qu'il t'y avait rencontré.

Je respirai.

— Il me semble assez épris de toi, remarquai-je. Je ne serais pas étonné qu'il te dédie ses prochains poèmes d'amour.

— Oh, tu connais les poètes ! Ils préfèrent dédier leurs vers à des êtres de chair plutôt qu'à des figures mythologiques. En ce moment, il est l'hôte de ma sœur et il me fait une cour insensée quand je vais la voir. Comme ce matin, par exemple.

— De quelle sœur parles-tu ?

— De la femme de Lucullus. Ce cher Lucius a décidé d'abandonner la vie publique pour protéger les arts.

Elle ne put masquer son mépris. Clodia ne s'intéressait qu'aux hommes assoiffés de pouvoir.

— As-tu vu leur nouvelle propriété ? Elle est aussi grande qu'une ville, et Lucullus construit actuellement une maison de campagne encore plus immense.

— Ça fera de la place pour les poètes, remarquai-je.

Au regard qu'elle me lança, je compris qu'elle se lassait déjà de ma conversation, une attitude qui me convenait mieux qu'un engouement excessif.

— Nos invités vont bientôt arriver, Décius. Je dois vérifier si tout est prêt. Resteras-tu dîner ?

— Hélas, m'empressai-je, je suis déjà pris pour ce soir. Une autre fois, peut-être.

Me gratifiant d'un sourire, elle me quitta. J'en éprouvai un vif soulagement. Peu après, Céler entra. Petit homme chauve affligé d'une face de crapaud, il était aussi massif, avec des jambes velues qui dépassaient de sa tunique.

— Bonjour, Décius ! J'espère que ton père va bien.

— Le mieux du monde, assurai-je.

— Je suis heureux de l'entendre. Je le soutiendrai aux élections pour le censorat de l'année prochaine. S'il le faut, j'enverrai de mon poste en Gaule un légat qui me représentera. Je suis convaincu qu'il sera l'un des deux élus.

— Il te remercie de ton soutien.

Cela mit un terme aux politesses obligatoires.

— À présent, Décius, dis-moi ce que je puis faire pour toi. Je n'ai que peu de temps à t'accorder. Mes invités arrivent bientôt.

— Je suis navré de te déranger un jour où le tribunal ne siège pas, mais il s'agit d'une affaire qui requiert la plus grande discrétion.

— Il n'y a pas de jour consacré au repos pour un haut fonctionnaire, pas plus que pour un soldat. Quelle est donc cette mystérieuse affaire ?

— Tu es au courant des meurtres des *equites* Oppius et Calénus ?

— Évidemment. Rome n'est pas une ville sûre, mais ce n'est pas nouveau. J'ai connu des matins où on dénombrait pas moins de quarante cadavres dans les rangs des sénateurs ou des chevaliers, sans compter les morts de moindre importance.

— C'était dans les périodes troubles, déclarai-je. À l'époque où les bandes et les factions se battaient quotidiennement, quand Sylla publiait ses listes de proscriptions, quand Marius était à la tête de tueurs. Depuis, les choses se sont calmées.

— C'est juste. Cependant, il y a encore des voleurs et des maris jaloux. Les *equites* sont dans les affaires, dans l'usure. Un rival professionnel peut se montrer aussi violent qu'un ennemi politique.

— Il n'empêche, je suis persuadé que les deux crimes sont liés, et je crains fort qu'il n'y en ait d'autres.

Je ne voulais pas encore lui parler de la cache d'armes découverte dans le temple.

— J'aimerais que tu me nommes *investigator* pour ces meurtres. En secret, bien sûr. Mais j'ai besoin d'avoir une sorte d'autorisation légale pour le jour où je serai à même d'apporter des preuves devant le tribunal.

— Hum, j'ai bien peur que tu ne fasses beaucoup de bruit pour rien, Décius. Tu as toujours eu un penchant pour fourrer ton nez partout.

— N'empêche que j'ai obtenu des résultats dans le passé, lui rappelai-je. J'ai mis au jour des complots dont personne ne soupçonnait l'existence.

— Et tu t'es fourré dans le pétrin par la même occasion. Ton père, tes oncles et moi, nous avons dû déployer toute notre influence pour sauver ta peau quand tu t'es attaqué aux puissants.

— Je vous en serai éternellement reconnaissant. Mais j'ai besoin quand même de ton soutien. J'ai des raisons de croire que ces deux meurtres font partie d'une plus grande conspiration ; je crains que l'ordre public ne soit menacé, et peut-être même la sécurité de l'État.

— Tout ça à cause de deux malheureux crimes, grommela Céler. Tu ne crois pas que tu t'emballes un peu vite ? Oh, allez, va ! Je te charge officiellement de l'enquête. Tu me feras un rapport avant d'aller poursuivre je ne sais qui au tribunal et tu m'apporteras tes preuves à mesure que tu les trouveras. Et je t'interdis de passer par-dessus ma tête et de t'adresser aux consuls sans ma permission, c'est clair ?

— Je te le promets. Tout le crédit de mes découvertes retombera sur toi.

— Parfait. Mais si tu commets une vilenie, ou une maladresse, j'irai jusqu'à prétendre que je ne te connais pas. Les temps sont suffisamment périlleux, nous avons du mal à naviguer. On se fait des ennemis plus facilement que d'habitude. Je ne te retiens pas, Décius, mes invités ne vont pas tarder.

Je le remerciai chaleureusement puis me retirai. Je ne comprenais que trop bien ses avertissements. Les Romains se divisaient de plus en plus en deux factions ennemies. Nous autres, les Metelli, étions considérés comme des modérés, bien que, dans le passé, nous ayons soutenu les *optimates** et Sylla, leur défenseur. En fait, ces vingt dernières années, presque tous les hommes au pouvoir avaient été des partisans de Sylla, alors que ceux de Marius restaient en exil.

Mais, à présent, les fidèles de Sylla vieillissaient, tandis que la jeune génération porteuse des idées de Marius investissait de nouveau Rome et la vie politique ; les *populares* reprenaient du poil de la bête. La Constitution de Sylla avait dépouillé les tribuns du peuple de leurs anciens pouvoirs, mais la législation de ces dernières années en avait restauré une grande partie. De nouveaux hommes politiques se dressaient pour défier les *optimates*. Neveu par mariage de Gaius Marius, César profitait de cette parenté pour courtiser le peuple, qui vénérait toujours l'ancien tyran.

L'époque approchait à grands pas où il n'y aurait plus de place pour ceux qui refusaient de prendre parti pour l'une ou l'autre faction. Le Sénat était aux mains des *optimates*. Les *equites*, qui représentaient la classe aisée, avaient longtemps été en mauvais termes avec le Sénat, mais, en tant que groupe, ils commençaient à se rallier au camp des *optimates*. Alors que les comices centuriates* étaient intimement liés à la classe sénatoriale par clientèle et patronage, les Assemblées du peuple*, dans leur grande majorité, étaient évidemment *populares*.

Pompée était le chouchou des *populares*. Bien que l'ayant autrefois soutenu, le Sénat avait fini par le craindre. Utilisant le pouvoir des tribuns, Pompée avait réussi à empêcher les triomphes des autres généraux. Il savait aussi que, disséminés dans toute l'Italie, les anciens légionnaires le vénéraient.

Deux ans auparavant, César, alors édile curule, avait donné des jeux publics d'une somptuosité inégalée. Il avait acheté et entraîné tant de rétiaires et de mirmillons que le Sénat s'était empressé de voter une loi limitant le nombre de gladiateurs qu'un citoyen avait le droit de posséder, de crainte que César ne soit en train de constituer sa propre armée. En outre, pendant les douze mois de sa fonction, César avait accordé des subventions pour le logement et des rations de céréales en plus de celles déjà distribuées. Il s'était tellement endetté qu'on l'avait cru fou. Au contraire, il s'était avéré le politicien le plus retors que Rome ait jamais connu. N'avait-il pas acheté le soutien des masses populaires aux dépens des usuriers ? Outre les prêteurs professionnels, il avait emprunté à ses amis, aux sénateurs, aux gouverneurs provinciaux, à tous ceux qui avaient une somme à lui avancer. Depuis, ces hommes commençaient à comprendre que le seul moyen de récupérer leur argent était de soutenir la carrière de César, de faire en sorte qu'il obtienne des commandements lucratifs où il trouverait les meilleurs butins, des postes élevés où les pots-de-vin étaient abondants, le gouvernement des provinces les plus riches. Il s'était bâti ainsi un avenir politique de premier plan avec l'argent des autres.

Le puissant et fastueux Crassus s'était longtemps efforcé de rester à l'écart des factions, mais il dérivait lentement vers le camp des *populares*. Comme Pompée, il avait soutenu Sylla, mais il s'était aperçu que l'avenir appartenait aux nouveaux politiciens. Comme les autres financiers, il avait été offensé par l'attitude magnanime de Lucullus qui avait annulé les dettes de l'Asie, même s'il était trop riche pour en pâtir réellement.

L'honnêteté m'oblige à dire qu'aucun de ces politiciens ne s'intéressait au bien-être des Romains. Les *optimates* prétendaient sauver Rome de la tyrannie, mais ils cherchaient surtout à perpétuer leurs privilèges aristocratiques. Les chefs des *populares* se voulaient du côté du peuple, mais ils voyaient leur intérêt avant tout. C'était une lutte pour le pouvoir pur entre deux clans d'égoïstes forcenés. Les seuls hommes éclairés de l'époque, Sertorius et Lucullus, avaient œuvré en dehors de l'Italie, dans des lieux qui n'étaient pas encore entachés par la corruption romaine.

Et moi ? Quelquefois, je m'interrogeais. Je croyais sincèrement que je voulais sauver la République du bon vieux temps, même si je pensais cyniquement qu'elle n'avait jamais été aussi parfaite que nous aimions le dire. Je refusais de voir notre immense empire tomber entre les mains d'hommes comme César, Pompée, Crassus, ou, pis encore, Clodius.

J'allais bientôt découvrir qu'il y avait des solutions encore plus sinistres.

Chez moi, un esclave messager m'attendait. Il me remit un petit parchemin noué avec un ruban. Dessus, mon nom avait été tracé par une main féminine.

« Dame Fulvia, disait-il, aimerait que le questeur Décius Cécilius Métellus le Jeune vienne dîner chez elle demain soir. Si tu peux venir, comme je le souhaite instamment, je te prie de me faire parvenir une réponse par cet esclave. »

Je m'assis prestement et écrivis un mot d'acceptation que je remis à l'esclave. La perspective m'enchantait. Fulvia était une très jolie veuve d'excellente famille, aussi gaie et accomplie que Sempronia. C'était aussi, comme tout Rome le savait, la maîtresse de Quintus Curius.

IV

Une esclave grecque me conduisit dans l'atrium où d'autres esclaves étaient en train d'accrocher des couronnes de fleurs et d'arranger des plantes dans d'immenses vases perses. Comme souvent chez les patriciennes qui dirigeaient seules leur propre maison, la domesticité de Fulvia était presque exclusivement féminine. Calmes, efficaces et bien élevées, ses esclaves étaient grecques pour la plupart, Fulvia parlant cette langue couramment.

L'une des bizarreries de l'époque voulait que les femmes des classes supérieures eussent souvent une meilleure éducation que les hommes, généralement trop pris par leurs affaires, les coulisses du pouvoir et la guerre pour s'intéresser aux activités créatrices de la civilisation. Outre ses qualités de soldat et d'homme d'État, un Romain était censé exceller dans la rhétorique et dans l'art oratoire, des sujets dont l'intérêt se limitait à l'arène politique.

Des femmes comme Fulvia ou Sempronia étaient plus férues de poésie, d'histoire, d'art dramatique, de peinture, de sculpture, etc., que la plupart des Romains. Pour un homme, une compétence dans ces domaines était suspecte, un signe de décadence grecque, ou réservée aux efféminés. La plupart des citoyens voyaient d'un mauvais œil leur femme se passionner pour de tels sujets. Après tout, si on voulait des intellectuels chez soi, il était plus simple d'en acheter.

À vrai dire, il y avait peu d'activités auxquelles une patricienne pouvait encore se consacrer. Inutile de demeurer chez soi à faire de la tapisserie ou à filer comme Pénélope ; les esclaves s'occupaient de la maison et les nourrices élevaient les enfants. Les femmes ne pouvaient ni exercer le droit, ni entrer en politique, ni s'engager dans la légion. Il ne leur restait donc qu'à s'instruire ou à mener une vie dissolue. Certaines faisaient les deux.

Fulvia vint m'accueillir, vêtue d'une *stola** dont le tissu laissait transparaître la lumière des lampes. Ses cheveux, comme ceux de beaucoup de Romaines, formaient sur sa tête une masse élaborée de boucles blondes. Toutefois, contrairement à la plupart d'entre elles, les siens ne provenaient pas d'un crâne de Gauloise. Nous échangeâmes les politesses habituelles.

— Je suis si contente que tu sois venu, Décius ! J'aurais dû te prévenir plus tôt. C'est une chance que tu aies pu te libérer.

— Rien ne m'aurait empêché de venir, affirmai-je. J'aurais annulé un rendez-vous avec un consul pour être là. Tes soirées sont tellement célèbres !

J'exagérais à peine. Fulvia était connue pour inviter des personnalités illustres et elle avait l'art de mélanger les genres. Des poètes, des auteurs dramatiques, des philosophes, de beaux esprits et des femmes au passé douteux. Pour elle, ni la naissance ni la richesse n'avaient d'importance ; en revanche, elle exigeait qu'on fût spirituel. Elle était l'une des premières Romaines de haute lignée qui osât convier des acteurs à dîner plutôt qu'à jouer la comédie. Certains, bien sûr, y voyaient le comble de la dégénérescence, mais on se battait pour être invité à ses soirées.

Elle ne faisait pas preuve d'un goût aussi sûr dès qu'il s'agissait des hommes. Sa longue liaison avec Quintus Curius faisait jaser tout Rome. Ancien sénateur, il avait été exclu par les censeurs pour conduite scandaleuse. Quand on sait jusqu'où un sénateur pouvait aller et garder malgré tout sa place au Sénat, on imagine l'énormité des transgressions dont Curius s'était rendu coupable. Sa liaison avec Fulvia était des plus orageuses, il l'avait maintes fois menacée de la tuer. Politiquement, c'était un minus ; il courtisait les puissants dans l'espoir qu'ils l'aideraient à rembourser ses dettes exorbitantes.

Je n'arrivais pas à comprendre comment Fulvia avait pu s'enticher d'un répugnant parasite tel que Curius, mais il y a beaucoup de côtés dans la psychologie féminine que je ne saisis pas. Les philosophes affirment que les hommes et les femmes n'appartiennent pas à la même espèce, et qu'ils ne peuvent donc pas s'entendre. C'est peut-être vrai. J'ai effectivement remarqué qu'une jolie femme est souvent attirée par la pire des fripouilles, et mes succès dans le domaine amoureux n'ont jamais été à la hauteur de mes ambitions.

Le parasite en question apparut soudain derrière Fulvia. Curius m'accueillit comme un vieil ami qu'il n'aurait pas vu depuis longtemps. Je m'attendais qu'il m'empruntât de l'argent avant la fin de la soirée.

— Décius ! Comme je suis content de te voir ! J'ai beaucoup entendu parler de tes exploits !

Je me demandais bien comment !

— Dans moins de trois mois tu siégeras au Sénat. Tu l'as bien mérité, Décius. Oui, tu l'as bien mérité.

Je ne suis pas opposé à la flatterie, mais je préfère que les compliments soient sincères.

— L'auguste assemblée doit te manquer, observai-je.

— Ce qu'un censeur fait, un autre peut le défaire, rétorqua-t-il avec un haussement d'épaules.

Cela semblait un sinistre présage. Il me conduisit vers deux hommes qui venaient juste d'arriver.

— Décius, j'imagine que tu connais Marcus Léca et Caius Céthégus ?

Oui, vaguement. Devenus sénateurs pour avoir occupé, comme moi, un poste de questeur, ils accéderaient difficilement, à mon avis, à de plus hautes fonctions. Nous échangeâmes quelques banalités. J'eus alors l'impression que la soirée allait tourner exclusivement autour de la politique. Ce qui ne m'enchantait guère, même si cela s'annonçait prometteur pour mon enquête. Les fonctionnaires de second plan, sans espoir de carrière, forment le terreau traditionnel des rébellions. Toutefois, ni Curius ni Léca ne me paraissaient assez désespérés ni assez courageux pour oser une action violente, quel qu'en fût le bénéfice. En revanche, Caius Cornélius Céthégus Sura était un brandon de discorde, un écervelé prêt à se laisser entraîner dans une entreprise aussi stupide qu'inutilement dangereuse.

Soudain, Sempronia apparut, accompagnée par deux esclaves nubiens vêtus de plumes et de peaux de zèbre. Devant l'étonnement de Fulvia, elle lui expliqua que Lisas, l'ambassadeur d'Égypte, lui en avait fait cadeau. C'étaient deux jumeaux, une grande rareté car les Nubiens les étouffaient à la naissance pour des raisons barbares connues d'eux seuls. Je me demandai quelle faveur Sempronia avait bien pu accorder à Lisas pour mériter un tel présent.

Peu après arrivèrent les derniers invités, un homme et une femme. Je reconnus aussitôt la chevelure rousse et le visage rubicond de Lucius Sergius Catilina. En voyant les conversations s'arrêter et toutes les têtes se tourner vers lui, je compris que la soirée était donnée en son honneur. Je tremblai en pensant qu'il pouvait être derrière l'affaire sur laquelle j'enquêtais. C'était un homme dangereux. Il fit le tour de la pièce, saluant et serrant les mains. Lorsqu'il arriva à ma hauteur, il poussa sa compagne devant moi.

— Décius, as-tu déjà rencontré ma belle-fille, Aurélia ?

— Non, mais je m'aperçois qu'elle tient de sa mère.

Orestilla, la deuxième ou troisième épouse de Catilina, était célèbre pour sa beauté. Bien que sa fille n'eût pas encore vingt ans, elle avait déjà autant d'allure que Sempronia ou Fulvia. Elle n'était pas aussi effrontément habillée que les femmes plus âgées, mais la nature l'avait si bien pourvue qu'elle n'avait pas besoin d'artifices pour attirer l'attention sur ses charmes. Ses cheveux, couleur noisette, étaient coupés court, ses frisettes joliment coiffées. Elle avait de grands yeux gris qui vous regardaient droit en face.

— Ta mère et la mienne étaient très liées, me dit-elle. Elle me parle souvent de Servilla.

Son jeune visage était empreint de beauté solennelle, comme s'il ne souriait pas souvent. Je ne me souvenais pas d'avoir entendu ma mère parler d'Orestilla, mais il faut dire que j'étais très jeune à sa mort.

— Décius est promis à un bel avenir, déclara Catilina avec chaleur. J'imagine qu'une place de choix t'attend à la fin de ton mandat, ajouta-t-il après m'avoir longuement scruté.

— J'avais espéré une offre décente des consuls ou des préteurs, dis-je en jouant de mon mieux le rôle d'insatisfait, mais j'attends toujours.

— C'est incroyable ! s'exclama Catilina. De grandes responsabilités devraient échoir automatiquement à un jeune homme de ton rang et de ton expérience.

— Oui, ce ne serait que justice, acquiesçai-je.

Aurélia, qui ne me quittait pas des yeux, me mettait mal à l'aise. Elle ne portait pas de bagues, de bracelets, de tiare, ni de bijoux comme les autres femmes, mais pour se rattraper elle avait le plus long collier de perles que j'eusse jamais vu. Il descendait dans son dos, se croisait sur sa poitrine, et faisait trois fois le tour de sa taille. J'ignorais s'il était destiné à mettre en valeur la ligne de son cou, la rondeur de ses seins ou la sveltesse de sa taille, mais il soulignait tout cela à la fois, et j'en perdais le fil de mes idées. Il devait valoir le butin d'une petite cité.

— Je trouve scandaleux que nos hauts responsables fassent si peu pour nos jeunes les plus valeureux.

Je dois admettre que Catilina s'y prenait mieux que Quintus Curius. Au moins, il avait l'air sincère.

— Il n'y a pas grand-chose à faire, dis-je. Les jeunes fonctionnaires n'ont que peu de pouvoir, et je serai bientôt un ancien jeune fonctionnaire.

— Si, il y a peut-être quelque chose à faire, me confia Catilina. Nous en reparlerons plus tard.

À ce moment-là, le majordome annonça que le dîner était servi. J'eus la bonne surprise de me retrouver allongé à côté d'Aurélia. Je n'aurais pas dû m'en réjouir car j'étais là pour démasquer un complot séditieux, mais je n'avais aucune raison de me priver d'une si agréable compagnie du moment que je remplissais mon devoir.

Je ne vous accablerai pas avec l'énumération des vins et des mets que l'on servit, bien que ma mémoire pour ce genre de détails s'améliore au fil des ans. En revanche, les convives étaient intéressants. Tous les hommes présents, hormis moi-même, avaient été poursuivis à un moment ou à un autre pour corruption. Bien sûr, il était rare qu'un politicien de cette époque échappât à cette accusation. Traditionnellement, un nouveau sénateur se faisait un nom en poursuivant telle ou telle personne pour escroquerie, pour extorsion de pots-de-vin, ou pour subornation. Toutefois, ces hommes avaient été reconnus coupables de tous ces vices à la fois avec des preuves irréfutables. En outre, chacun d'eux était endetté jusqu'au cou.

Catilina ne faisait pas exception, mais il les surpassait et les crimes qui lui étaient imputés n'étaient pas tous de nature politique. La fougue sanguinaire qu'il avait déployée à exécuter les proscriptions de Sylla était légendaire, même si on avait mis cela sur le compte de l'opportunisme. J'ai déjà mentionné sa prétendue liaison avec la vestale Fabia, une calomnie diffusée par Clodius. Même dans le domaine de l'amour, Catilina se conduisait avec une violence peu banale. Lorsqu'il avait voulu épouser Orestilla, son fils d'un premier mariage s'y était opposé. La rumeur prétendait que Catilina l'avait alors assassiné. Vrai ou faux, c'était le genre de bruit qui entourait cet homme. Plus récemment, chaque fois qu'il annonçait sa candidature au consulat, il était incriminé pour extorsion, ce qui l'empêchait d'être élu. La dernière fois, il avait été dénoncé de manière plus précise : Cicéron l'avait accusé de vouloir attenter à ses jours et s'était entouré de gardes du corps, ce qui avait contribué à renforcer la mauvaise réputation de Catilina. Je ne sais pas si tout ce qu'on lui reprochait était vrai. Catilina se plaignait toujours amèrement d'avoir des ennemis haut placés. Mais je dois admettre que peu d'hommes méritaient d'en avoir autant que lui.

Ses amis m'intéressaient davantage. Catilina avait beau être violent, je n'arrivais pas à croire qu'il représentât une menace sérieuse pour l'État ; il était trop débauché, trop têtu, trop inconscient des conséquences. Et surtout, notoirement trop pauvre. Il n'avait pas l'intelligence de César, qui savait retourner son endettement à son avantage. Ses fidèles étaient encore moins dangereux, mais d'être parmi eux faisait de moi un suspect et je me réjouissais d'avoir obtenu une mission semi-officielle auprès de Céler. Si Catilina était réellement impliqué dans une conspiration contre l'État, un autre devait tirer les ficelles.

— Tu connais bien mon beau-père ? demanda Aurélia.

Tous les convives discutaient à voix basse.

— J'ai surtout rencontré Lucius Sergius dans des soirées mondaines comme celle-ci. Nous n'avons pas eu l'occasion de nous voir dans des circonstances officielles. Il était préteur bien avant que je ne sois éligible à la questure.

— Ah, bon. Ça m'intriguait, figure-toi, dit-elle d'une voix langoureuse, les yeux mi-clos.

Elle semblait plongée dans un abîme de perplexité.

— Ces derniers temps, il ne s'entoure que de jeunes gens.

Cette révélation était sujette à diverses interprétations. Je me gardai d'intervenir.

— Mais tu n'as pas leur genre, ajouta-t-elle.

— Ah, parce qu'ils ont un genre ?

J'étais avide d'en savoir plus.

— Des incapables de bonne famille. Tuteurs grecs, beaux habits, sans fortune, en âge de rejoindre la légion mais n'ayant jamais combattu.

Elle considéra ma cicatrice.

— Toi au moins, tu as servi dans la légion. Tu as été élu à un poste officiel. Et puis tu ne portes pas la barbe.

À ces mots, je frémis. Je bus une gorgée de vin légèrement coupé d'eau afin de masquer mon émoi.

— Ah, parce qu'ils portent la barbe ?

— Bien sûr, fit-elle, décontenancée. La plupart, en tout cas. C'est leur manière d'exprimer leur refus des conventions, j'imagine. C'est peut-être la seule audace dont ils soient capables. Tu les as forcément remarqués.

— Mon travail m'absorbe en sous-sol la plupart du temps. Mais j'en ai vu traîner en ville, c'est exact. Je croyais qu'ils étaient pris d'une vilaine fièvre pour la philosophie.

— Oh, loin de là. Certains viennent de vieilles familles pro-Marius. Du moins, c'est ce qu'ils avancent pour expliquer leur éloignement du pouvoir. Je crois plutôt que les assemblées font preuve de sagesse en les maintenant à l'écart.

— Dois-je comprendre que tu n'admires pas les amis de ton beau-père ?

— Il suffit que je l'admire, lui.

Elle haussa les épaules, geste délicat quand on est allongé mais qu'elle effectua à la perfection, ce qui agita sa poitrine généreuse de frissons voluptueux.

— Les chefs sont rares, mais le troupeau est nombreux.

— J'en déduis que tu ne me comptes pas parmi le troupeau, avançai-je.

Elle me jeta un regard froid.

— Qui sait ? fit-elle après m'avoir toisé, sans doute pour évaluer mes qualités bovines.

— Qu'est-ce qui attire ces jeunes gens sans fortune vers Lucius ? demandai-je ingénument.

— Comment ne pas l'être ? Il ressemble à Sylla. Il peut sortir un homme de l'ombre et l'élever aux plus hautes fonctions. C'est suffisant pour attirer des hommes incapables d'accomplir quoi que ce soit tout seuls.

— Ne prends pas mal ce que je vais dire, mais, jusqu'à présent, Lucius est loin de pouvoir sortir quiconque de l'ombre.

— Pour l'instant, dit Aurélia en brandissant sa coupe pour qu'on la lui remplisse. Mais c'était pareil avec Sylla. Il a combattu victorieusement, il a capturé Jugurtha, mais c'est Marius qui a tiré la couverture à lui. Cependant, ceux qui ont soutenu Sylla s'en sont tous bien sortis.

C'était astucieusement présenté. Ma propre famille avait largement profité du règne de Sylla. Elle avait jugé qu'un homme intelligent, violent mais calculateur, était préférable à un vieil imbécile comme Caius Marius. C'était du moins l'explication de mon père, et je ne l'avais encore jamais mise en doute. Peut-être ma famille s'était-elle simplement rangée du côté du gagnant.

— Ainsi, Lucius se présenterait encore au consulat ? m'étonnai-je.

— Oui, quelque chose comme ça.

Sa coupe la masquait à ma vue, et je ne pus lire l'expression de son visage.

— Décius ! appela Catilina.

Il était allongé sur la couche opposée à la mienne, de sorte que nous étions séparés de plusieurs pieds et qu'il devait presque crier.

— Que penses-tu du consulat de Cicéron ? Nous étions justement en train de parler de lui.

— C'est le meilleur orateur de Rome, dis-je. Sans doute le plus grand de tous les temps. Il écrit merveilleusement et son maniement des subtilités de la loi est légendaire.

Catilina grogna.

— Tu veux dire qu'il gouverne comme un avocat ? Mais est-ce d'un avocat que Rome a besoin ? Où sont les guerriers qui ont fait notre gloire ? Quand Cicéron a-t-il jamais gagné une bataille au champ d'honneur ?

— Antoine n'est pas un avocat, lui rappelai-je.

Catilina prit un air amer. Il avait recherché un *coitio* avec Antoine lors de l'élection précédente, mais l'affaire avait échoué et Antoine s'était allié avec Cicéron.

— Oui, eh bien, il n'est pas non plus soldat, et je peux t'assurer que les Macédoniens lui en feront baver quand il sera nommé là-bas l'année prochaine.

Catilina n'avait pas connu lui-même de succès militaires, mais, comme beaucoup d'hommes de sa nature, il se prenait pour un glorieux général. Il attribuait son piètre passé à un manque d'occasions.

— J'avoue avoir été surpris que Cicéron refuse le proconsulat de Macédoine, dis-je afin de lui tendre une perche.

Catilina la saisit au vol.

— C'est parce qu'il est lâche ! Il sait qu'il aura à combattre et il n'en a pas le courage. Il préfère rester à Rome et gâcher la vie des hommes valeureux avec ses insignifiantes astuces légales.

— Si ses dernières accusations contre toi sont fondées, Rome n'est pas non plus un endroit de tout repos pour lui.

Catilina s'esclaffa bruyamment et, je crois, de bon cœur.

— Il voit partout des complots contre lui. C'est toujours ainsi avec les pleutres. Crois-moi, Décius – et là, il me regarda droit dans les yeux avec le plus grand sérieux –, si je devais envisager des actes réellement désespérés, je ne me contenterais pas d'assassiner des misérables comme Marcus Tullius Cicero.

Il prononça ce nom comme s'il s'agissait d'une maladie rare.

— Je ne crois pas que notre Décius ait le cran d'entreprendre quoi que ce soit de désespéré, intervint Céthégus, avec le regard et le ton d'un petit dur de dix ans.

C'était un homme sombre, avec un visage saturnien, un pli amer perpétuellement aux lèvres. Il inspirait la haine.

— J'ai effectivement le défaut d'être intelligent, lui rétorquai-je. Seuls les sots risquent leur vie et leur fortune quand ils sont sûrs de perdre.

— Évidemment, tu peux te permettre d'être patient, dit Céthégus avec mépris. Nous n'avons pas tous une famille illustre pour nous soutenir et nous pousser dans la carrière.

Catilina nous observait. Pour des raisons que j'ignorais, il laissait son laquais mener la charge.

— L'édile curule Lentulus Spinther ne serait pas un proche parent à toi, par hasard ? demandai-je.

— Et qu'est-ce que ça change ? répliqua-t-il vivement, comme s'il devait rougir d'avoir un parent haut placé.

— Je comprends ce que Décius veux dire, intervint Léca.

J'eus la nette impression que Catilina lui avait fait signe de prendre ma défense.

— Les Caecilii Metelli sont si nombreux qu'un de leurs membres qui débute dans la carrière politique n'a pas voix au chapitre dans les réunions familiales. Est-ce que je me trompe, Décius ?

J'affichai une moue irritée.

— Il y a du vrai dans ce que tu dis.

— Et j'imagine que ta fonction t'a occasionné des dépenses ruineuses, poursuivit Léca. Lorsque j'étais questeur, j'avais l'impression que mes prédécesseurs avaient tous négligé d'entretenir les routes. J'ai dû m'endetter lourdement pour assurer leur pavage.

Léca était un obèse qui parlait sur un ton doucereux et conciliant.

— Et toi, Décius ? demanda Catilina. Les dépenses de ta charge t'ont-elles remis entre les mains des usuriers ?

Je saisis la balle au bond.

— Ah, les dépenses ! Tu crois qu'il s'agit uniquement de paver les routes ? C'est fini, ce temps-là !

Je m'efforçai d'avoir l'air ivre, alors que je ne l'étais pas le moins du monde, je le jure.

— Ensuite, il faut que je devienne édile. Depuis les jeux de César, il y a deux ans, les gens s'attendent que les édiles leur offrent ce genre de divertissement. Ça veut dire que je dois emprunter dès maintenant pour me présenter à l'élection. Il y a encore peu de temps, une vingtaine de couples de gladiateurs aurait suffi. Mais César a habitué le peuple à en voir plus de cinq cents pendant une seule journée de jeux ! Sans parler des lions, des ours, des aurochs, et j'en passe !

— C'est juste, approuva Léca. Pas seulement de simples gladiateurs, mais des Campaniens, et des meilleures écoles. Et un banquet public à la fin des jeux ne suffit plus. Il faut maintenant de la viande fraîche, du poisson, des fruits exotiques pour tous les Romains, jusqu'au dernier des maçons. Qui peut rivaliser avec une telle prodigalité ?

Son visage bouffi se plissa en un sourire triste qui se voulait moqueur.

— Toutefois, ta famille couvrira une partie de tes dépenses, non ?

— Pas vraiment. Mon père m'a beaucoup aidé jusqu'à présent, mais nous ne faisons pas partie des riches Metelli, or aucun des Metelli ne possède la fortune d'un Crassus ou d'un Lucullus. Nous sommes trop dispersés pour que la richesse se concentre.

En latin de l'époque, cette dernière remarque jouait astucieusement sur les mots ; elle fut applaudie comme elle le méritait. Les femmes furent les plus enthousiastes. C'est alors que je m'aperçus que Fulvia et Sempronia n'avaient rien dit, ce qui me parut anormal. Il était évident que Catilina dirigeait les débats, et qu'il leur avait interdit de l'interrompre avant qu'il eût satisfait sa curiosité.

— As-tu eu la chance de trouver un appui financier ? s'enquit Léca avec sollicitude.

— Un seul ne suffit pas, dis-je d'un ton brusque. À moins d'être soutenu par Crassus.

— Justement, Crassus vient de forger des liens avec ta famille, remarqua Catilina.

— Comme je l'ai déjà dit, il y a beaucoup de Metelli, et Crassus ne les tient pas tous en haute estime. En outre, il me considère comme un ennemi personnel.

À notre époque, celle du Premier Citoyen, beaucoup ont oublié la grandeur qu'avait Crassus en ce temps-là. Je me contenterai de dire que, pour un simple questeur, s'imaginer être assez important pour que Crassus le considère comme un ennemi personnel était alors le summum de la vanité. C'était exactement le genre de propos que mes interlocuteurs appréciaient.

— Bien sûr, dit Léca, tu ne peux pas t'adresser à Pompée, à en croire les rumeurs qui ont circulé il y a quelques années. Il t'a fait exiler, paraît-il.

— Quitter la cité pour un ou deux ans m'a paru commode, dis-je laconiquement.

Ce qui était valable pour Crassus l'était doublement pour Pompée. En fait, je ne le dérangeais pas plus qu'un moucheron. À cette époque, il aurait sans doute eu du mal à se souvenir de moi. Il avait d'autres chats à fouetter.

— Ta famille, nota Léca, connue pour sa modération, s'oppose généralement aux ambitions de Pompée. Pourtant, ton cousin, Métellus Népos, est son légat dévoué. Il a été élu tribun de la *Plebs* pour l'année à venir et il appuiera toute législation qui facilitera les ambitions de Pompée.

— Une famille sage ne met pas tous ses œufs dans le même panier, observai-je. Ainsi, on ne perd pas tout si on soutient le mauvais camp. D'autre part, Népos ne fera rien en tant que tribun, parce que Caton sera son collègue et qu'il bloquera chaque loi pro-Pompée que

Népos déposera. Caton s'est fait élire tribun uniquement pour contrer Népos.

— Il reste toujours Lucullus, intervint Céthégus en s'arrangeant pour colorer son propos d'une pointe de sarcasme.

Céthégus ne pouvait pas dire un mot sans paraître sarcastique.

— Je n'ai jamais eu aucun différend avec Lucullus, dis-je, mais je ne m'adresserai pas à lui. Il est marié à l'une des sœurs de Clodius, et Clodius me déteste plus que Pompée et Crassus réunis.

— Tu as le chic pour te faire des ennemis, s'esclaffa Catilina.

Et tout le monde de rire. Sauf Aurélia.

— Eh bien, fit Catilina, les ennemis de Clodius sont mes amis... Alors comme ça, tu as été obligé d'avoir recours aux usuriers ?

— Pourquoi ma situation financière t'intéresse-t-elle à ce point ? m'étonnai-je.

— Quiconque possède un tant soit peu d'ambition, mais n'a pas eu la chance de naître riche, est par définition endetté. Mais celui qui s'est adressé à l'un des trois hommes que nous avons cités est entre leurs mains ; il n'est donc pas fiable.

— Fiable ? répétai-je. Fiable dans quel sens ?

— Nous sommes tous ambitieux, expliqua calmement Catilina, et nous savons ce qui nous empêche d'accéder au pouvoir auquel nous avons droit, aux honneurs que nous méritons. Ils ont confisqué à leur profit les hautes fonctions et les postes de commandement, tout en écrasant les meilleurs d'entre nous sous le poids des dettes. Assurément, vous ne pouvez pas croire que les dépenses liées aux hautes fonctions ont augmenté autant ces vingt dernières années par le seul fait du hasard. Comment se fait-il que les hommes bien nés, ceux dont les familles ont donné à Rome des consuls et des généraux pendant des siècles, soient asservis à des bâtards rapaces sur lesquels nos aïeux n'auraient même pas daigné cracher ?

— Des affranchis, pour la plupart, renchérit Céthégus. Des hommes qui auraient dû rester esclaves alors qu'ils se prétendent citoyens et même *equites*.

— C'est commode pour nos dirigeants, admis-je.

— Plus que commode, souligna Catilina. C'est le fruit d'un complot organisé par une clique de puissants qui s'accrochent au pouvoir comme de vulgaires sangsues. Qui parmi nous peut vivre une telle infamie en gardant sa dignité d'homme ?

Cette fois-ci, Catilina était lancé, son auditoire suspendu à ses lèvres. Je coulai un regard vers Aurélia ; elle couvait son beau-père des yeux. Dans son expression, je lus de l'adoration mais crus discerner autre chose. Était-ce de la moquerie ?

— Aujourd'hui, poursuivit Catilina, qui assume le pouvoir à Rome ? Marcus Tullius Cicero ! Un avocat ! Un homme qui n'a aucune qualification pour la fonction, hormis une aisance à manipuler les mots, à les détourner de leur sens à sa guise. Et il y en a des tas comme lui. Tous ceux-là sont incapables de prendre des décisions rapides, efficaces, intrépides. Or c'est pourtant ce qu'un vrai consul doit savoir faire. Eux ne savent que parler, pas agir.

— De quelle sorte d'homme Rome a-t-elle besoin ? demandai-je ingénument.

— D'un homme comme Sylla, répondit Catilina, ce qui me surprit. Sylla s'est emparé du pouvoir quand Rome est tombée dans le chaos. Il n'a jamais recherché les faveurs serviles de la multitude ni le patronage des aristocrates. Il a purgé le Sénat, proscrit les ennemis de l'État, réformé la justice, nous a donné de nouvelles structures politiques, puis, son œuvre achevée, il a renvoyé ses licteurs, a traversé le Forum à pied, comme un simple citoyen, et s'est retiré dans sa maison de campagne afin de rédiger ses Mémoires. Voilà le genre d'homme dont Rome a besoin.

Ce que Catilina venait de dire n'était pas faux, mais il avait omis quelques détails par souci de rhétorique. Par exemple, que Sylla avait été la cause du chaos politique en même temps que son remède. En outre, il pouvait se permettre de se retirer après sa dictature, car il avait tué ou exilé tous ses ennemis, et n'avait laissé derrière lui que ses propres partisans, fermement installés au pouvoir. On devinait sans peine l'identité de ce nouveau Sylla putatif. Le nez plongé dans ma coupe de vin, je fis mine de m'absorber dans mes réflexions, puis d'en tirer une conclusion capitale.

— Je crois, dis-je avec solennité, que je pourrais suivre un tel homme. Il y a vingt ans, les Metelli faisaient partie des partisans les plus en vue de Sylla. Pourquoi serais-je moins audacieux qu'eux ?

— Pourquoi, en effet ? dit Catilina.

Il parut satisfait, car les femmes se joignirent alors à la conversation. Plus rien ne fut dit sur le pouvoir ni sur les cabales montées contre les meilleurs citoyens afin de les empêcher d'accéder aux plus hautes fonctions. Je m'intéressai davantage à Aurélia qui, de son côté, se montrait plus chaleureuse.

Le vin coula, les dés et les osselets firent leur apparition, et nous commençâmes à jouer. Je me mêlai aux parties, bien que je réservasse d'habitude mes paris aux courses et aux combats où je me flattais d'une certaine clairvoyance. J'ai peu de goût pour les jeux de pur hasard.

Même si je n'y laissai que quelques plumes, j'étais atterré par les paris astronomiques des autres convives. Pour des hommes qui se prétendaient ruinés, ils semblaient pourvus de moyens peu ordinaires. En outre, bien que criant et jurant comme tout le monde lorsqu'ils perdaient, ils n'en paraissaient pas exagérément perturbés.

— Es-tu béni par la chance ? me demanda Aurélia lorsque mon tour vint de lancer les dés.

— Je ne serais plus en vie sinon, dis-je. Mais je n'ai jamais eu de veine aux dés, ni aux osselets.

— Laisse-moi te communiquer la mienne, murmura-t-elle tandis que j'agitais le gobelet.

Elle se pencha, comme pour me regarder lancer les osselets, et je sentis son opulente poitrine se presser contre mon dos. À travers les tissus de ma tunique et de sa robe, ses durs mamelons me caressèrent la peau. La douceur de son haleine me chatouillait l'oreille. Un élan de désir me parcourut et je m'aperçus que je ne pourrais me lever avant longtemps sans risquer de m'offrir en spectacle. Pour masquer ma déconfiture, je secouai le gobelet de cuir avec une vigueur exagérée, l'abattis violemment sur la table et dévoilai les osselets.

— Vénus ! s'exclama Aurélia.

C'était en effet vénus, le plus haut score. Chacun des osselets présentait une surface différente.

— Cela ne sera pas facile à égaler, remarqua Catilina en s'emparant du gobelet. Mais j'ai toujours eu de la chance au jeu.

Il agita le gobelet, le claqua sur la table puis le retira. Immédiatement, il poussa un juron aussi retentissant que sincère. Ce n'était pas à cause de sa mise perdue, mais de ce qui s'étalait devant ses yeux : chaque osselet montrait la même surface, celle dont la valeur était d'une unité. C'était le plus mauvais score possible, *canicula*, le petit chien.

V

Les semaines suivantes, il y eut quatre autres meurtres. Toutes les victimes étaient des *equites*. C'était assez inhabituel, même pour Rome, et la ville ne parlait que de cela. L'un des chevaliers avait été assommé à coups de gourdin, un autre avait eu la gorge tranchée, le troisième avait été poignardé, et on avait retrouvé le corps du quatrième flottant sur le Tibre. La noyade était peut-être accidentelle, mais, après cinq meurtres, personne ne croyait à cette possibilité.

Les rumeurs habituelles circulèrent. Des devins proposèrent des interprétations ténébreuses. Mais la cité n'était pas vraiment inquiète. En fait, une satisfaction paisible dominait. Les *equites* n'étaient pas populaires. Ils n'avaient pas le prestige des *nobiles** ni de la classe sénatoriale, et ils n'étaient pas aussi nombreux que le peuple. Ils avaient trop de débiteurs. On enviait leur richesse et leur vie luxueuse. Le peuple n'avait toujours pas digéré la décision infamante du préteur Othon qui, au théâtre, avait attribué aux *equites* les quatorze rangs derrière ceux traditionnellement réservés aux sénateurs et aux vestales. Surtout, le sentiment général était que ces arrivistes méritaient bien les quelques meurtres qui les avaient frappés.

L'une des victimes, un dénommé Décimus Flavius, était le chef de la faction rouge au cirque. Je décidai de commencer mon enquête par lui, uniquement parce que les Caecilii étaient traditionnellement membres des Rouges, même si les autres Metelli appartenaient aux Blancs. Ces deux factions étaient en perdition car les Bleus et les Verts commençaient à dominer les courses. Les Verts étaient devenus la faction du peuple, tandis que les *optimates*, leurs clients et leurs partisans, faisaient partie des Bleus. La majorité des *equites* était aussi pour les Bleus. Ces deux factions occupaient des places opposées au cirque et s'affrontaient dans des joutes orales tonitruantes avant les courses. Toutefois, les émeutes étaient encore rares.

Pour enquêter sur Flavius, il était logique d'aller au Circus* Maximus. Ce matin-là, je descendis donc du Forum vers l'ancienne vallée de Murcie, entre le mont Aventin et le mont Palatin. C'était là que Tarquin l'Ancien avait bâti le champ de courses, à l'époque où Rome n'était encore qu'un amas de villages nichés sur les sept collines. L'endroit était si ancien que plus personne ne se rappelait pourquoi son temple de Consus – un des plus vieux dieux de Rome – était enfoui sous terre.

Énorme structure abritant tout ce qui était nécessaire pour que quatre chars, conduits chacun par un seul homme et tirés par quatre chevaux, fussent lancés dans l'arène le jour de la course, le Circus Maximus était le plus grand bâtiment de Rome. Néanmoins, cela n'était pas aussi simple qu'il y paraît. Les chevaux venaient d'Espagne, d'Afrique ou d'Antioche et subissaient un entraînement d'au moins trois ans. Les conducteurs commençaient leur formation dès l'enfance, mais comme les pertes étaient importantes, il en fallait un grand nombre. Les chars étaient construits le plus légers possible afin de gagner en vitesse, de sorte qu'on devait constamment les remplacer. Conducteurs et chevaux suivaient un régime très strict. Pour s'occuper des chars et des harnais, mais aussi des conducteurs, il y avait une armée d'esclaves, qui soignaient également les bêtes, les bouchonnaient, les nourrissaient, et nettoyaient leurs stalles. Le rôle de certains consistait uniquement à parler aux chevaux, à les distraire et à courir à côté d'eux pendant qu'on les menait jusqu'au champ de courses, afin de les encourager et de leur remonter le moral.

Partout où Rome étendait sa domination, le cirque s'installait aussi, et les factions y établissaient leur quartier général. Il n'était pas rare que chacune maintînt une écurie de huit ou dix mille étalons pour une simple province. En bref, le cirque était la plus importante institution de notre empire, et le Circus Maximus, bien sûr, le plus grand de tous.

Ses premiers gradins étaient en pierre, mais le reste de l'édifice était en bois. Pouvant accueillir plus de deux cent mille spectateurs, lorsque le cirque était plein, son infrastructure émettait souvent des craquements des plus alarmants, pourtant elle ne s'effondra jamais. Bien qu'on parlât sans cesse de construire un bâtiment en pierre, cela ne déboucha sur rien. Je crois que le peuple aimait son aspect vétuste, même si ces tonnes de bois représentaient un perpétuel appel à l'incendie. Sous les gradins, les arches abritaient un mini forum où des échoppes et des étals vendaient de tout, des saucisses aux services de prostituées bon marché. On disait à Rome que, si le moindre objet vous était volé, il suffisait d'aller traîner autour du Circus Maximus pour avoir une chance de le racheter. Le peuple n'avait jamais conçu la même affection pour le cirque de Flaminius qui se dressait en dehors des murs de la vieille ville. Il n'était pas aussi grand et n'avait pas plus de cent cinquante ans.

Lorsque j'arrivai au cirque, une activité bruyante y régnait. Des courses étaient prévues pour les jours prochains, ceux qui allaient participer à la procession préliminaire s'entraînaient déjà. Les esclaves qui porteraient les statues des dieux s'exerçaient à marcher au pas cadencé, au rythme des cors, de la lyre et de la flûte, les épaules chargées des lourdes plates-formes. Des petits chars dorés, tirés par des poneys, véhiculaient des images comme la foudre, la chouette, le paon, et autres attributs des dieux. Ils étaient conduits avec le plus grand sérieux par des enfants vêtus de robes blanches dont les deux parents, pour des raisons inconnues, devaient être encore en vie. Sur la musique assourdissante, des femmes échevelées, munies de tambourins, dansaient, telles des ménades en l'honneur de Bacchus. Des hommes portant des casques empanachés et des tuniques écarlates, armés de lances et de boucliers, se lancèrent alors dans une chorégraphie guerrière tandis que d'autres, habillés en satyres, pourvus de queues de bouc et d'énormes phallus rouges, entamaient une parodie paillarde de tous leurs gestes. Ne manquait que la foule dans les gradins.

Dans l'arène, on habituait les chevaux aux conditions de la course. Je longeai la piste, à côté de la *spina** qui n'avait pas encore reçu les statues qui l'embellissent aujourd'hui. À chaque extrémité se trouvaient les lances surmontées des sept œufs dorés qui indiquaient les tours de piste effectués : on ôtait un œuf à chaque tour. C'était avant qu'on n'installe les dauphins crachant de l'eau qui aidaient les spectateurs à voir à quelle vitesse ils perdaient leur argent.

Le sable, spécialement importé d'Afrique, était invariablement ratissé après le passage des chars. Je me réjouis de constater qu'il avait repris sa couleur habituelle. Lorsque César était édile, il l'avait fait teinter de vert, la couleur de sa faction. L'opération avait consisté à mélanger le sable avec du minerai de cuivre pulvérisé. Dépassant la *spina*, je traversai la piste, en prenant garde de ne pas me faire renverser par les chars, et franchis les barrières de départ restées ouvertes. Au-delà, à l'extérieur du cirque et presque aussi vastes que lui, se dressaient les écuries. Comme les Rouges et les Blancs étaient les factions les plus anciennes, leurs quartiers généraux jouxtaient le cirque. Celui des Rouges comportait trois étages ; le rez-de-chaussée et le premier, construits en brique, ainsi qu'un sous-sol servaient d'écuries, chaque niveau étant relié par des rampes assez larges pour permettre le passage d'un attelage de quatre chevaux. Le bois et le plâtre du reste du bâtiment étaient peints en rouge, comme de juste. Devant, se dressaient les statues des chevaux vedettes, tandis que des plaques, portant les noms de centaines d'autres avec leurs victoires, ornaient la façade. L'odeur de crottin me submergea, mais, finalement, elle s'avéra plus agréable que les multiples effluves qui infestaient la ville.

Spacieux et plutôt luxueux, les bureaux des directeurs occupaient la majeure partie du dernier étage. Dès qu'on entrait dans ce bâtiment, on avait l'impression de pénétrer dans un autre univers. On y trouvait des autels de dieux que je n'avais vus nulle part ailleurs, et la plupart des murs étaient recouverts d'inscriptions et de décorations énigmatiques ayant trait aux rites de la guilde des courses. Esclaves, affranchis et hommes libres appartenaient tous à cette corporation, qui se divisait en sous-guildes dont chacune possédait un autel particulier et parfois un temple. Celui des conducteurs de char était le plus beau ; en outre, il célébrait les funérailles les plus somptueuses... et, bien sûr, les plus fréquentes.

Lorsque je m'introduisis dans les bureaux, des esclaves installaient une statue de fabrication grossière : une femme qui montait un cheval en amazone, tout en brandissant une clef. L'homme qui dirigeait la manœuvre portait la tenue des *equites* ; il remarqua aussitôt mon intérêt.

— C'est Épona, dit-il. Une déesse gauloise. Un cadeau d'un de nos éleveurs qui nous l'a expédiée de Gaule Transalpine.

— Et la clef ? m'étonnai-je.

— Oh, sans doute une clef d'écurie. Je suis Helvidius Priscus, l'un des directeurs des Rouges. Que puis-je faire pour le Sénat et le peuple ?

J'ai souvent remarqué cette qualité qu'ont les Romains : ils savent reconnaître un fonctionnaire. Simple questeur, je n'avais ni licteurs ni insignes, et j'étais vêtu comme un citoyen ordinaire. Néanmoins, l'homme avait deviné que je travaillais pour le gouvernement. Je n'eus pas l'outrecuidance d'imaginer qu'il m'avait vu aux élections. Dans la foule qui y participe, seule une statue de Jupiter de six mètres de haut pouvait se remarquer. J'avais été élu sur mon nom parce que les clients des Metelli surpassaient en nombre n'importe quel autre groupe. Les charges mineures nous revenaient de naissance ; pour accéder aux plus hautes fonctions, nous devions nous battre comme tout un chacun.

— Je suis Décius Métellus. J'enquête sur le meurtre de Décimus Flavius.

— Métellus, le questeur ? Bienvenue, citoyen. Ta présence nous honore. Je te présente mes excuses pour le bruit et l'agitation, mais comprends que nous préparons les prochaines courses, et nous choisissons les étalons que nous présenterons à la fête du Cheval d'octobre. Suis-moi, je te prie.

Il me précéda dans une vaste salle dont un des murs s'ouvrait sur un immense balcon qui surplombait les portes du cirque. Devant, sur la grande esplanade, des palefreniers de tous les pays marchaient à côté de leurs chevaux, tout en leur parlant dans des langues que les bêtes comprenaient.

Surchargée de rouleaux et de feuilles de parchemin, une grande table occupait la pièce. Il y avait aussi des piles de plaques de bronze sur lesquelles étaient inscrits les pedigrees des chevaux, dont certains remontaient à plusieurs siècles. Étaient assis plusieurs *equites*, quelques affranchis et un personnage distingué qui portait l'étrange bonnet fuselé et les insignes d'un *flamen*. Je découvris qu'il s'agissait de Lucius Cornélius Lentulus Niger, le *flamen martialis*. Il était là, en tant que grand prêtre de Mars, pour superviser le choix des chevaux engagés dans la course du Cheval d'octobre. Il était rare de rencontrer un flamine* hors de chez lui, sauf s'il pratiquait ses fonctions sacerdotales, car ils étaient tous emprisonnés par des tabous rituels qui leur rendaient la vie impossible. Le siège du plus grand prêtre de tous, le *flamen dialis*, restait vacant depuis vingt ans parce que personne ne voulait l'occuper.

— Décimus Flavius débordait d'énergie, déclara l'un des *equites*. Son meurtre odieux nous a tous bouleversés.

— Comment a-t-on trouvé son cadavre ? m'enquis-je.

— Un balayeur est tombé dessus dans le cirque, dit Priscus. Décimus a quitté le bureau hier soir, à la nuit tombée. Sa maison se trouve de l'autre côté du cirque ; d'habitude, il le traverse pour rentrer chez lui.

— Aurais-tu l'amabilité de convoquer le balayeur ? demandai-je.

On envoya un esclave le chercher.

— L'arme du crime était sur les lieux ?

— Oui, fit l'un des directeurs. Et nous l'avons gardée.

Il fouilla dans une boîte, parmi des morceaux de papyrus, des rubans, des cachets de cire brisés, et en sortit un couteau qu'il me tendit. C'était une arme peu ordinaire. La lame, d'environ vingt centimètres de long, droite et aiguisée des deux côtés, s'incurvait brusquement à la pointe pour former une sorte de crochet. Elle n'avait pas de garde et sa poignée était en corne.

— C'est un couteau de conducteur de char, n'est-ce pas ?

— C'est exact, affirma Priscus.

Étant donné que les rênes d'un conducteur de char sont attachées autour de sa taille, il n'a que quelques secondes pour les couper s'il est éjecté de son véhicule. Ainsi, il peut éviter d'être traîné par son attelage jusqu'à ce que mort s'ensuive, ou de se fracasser contre le mur de l'arène ou contre la *spina*. S'il réussit à se libérer, il doit encore échapper au piétinement des autres chevaux.

— Aurait-il été assassiné par un conducteur de char ? demandai-je.

— Les conducteurs ne portent ce couteau que pour la course, expliqua un directeur. Un habilleur le glisse sous leurs bandages avant qu'ils ne montent dans leur char.

— Nous en avons des centaines dans nos réserves, précisa Priscus. Et il y en a des milliers en ville. Les parieurs assiègent les vainqueurs pour qu'ils leur cèdent leur arme. Ils soudoient les esclaves pour obtenir celles qui ont servi à libérer un conducteur. Les gens sont tellement superstitieux.

Cette piste semblait donc déboucher sur un cul-de-sac.

— Flavius pratiquait-il l'usure ?

— Non, je sais qu'il avait arrêté, assura Priscus. Il a fait fortune en élevant des chevaux, ici même. Après que Lucullus a annulé la dette des cités asiatiques, il a subi de lourdes pertes, et il s'est juré de ne plus prêter d'argent.

Donc, ma théorie selon laquelle on tuait systématiquement les usuriers tombait à l'eau.

À l'arrivée du balayeur, je remerciai les directeurs et pris congé. Je conservai le couteau que je fourrai sous la ceinture de ma tunique. Je commençais à collectionner ces sinistres souvenirs. Celui-ci était aisément identifiable à cause de sa forme particulière, et j'étais surpris qu'on l'ait choisi pour commettre un meurtre. Une dague ou une *sica* eussent été plus anonymes. Le meurtre n'avait peut-être pas été organisé.

— C'est par ici, maître.

L'esclave avait la quarantaine et un fort accent bruttien. Les Bruttiens sont des incapables, tous les Romains le savent. Le Bruttium ne s'est-il pas rendu à Hannibal sans combattre ? Mais il est vrai que ses habitants font de bons esclaves.

— J'allais jeter des déchets sur ce tas qu'on doit enlever aux alentours des saturnales.

Nous marchions sous les arcades du cirque. Au-dessus de nos têtes, le bois, réchauffé par le soleil, commençait à craquer et à gémir. Cependant, l'obscurité était grande. Une lumière diffuse filtrait à travers les ouvertures, mais les bâtiments proches arrêtaient les rayons du soleil. Nous quittâmes la galerie principale pour nous enfoncer dans un tunnel au bout duquel s'élevait un tas d'objets hétéroclites que seul un cirque peut accumuler : bâtons de roues brisés et diverses pièces de chars, tablettes de cire où on inscrivait les paris, fracassées par des mauvais perdants, emballages de paille abandonnés par les marchands, vieux chiffons et autres objets. Il avait bien fallu une année entière pour entasser tous ces déchets.

— Il était là, dit l'esclave en désignant une large tache foncée au pied des débris.

C'était un endroit indigne d'un chevalier. Les autres avaient été assassinés dans des lieux plus appropriés. Avait-il été tué ailleurs, sous les arcades, puis traîné dans le tunnel ? Aucune trace de sang n'avalisait cette thèse. On avait donc dû l'occire sur place. À moins qu'on ne l'ait attaqué dehors et amené de force avant de l'égorger près du tas de déchets.

— Qui travaille ici, la nuit ? demandai-je à l'esclave.

— Oh, personne. Lorsqu'il n'y a pas de courses, le cirque est désert en fin d'après-midi. Les esclaves doivent rejoindre leur baraquement avant le crépuscule, et les hommes libres n'ont rien à faire ici. Il y a peut-être quelques prostituées, la nuit, mais c'est tout.

Je savais qu'il était plus qu'inutile de ratisser l'endroit à la recherche d'un témoin éventuel. Rares étaient les Romains qui s'aventuraient hors de chez eux la nuit, et ceux qui s'y risquaient n'étaient pas du genre à coopérer avec les autorités.

Je congédiai l'esclave et restai un moment à méditer, ce qui ne fit qu'accroître ma perplexité. Lassé, je sortis du tunnel et faillis heurter deux jeunes gens, tous deux barbus.

Je glissai une main sous ma toge et empoignai la dague du conducteur de char. Les deux inconnus me dévisagèrent, aussi surpris que moi. Alors, une femme, dont je n'avais pas remarqué la présence derrière eux à cause de l'obscurité, vint se planter devant moi.

— Mais c'est Décius Métellus !

Il faisait sombre, mais je reconnus sa voix.

— Aurélia ?

Oui, c'était bien elle. Malgré la pénombre, on ne pouvait se méprendre sur sa séduisante silhouette, même cachée sous sa longue *stola* de laine. Elle avait tiré sa _palla_* sur sa tête, de sorte que je ne pus lire son expression.

— Je ne m'attendais pas à te trouver ici, Décius. Laisse-moi te présenter mes compagnons, Marcus Thorius et Quintus Valgius, des amis de mon beau-père. Citoyens, voici Décius Cécilius Métellus le Jeune, questeur du Trésor.

Sa voix prit une inflexion subtile, comme pour les mettre en garde.

— C'est toujours un plaisir de te rencontrer, Aurélia, assurai-je. Quel que soit l'endroit ou les circonstances. Citoyens, je vous salue.

Ils me firent un signe de tête plutôt dédaigneux. Ils ne devaient pas avoir plus de vingt ans. Avec leur crâne rasé et leur barbe fournie, ils ressemblaient à des entraîneurs de lutte grecs.

— Qu'est-ce qui t'amène au cirque de si bon matin, Décius ? demanda Aurélia.

— L'un des meurtres dont la ville est si friande. J'enquête. La victime était un directeur des Rouges. Je suis venu inspecter les lieux du crime.

— Ah bon, c'est ici que cela s'est passé ? fit-elle, lançant un regard dans le tunnel.

— Oh, il n'y a rien à voir, dis-je. Hormis une tache de sang tout ce qu'il y a de plus banal. Et toi, que fais-tu là ?

— Nous sommes venus voir l'entraînement d'Ailes d'argent. Lors des prochaines courses, Paris le montera pour les Blancs. Quintus est incollable sur les écuries des Blancs.

— Ailes d'argent a couru à la corde pendant six ans, m'expliqua Quintus Valgius. Il a gagné deux cent trente-sept courses.

Il débita son discours, une lueur fanatique dans les yeux. Je connaissais ce genre de personnage. Il savait certainement par cœur les résultats et les pedigrees de centaines de chevaux. Il devait être aussi ennuyeux que Caton.

— Tu te joins à nous ? proposa Aurélia.

Ses deux compagnons ne semblèrent pas apprécier, mais c'était le cadet de mes soucis.

— Avec plaisir, acquiesçai-je.

Je lui emboîtai le pas et nous nous dirigeâmes vers l'une des galeries par lesquelles on accède aux gradins.

— Que penses-tu du meurtre, questeur ? s'enquit Thorius.

— Bof, c'est sans doute l'œuvre d'un voleur. Je crois qu'on a assommé la victime avant de la traîner là et de lui trancher la gorge. D'où la tache de sang.

— Tu ne trouves pas que beaucoup d'*equites* se font tuer en ce moment ? demanda Aurélia.

— C'est vrai, mais qui d'autre est assez riche pour tenter un voleur ? répliquai-je. On ne gagne rien à détrousser un pauvre. De toute façon, le meurtre ne m'intéresse pas. Je suis là afin d'éclaircir certains points sur la victime. C'est le Trésor qui m'envoie.

Le mensonge me vint sans y penser, et je crus déceler une sorte de soulagement chez les deux jeunes barbus.

La galerie déboucha sur une vingtaine de rangées de gradins situés juste au-dessus de la *loggia*, occupée les jours de courses par le magistrat qui les présidait et les jours de jeux par celui qui les offrait au peuple. Ce matin-là, des hommes s'y tenaient pour observer les chevaux et les conducteurs de char qui s'entraînaient. C'était une belle matinée, et, sur les pentes de l'Aventin qui surplombait le cirque, le magnifique temple de Cérès scintillait comme s'il avait été taillé dans l'albâtre. Çà et là pointaient les autels d'anciennes divinités. Depuis que nous imitions les Grecs, nous ne nous souvenions plus qu'autrefois nos dieux étaient italiens. On les rencontrait encore là, dans la vallée de Murcie, l'ancien théâtre de nos fêtes de la moisson, où jadis poussait la myrte, quand le cirque n'était encore qu'une simple piste en terre. Les sanctuaires de Seia, de Segesta, de Tutilina et d'autres déesses de la Moisson à moitié oubliées se dressaient aux environs. La déesse Murcia, qui avait donné son nom à la vallée, se confondait déjà avec Vénus, qui était elle-même supplantée par la Grecque Aphrodite. Pour un peuple amoureux de ses cérémonies religieuses, les Romains ont une singulière attitude envers leurs divinités.

— Quelle admirable journée ! s'exclama Aurélia, soudain attentive, elle si distraite d'habitude.

Nous descendîmes les marches jusqu'à la *loggia* et elle s'avança le long de la balustrade en marbre jusqu'à la statue de la Victoire qui flanquait son extrémité. Sur la piste, les chars fusaient, conduits par des hommes vêtus d'une tunique rouge, blanche, bleue ou verte, la tête prise dans un casque en cuir. Certains portaient des jambières en cuir rembourrées, le corps harnaché d'un système compliqué de lanières et de bandages en cuir destiné à les protéger en cas de chute, et à soulager la traction phénoménale des rênes.

— Ailes d'argent ! s'écria Valgius, le doigt pointé, l'œil illuminé.

Ailes d'argent était réellement un superbe étalon. Tous les chevaux de course sont beaux, mais Ailes d'argent tranchait sur le lot. On aurait dit un dieu vivant. Il appartenait à cette rare et ancienne race de chevaux zébrés en voie d'extinction. Sa robe d'un gris foncé portait des rayures d'un blanc encore plus brillant sur les épaules et le garrot, d'où son nom. Ce matin-là, il ne tirait pas de char ; un palefrenier nubien le montait. Chargé du seul petit homme noir, l'animal semblait quasiment voler.

Près de nous, deux hommes se querellaient à voix basse mais avec fièvre. L'un d'eux nous tournait le dos et je ne reconnus pas son interlocuteur. Les autres personnes qui occupaient la *loggia* se tenaient légèrement à l'écart, comme si elles craignaient de se faire remarquer par un personnage à la fois important et en colère. Aurélia, elle, ne parut pas avoir ces scrupules.

— Il faut que je lui parle, annonça-t-elle en se dirigeant vers les deux hommes.

Ne voulant pas me soustraire si facilement à sa compagnie, je la suivis. Celui qui se présentait de dos fit alors un geste vers elle, et je regrettai aussitôt de m'être accroché à Aurélia. C'était Marcus Licinius Crassus.

La colère s'évanouit de son visage et il sourit.

— Aurélia ! Ta présence éclaire cette belle matinée.

Il déposa un chaste baiser sur sa joue, puis nous adressa un regard.

— Voyons voir... oui, je connais Décius Cécilius, bien sûr, mais je ne crois pas avoir déjà rencontré tes autres compagnons.

Aurélia présenta Thorius et Valgius. Les yeux bleus de Crassus étaient aussi froids que d'habitude, mais ils n'affichaient aucune hostilité particulière envers moi. Il se tourna vers l'homme avec qui il se disputait, et qui, finalement, s'était lui aussi calmé.

— Voici Quintus Fabius Sanga ; il est venu voir courir ses chevaux.

Je jetai un coup d'œil sur les sandales de l'homme et sur le petit croissant en ivoire attaché à ses chevilles, marque des patriciens.

— Mon père m'a parlé de toi, dis-je en serrant la main qu'il me tendait. Il prétend que ton domaine en Gaule produit les meilleurs chevaux du monde.

Sanga me gratifia d'un sourire.

— Oui, j'ai fait des affaires avec Nez-Coupé quand il était proconsul. Ah, on peut dire qu'il s'y connaît en chevaux ! Il insistait toujours pour examiner personnellement chaque cheval qu'il achetait pour les auxiliaires.

L'exploitation de la terre et l'élevage font partie des rares activités autorisées aux patriciens, mais personne n'a jamais stipulé qu'il était interdit de s'enrichir de cette façon.

— S'il n'y avait pas les lupercales, je serais en Gaule avec mes chevaux.

La gens des Fabien et celle des Quintilien avaient la charge de cette fête très étrange et très ancienne.

— Mais les lupercales ne commencent que dans quatre mois, fis-je observer.

— Oui, mais ça voudrait dire franchir les Alpes ou prendre la mer en janvier. Qui ferait une chose pareille ? En outre, certains de mes clients gaulois sont en ville, et ils ont besoin de moi.

Il contempla la piste.

— Tiens, voilà les miens !

Un quadrige tiré par quatre magnifiques bais gaulois surgit en fanfare et coupa vivement sur la gauche pour se placer dans la meilleure position, près de la *spina*. Une manœuvre habile, mais dangereuse à exécuter en pleine course. C'était lors du départ que les collisions étaient les plus fréquentes car tout le monde cherchait à s'arracher cette position privilégiée. Le conducteur était un beau jeune homme dont les longs cheveux blonds flottaient hors du casque. Son allure me parut familière, mais il passa si vite devant nous que je n'arrivai pas à mettre un nom sur son visage. Nous félicitâmes tous Sanga pour ses chevaux, puis Aurélia entama sa discussion avec Crassus.

— Marcus Licinius, j'appartiens au collège des prêtresses de Cérès. Notre temple, poursuivit-elle en désignant le superbe bâtiment qui se dressait sur la colline, a besoin de réparations. Acceptes-tu de les prendre en charge ?

La coutume voulait que les riches citoyens pourvoient à ce genre de travaux.

— Les marchés n'ont pas produit assez d'amendes cette année ? demanda Crassus.

Le temple abritait les bureaux des édiles plébéiens, et les amendes qu'ils collectaient dans les marchés étaient censées couvrir les réparations.

— J'ai bien peur que non. Le *mundus** risque de s'écrouler à tout moment.

— Oh ! Dans ce cas, c'est grave, admit Crassus.

Le *mundus* est très important pour nous parce que c'est le seul lien avec le monde souterrain. Il y en a d'autres en Italie, mais un seul à Rome. Les offrandes et les messages doivent impérativement atteindre les dieux du monde souterrain, et donc nos morts. Voilà pourquoi nous ne pouvons laisser le *mundus* s'effondrer.

— Les réparations sont ennuyeuses et compliquées, dit Crassus. Je ferais mieux de vous construire un nouveau temple.

Il ne plaisantait pas. Crassus aimait dire qu'un homme ne pouvait pas se prétendre riche s'il n'était pas capable de lever une armée, de l'équiper et de la financer sur sa propre bourse. Oui, telle était sa richesse.

— Certainement pas ! s'offusqua Aurélia. Nous préférons garder notre vieux temple. Paie seulement les travaux, Marcus Licinius, je t'en prie.

Là, je ne pus que l'approuver. Je déteste la manie qu'ont les gens de démolir nos vieux sanctuaires pour en construire des modernes et graver leur nom partout en lettres de trois pieds de haut. Non que celui de Cérès soit si ancien. Il avait moins de quatre siècles et demi, ce qui en faisait cependant un temple en tout point vénérable. Lorsque celui de Jupiter avait brûlé, vingt ans plus tôt, Sylla avait eu le bon goût de le restaurer en conservant son aspect antérieur. Ah, on ne fait plus de tyrans comme Sylla, de nos jours !

— Soit, ce sera fait, acquiesça Crassus. Préviens tes sœurs que j'enverrai mon architecte et mon entrepreneur étudier le devis dès demain.

Aurélia battit des mains.

— Oh, comme c'est gentil, Marcus Licinius ! La déesse te remercie infiniment. J'ai encore une faveur à te demander, il faut que tu acceptes de venir à la réception que je donne demain soir en l'honneur de l'ambassadeur des Parthes.

— Avec grand plaisir.

— J'espère que tu viendras aussi, Décius.

Participer à une soirée où se trouvait Crassus était loin de me plaire, mais j'étais prêt à endurer sa présence pour passer un moment avec Aurélia.

— Tu peux compter sur moi, acceptai-je. Je n'ai pas encore rencontré l'ambassadeur des Parthes.

— C'est un sauvage, mais les Barbares sont autrement plus amusants que beaucoup de politiciens romains.

— Là, je suis entièrement d'accord, intervint Crassus.

— Bon, eh bien, je vous attends demain chez ma mère.

Catilina et Orestilla s'étaient mariés sous le régime de l'*usus**. Autrefois, les patriciens utilisaient toujours celui du *confarreatio**, mais la génération précédente avait rejeté les coutumes matrimoniales. On divorçait plus aisément avec l'*usus* et il permettait à la femme de conserver ses biens.

Je pris congé et m'éloignai vivement, pressé de me retrouver hors de la vue de Crassus. Le dernier meurtre me plongeait dans une grande perplexité, et je ne voulais pas encore enquêter sur les autres ; je marchai donc vers l'étang où on conduisait les chevaux afin de les calmer lorsqu'ils avaient couru. Alors que je l'atteignais, je découvris le jeune Gaulois qui descendait de son char. Dès que les assistants eurent détaché les rênes autour de sa taille, il ôta son casque et son extraordinaire chevelure flotta librement. N'eût été sa moustache tombante, une abomination qui le défigurait, c'était un jeune homme d'une grande beauté, et je me rappelai où je l'avais rencontré. Il faisait partie du groupe d'Allobroges qu'on voyait traîner à Rome depuis des mois, se plaignant des extorsions romaines et de la rapacité des publicains qui les accablaient d'impôts.

— Tu as superbement manœuvré, lui dis-je.

Occupé à défaire ses jambières, il leva la tête et m'adressa un large sourire.

— Merci. Les chevaux de mon patron ne comprennent que le gaulois. Les Italiens, les Numidiens et les Grecs ne peuvent pas en tirer le maximum. Au fait, je t'ai vu dans la loge discuter avec mon patron.

Il me revint alors que Fabius Sanga appartenait à la branche des Fabii qu'on surnommait les Allobrogici. Un de ses ancêtres avait écrasé les Allobroges et la famille des Fabien était de la sorte devenue leur patron héréditaire. Plus vous battiez les Gaulois et les Germains, plus ils se montraient fidèles. Du moins étaient-ils sincères. Les Asiatiques, une fois vaincus, baisaient vos pieds et protestaient de leur loyauté, mais vous trahissaient dès que vous aviez le dos tourné.

— Tu as déjà couru à Rome ? demandai-je.

— Non, jamais. Seulement dans le cirque de Massilia et dans celui de Carthagène. Je m'appelle Amnorix, mais mon nom de course est Polydoxus.

— Je suis sûr qu'on entendra parler de toi. Comment se fait-il que tu sois avec le groupe des Allobroges ?

— La tribu a choisi mon oncle pour la représenter, et je l'ai supplié de m'emmener avec lui pour avoir une chance de courir dans le Circus Maximus.

— Comment le trouves-tu ?

— Je n'en ai jamais vu de si grand, mais ceux de Gaule et d'Espagne sont bien mieux construits. Et ils ne sont pas encombrés de tous ces machins pour les combats de fauves. Remarque, c'est la piste qui compte, et celle-là est bien entretenue. À mon avis, le sable africain est ce qui se fait de mieux. Mais ce qui m'a vraiment impressionné, ce sont les écuries. On dirait que la moitié des chevaux du monde y sont rassemblés.

— C'est la première piste jamais construite, lui expliquai-je. Le cirque a grandi avec Rome. C'est pour cela qu'il paraît hétéroclite. Mais attends de le voir un jour de courses.

— Oh, j'ai déjà assisté à des courses ! De la tribune, bien sûr. Je n'aurais jamais cru qu'on pouvait entasser autant de spectateurs dans un même endroit. Quel boucan !

Il s'esclaffa.

— Pourtant, les Romains sont bien mieux élevés que les Gaulois.

— C'est que tu n'as pas vu d'émeutes. Prie les dieux que cela ne t'arrive jamais.

Comme nous avions établi une sorte d'amitié, je décidai de profiter de la situation.

— Quand je suis arrivé dans la loge, ton patron se disputait avec Crassus. Tu as une idée de quoi il s'agissait ?

Amnorix s'assombrit.

— Non, aucune. Crassus vient souvent chez mon patron, en ce moment. La dernière fois, il était accompagné de ce Valgius que j'ai aussi aperçu dans la *loggia*. Ils se retirent pour discuter, mais mon patron a toujours l'air ennuyé après leurs rencontres.

Je dressai l'oreille.

— Valgius ? Tu es sûr qu'il accompagnait Crassus ?

— La dernière fois, oui. Il est resté dans l'atrium avec les autres clients pendant que Crassus et mon patron s'entretenaient en privé. Il ne parlait que de courses, alors j'ai fait un brin de causette avec lui, mais il n'arrivait pas à cacher son mépris des Gaulois.

— Je ne l'aime pas beaucoup non plus. As-tu reconnu l'autre barbu ? Et la femme qui était avec moi ?

— Je ne les ai jamais vus. Elle est très belle, pour une Romaine.

— Tu en vois des choses, pour un homme qui file comme une flèche. J'aurais cru que la conduite du quadrige requérait toute ton attention.

— Oh, ce n'est pas comme si je courais pour de bon, sourit-il.

Soudain, son regard se fit suspicieux.

— Tu poses beaucoup de questions, citoyen.

— C'est mon devoir. Je suis le questeur Décius Cécilius Métellus, et je suis ici en visite officielle.

— Ah, je comprends. Que puis-je d'autre pour t'être utile ?

Les Barbares croient que tous les fonctionnaires romains détiennent un pouvoir illimité. C'est parce que ceux qui viennent dans leur pays se comportent comme des dieux tout-puissants.

— Y avait-il quelqu'un d'autre avec Crassus et Valgius ?

Amnorix réfléchit.

— Non, mais plus tard, un ou deux jours après, un homme nous a abordés dans le Forum. Il a parlé à mon oncle et aux aînés. Ensuite, il les a emmenés chez Décimus Brutus ; on nous a ordonné, à nous les jeunes, de retourner dans la maison où nous avons nos quartiers. Ça m'a paru bizarre.

— Connais-tu le nom de cet homme ?

— Umbrénus. Publius Umbrénus. J'ai entendu dire que c'était un homme d'affaires qui possédait des intérêts en Gaule. Je n'aime pas tous ces secrets. Nous sommes venus à Rome pour présenter une pétition au Sénat, pas pour conspirer.

— Heureux de l'entendre. La politique provoque parfois des luttes serrées à Rome ; il vaut mieux pour vous que vous n'y soyez pas mêlés. Ouvre les yeux, et si tu soupçonnes quoi que ce soit, préviens-moi. Tu me trouveras au temple de Saturne la plupart du temps.

— Je suivrai ton conseil, promit-il.

Le Gaulois me parut intelligent ; il s'exprimait bien pour un Barbare, et son accent était supportable.

Je me hâtai de rejoindre le Forum où j'étais sûr de trouver mon père. Il préparait déjà sa campagne pour l'élection au censorat de l'année suivante. Je le vis dans le *comitium**, à égale distance entre la Curie et les Rostres. Entouré d'un noyau d'hommes, il parlait, je n'en doutais pas, avec noblesse et droiture. En m'approchant, je m'aperçus que ceux qui l'écoutaient discourir étaient tous des fonctionnaires importants des comices centuriates qui exerçaient une grande influence sur les élections. Je saluai mon père et patron tandis qu'il me considérait avec son air habituel de profonde lassitude.

— Pourquoi n'es-tu pas au Trésor ? demanda-t-il.

— Je suis chargé d'une enquête officielle, expliquai-je. J'ai besoin de tes conseils, toi qui as une expérience de la Gaule.

L'auditoire se dispersa aussitôt pour nous laisser converser en privé.

— Eh bien, je t'écoute, dit mon père avec impatience.

Il n'aimait pas qu'on le dérange lorsqu'il parlait politique.

— Que sais-tu d'un dénommé Publius Umbrénus ?

— Umbrénus ? Ce n'est pas un conseil, bougonna-t-il en me toisant d'un œil soupçonneux. C'est un renseignement.

— J'agis sous l'autorité du préteur urbain.

— Céler ? Qu'est-ce que tu as à voir avec lui ?

Il esquissa une moue de mépris, ce qui ne lui demandait jamais beaucoup d'effort.

— Non, ne me dis rien. Tu es encore en train de fourrer ton nez dans une conspiration, n'est-ce pas ?

— Ce qui m'a déjà permis de rendre quelques services à la République, père, soulignai-je.

— Et qui a bien failli te coûter la vie.

— Enfin, père, gourmandai-je, un Romain ne doit pas craindre la mort, seulement la disgrâce.

Il s'empourpra. J'en appelai donc à son sens du devoir.

— Il y a eu des meurtres, père.

— Hein ? Bien sûr qu'il y a eu des meurtres. Et alors ? Depuis quand le fait qu'il y ait deux ou trois *equites* de plus ou de moins change-t-il quoi que ce soit ?

— À part les activités criminelles évidentes, je crois qu'un danger réel menace l'État, et Céler est de mon avis. Bon, dis-moi ce que tu sais de Publius Umbrénus.

— Tu es certes un imbécile, mais Céler sait ce qu'il fait, lui. Alors, il y a peut-être du vrai dans ton histoire. Voilà, Umbrénus est un publicain qui traite d'importantes affaires avec les Gaulois : chevaux, esclaves et autre bétail, céréales, etc. Il appartient à un consortium d'investisseurs de Rome dont il est le fondé de pouvoir en Gaule. Aux dernières nouvelles, le consortium est en faillite. Il a pâti, comme bien d'autres, de l'annulation de la dette des cités asiatiques décidée par Lucullus, aussi a-t-il spéculé ensuite sur le blé. Comme les récoltes égyptiennes et africaines ont connu une abondance exceptionnelle, le cours du blé s'est effondré. Bien fait pour eux.

Père détestait les spéculateurs. Comme beaucoup d'aristocrates, il considérait que seuls les revenus de la terre étaient honorables. Du moment que d'autres la labouraient pour moi, je n'avais rien contre.

— A-t-il fait des affaires avec les Allobroges ?

— Forcément. C'est la tribu la plus puissante dans le Nord, il est obligé de passer par elle. De quoi s'agit-il ? Non, ne me réponds pas. Apporte-moi des preuves tangibles et garde tes soupçons idiots pour toi. Maintenant, va importuner qui tu veux, mais ailleurs.

Je passai aux bains, puis rentrai chez moi. Toutefois, je n'eus pas le loisir de me reposer. À peine installé, je fus interrompu dans ma correspondance par la visite d'une délégation de voisins. Je la reçus dans mon atrium et m'attendis au pire quand je vis de qui il s'agissait : un rassemblement de boutiquiers, de responsables des guildes, et d'artisans libres, échantillon typique des habitants du quartier canaille où je résidais. Leur porte-parole était un certain Quadratus Vibius, propriétaire d'une fonderie de bronze et président d'une compagnie locale de pompes funèbres. Selon les critères de Subure, c'était un des piliers de la communauté.

— Questeur Métellus, commença-t-il, tes voisins te considèrent comme le citoyen le plus distingué de Subure.

Il ne fallait pas grand-chose pour être le citoyen le plus distingué du quartier le plus mal famé de Rome.

— Je salue en vous des voisins et des amis, dis-je.

Là, je ne mentais pas. J'aimais réellement mon quartier.

— Citoyen, comme tu le sais, dans quelques jours, pour les ides d'octobre, la cité fêtera la fête du Cheval d'octobre. Nous aimerions que tu représentes Subure et que tu sois notre chef lors de la compétition qui suivra les courses.

Mon cœur flancha.

— Ah, citoyens, mes amis, je ne puis vous dire à quel point cet honneur me touche ! Toutefois, les devoirs de ma charge...

— Les habitants de la Via* Sacra ont gagné l'année dernière, intervint un boulanger qui habitait en bas de la rue. Résultat, personne dans Subure n'a eu de chance au cours de l'année. Nous devons impérativement retrouver notre bonne fortune.

— Certes, mais Subure gagne presque tous les ans. C'est parce que nous sommes les meilleurs, comme tout le monde le sait. Toutefois, mes devoirs...

— On ne nous tiendra pas en haute estime si notre questeur n'est pas à notre tête, dit mon tailleur, un homme qui savait rendre mes vieilles tuniques comme neuves. Tu es destiné aux plus hautes fonctions et au commandement de grandes armées. Qui d'autre serait plus digne de nous représenter ?

Je sentis le fil de mon destin prêt à rompre sur le métier des Parques.

— Il y a tout de même...

— Citoyen, coupa un porteur d'eau, cette année, c'est Publius Clodius qui conduira ceux de la Via Sacra.

— Clodius ? m'étranglai-je.

— Lui-même, acquiesça avec malice le porteur d'eau.

J'étais piégé. Si je me dérobais, autant quitter Rome à jamais et partir pour Rhodes ou un endroit du même genre afin de me consacrer à l'étude de la philosophie.

— Bien sûr, je serai honoré d'être votre chef pour les ides, et je vous promets que nous ramènerons la chance dans Subure.

Sur ce, ils applaudirent, me donnèrent de grandes claques dans le dos, et m'entraînèrent dans une taverne où nous nous empiffrâmes ; je me soûlai si bien que je n'avais plus qu'une hâte : en découdre à la fête du Cheval d'octobre.

VI

Les Parthes nous ont toujours causé des problèmes, or, depuis la disparition de Mithridate et de Tigrane, la situation ne risquait pas de s'améliorer. Des différents royaumes qui se disputaient les dépouilles de l'ancien empire perse, celui des Parthes avait la chance de se trouver en plein sur la route de la soie ; c'était ce qui avait fait sa richesse. La soie demeurait un grand mystère pour nous. Et la plus recherchée des étoffes. En fait, de toutes les matières : son prix surpassait même celui de l'or. Sa légèreté, sa solidité, la résistance de ses teintures, en faisaient un produit si précieux que, de temps en temps, les censeurs interdisaient son usage en public, arguant une prétendue perversion orientale. Si on était pris en flagrant délit, on risquait une forte amende. Les personnes des deux sexes l'utilisaient parfois pour leur *subligaculum**. Puisqu'on ne pouvait pas s'afficher avec des ornements flamboyants en public, on pouvait au moins jouir de la sensualité de ce tissu magique dans son intimité.

Le royaume de Parthie n'était pas une monarchie centralisée dans le sens égyptien ou perse – les Parthes étaient bien trop primitifs –, mais plutôt une confédération de chefs querelleurs, dont le plus fort s'autoproclamait Roi des Rois, comme l'ancien monarque perse, et dictait sa loi aux autres. Comme le voulait la coutume orientale, les rois avaient de nombreux fils qu'ils se sentaient obligés d'assassiner. Celui (ou ceux) qui survivait jusqu'à l'âge adulte cherchait à son tour à tuer son père, à moins que le vieux tyran n'ait réussi à l'éliminer avant. À cette époque, le roi était un certain Phraatès III, et il n'avait pas un mais deux rejetons en révolte contre lui.

Arrivés récemment des grandes plaines de l'Asie, les Parthes restaient des tribus primitives. Ce qui faisait leur grande force, car ils avaient gardé une manière très particulière de pratiquer la guerre. Ils étaient les seuls au monde à combattre entièrement à cheval, en n'utilisant que leur arc. Sans armure, ils filaient tels des oiseaux, surgissaient à l'improviste sur le champ de bataille, arrosaient de flèches leurs ennemis qui avançaient au pas, et se dérobaient aussitôt. Ils seraient devenus quasiment imbattables s'ils avaient possédé un semblant d'organisation. Notre intention était donc de leur procurer notre rigueur romaine, qu'ils le veuillent ou non. L'Est étant pacifié, la Parthie demeurait le seul royaume séant à conquérir.

Alors qu'il combattait Tigrane, Pompée avait noué une alliance avec les Parthes mais les traités n'étaient pour lui qu'un moyen commode et, dès qu'il avait pu, il en avait conclu un autre avec Tigrane, ce qui avait grandement offensé Phraatès qui n'avait pas été consulté. Nul doute que l'ambassadeur n'eût pour mission de régler ce léger différend. Grand bien lui fasse.

Nous ne supportions pas que ces méprisables sauvages qui se nourrissaient de viande de cheval contrôlent un produit aussi capital que la soie. Cela nous humiliait. Et nous étions davantage encore mortifiés en voyant la richesse que leur position stratégique leur procurait. Il n'y avait qu'une seule réponse à une telle offense : conquérir leur position, et, pour cela, nous étions prêts à sauter sur le moindre prétexte. Bien sûr, lorsque nous aurions soumis la Parthie, il resterait encore d'autres nations orientales pour contrôler la route de la soie. Apparemment, il y avait de vastes territoires entre nous et le pays des Seres* où la soie était fabriquée. Mais c'était précisément ainsi que nous avions bâti notre empire : une nation après l'autre. Nous finirions bien par atteindre le pays des Seres et par les vaincre à leur tour. Nous ne savions rien d'eux sauf qu'ils fabriquaient la soie, mais, comme c'était des Asiatiques, ils ne devaient pas être difficiles à battre.

Toutefois, il fallait commencer par les Parthes. Si seulement nous avions su à l'époque dans quelle situation cela nous entraînerait !

Néanmoins, je ne songeais pas à tout cela tandis que je me présentais à la porte de la maison d'Orestilla. Je ne pensais qu'à Aurélia. Toute la journée, d'ailleurs, je n'avais pas fait grand-chose d'autre. À tel point que, lorsque le *janitor* me fit entrer, je crus voir Aurélia venir à ma rencontre. En fait, celle qui traversa l'atrium pour me saluer n'était autre que sa mère, Orestilla. Elle conservait une grande beauté, mais sans cet air distant qu'affichait en permanence Aurélia. J'eus un élan de sympathie pour Catilina. J'aurais bien assassiné un ou deux fils moi-même pour les beaux yeux de cette femme.

— Bienvenue chez moi, questeur Métellus.

Avec un sourire resplendissant, elle prit mes deux mains dans les siennes. Elle était bâtie comme sa fille, avec quelques livres en plus qui ne faisaient pas oublier son éblouissante vénusté.

— Es-tu venu avec des amis ?

Je regardai autour de moi pour m'en assurer.

— Non, pourquoi ? J'aurais dû ?

— Ma question est déroutante mais c'est parce que tous les autres invités sont venus accompagnés ; nous avons donc été obligés d'installer les tables et les couches dans le péristyle. Notre dîner se transforme en petit banquet. Oh, tout se passera très bien, mais tu devras nous excuser si l'horaire n'est pas respecté.

Sa gaieté contagieuse contrastait avec la mélancolie de sa fille.

— Ne t'inquiète pas. Je souhaite simplement faire honneur à ton hospitalité légendaire, et à ta beauté qui ne l'est pas moins. À ce propos, ta *stola* est splendide.

Elle portait une *stola* vert émeraude d'une extraordinaire finesse qui, ainsi que je m'en aperçus, était en soie pure. En pensant au prix qu'elle avait dû coûter, j'en fus chaviré.

— Oui, elle est superbe, n'est-ce pas ? Un cadeau de notre invité d'honneur. Je ne m'attendais pas à un présent aussi luxueux. Il en a apporté une autre pour Aurélia. Elle doit être en train de l'essayer et de s'admirer, j'en suis sûre. Suis-moi, tous les autres invités sont dans le *peristylium* et ils sont si nombreux qu'ils gênent les esclaves qui essayent de l'arranger.

Elle prit ma main et m'entraîna dehors, sous la colonnade. Le *compluvium** était si grand qu'il transformait le péristyle en une sorte de cour intérieure. À la place du bassin central habituel, un canal d'écoulement grillagé courait le long de la colonnade, ce qui libérait un espace suffisant pour accueillir d'importantes réceptions. Il y avait au moins trente invités, et il semblait qu'on en attendît d'autres.

Dans les demeures particulières, on ne trouvait en général que des sols pavés de carrés et de rectangles de marbre qui dessinaient des figures géométriques abstraites. Là, en revanche, il s'agissait d'une véritable mosaïque. L'usage en était tout nouveau à Rome. Faite de petits fragments de pierre teintée, de verre, et même de feuilles d'or et d'argent, elle représentait une scène pastorale avec des dieux, des déesses, des nymphes, des satyres, des centaures au milieu des vignes et des collines couvertes de cèdres. Toutes ces créatures fantastiques dansaient, festoyaient et batifolaient parmi les mortels, bergers ou héros. Mis à part sa beauté saisissante et sa perfection artistique, le dessin seyait particulièrement aux divertissements et je soupçonnai Orestilla d'avoir délibérément œuvré pour encourager la venue d'invités de dernière minute afin que tout le monde admire les mosaïques de son péristyle.

La soirée était exceptionnellement douce pour un mois d'octobre, presque aussi chaude qu'en été. Il faisait encore jour car on jugeait malséant que les réceptions se prolongent après le coucher du soleil. Les dîners commençaient donc pendant la journée ; quant à les terminer avec le crépuscule, plus personne n'obéissait à cette ineptie.

Je m'aperçus que toutes les plus jolies femmes, les plus scandaleuses et les mieux nées étaient présentes : Sempronia, Fulvia, Orestilla elle-même, bien sûr, Clodia et quelques autres, assez célèbres à l'époque mais dont les noms sont tombés dans l'oubli. Aurélia n'avait pas encore fait son apparition.

Les hommes se révélèrent tout aussi remarquables, moins par leur beauté que par leur notoriété. Il y avait Catilina, Curius, et Lisas, l'ambassadeur égyptien. Crassus n'était pas encore arrivé, mais César était là, car les *populares* et les *optimates* se mêlaient volontiers dans ces dîners mondains. Comme César venait d'emporter une préture pour l'année à venir, il se montrait un peu plus distant qu'en période d'élection. Il devisait aimablement avec Catilina. Après tout, ils étaient tous deux des patriciens, ce qui déterminait un lien plus puissant que les alliances purement politiques. En fait, en dehors du Sénat et des débats publics, il était très difficile de différencier les deux partis. Chaque homme politique niait avoir jamais appartenu à une quelconque faction, prétendant même n'agir que pour le bien de tous et avec désintéressement. Bien sûr, c'était toujours l'adversaire qui était inféodé à un parti.

Il y avait aussi trois hommes habillés de façon exotique : courte veste avec de longues manches, braies et bottes souples. C'étaient des Parthes. Héritiers de l'empire perse, ils se prétendaient civilisés, ce qui ne laissait pas de nous amuser. Comme si des gens qui portent des braies pouvaient être autre chose que des Barbares. Ils s'affublaient aussi d'un couvre-chef à l'intérieur des maisons, ce qu'aucun Romain ne faisait, hormis le flamine de Jupiter.

Cependant, dès qu'Aurélia fit son entrée, j'oubliai leur présence. Elle portait une *stola* identique à celle de sa mère, mais de couleur rouge feu. Le tissu était si fin qu'il moulait son corps à chacun de ses gestes, tandis qu'il flottait librement quand elle restait immobile. À mon étonnement, et pour ma plus grande joie, elle ignora les autres invités et se dirigea vers moi. Nous échangeâmes les salutations d'usage avant d'en venir aux badinages plus sérieux.

— Le cadeau de l'ambassadeur te va à ravir, déclarai-je.

— Quelle merveilleuse *stola*, n'est-ce pas ? fit-elle, l'œil brillant. Je suis si contente d'avoir hérité de celle-là. Le rouge me va mieux que le vert.

— Là, je ne peux qu'approuver.

— Mère est superbe dans la sienne, tu ne trouves pas ?

— Si, mais elle n'a pas ton éclat.

Je m'amusais beaucoup.

— C'est parce qu'elle n'a pas compris toutes les subtilités de ce tissu.

Aurélia lissa la soie, la tendit.

— Par exemple, reprit-elle, elle porte un *strophium** et un *subligaculum**. Bon, d'accord, quand j'aurai son âge j'aurai besoin d'un *strophium* moi aussi, mais ce qui est merveilleux avec une *stola* pure soie, c'est qu'on peut être décemment habillée et être aussi à l'aise que si l'on était nue.

J'éprouvai le besoin, bien superflu, de m'éclaircir la gorge.

— Oui, un merveilleux tissu, acquiesçai-je d'une voix rauque.

— J'ai appris que tu allais être le capitaine des Suburiens. C'est follement excitant.

— Il faut bien défendre l'honneur de son quartier. Je suis surpris que tu sois déjà au courant. Je n'ai accepté cet honneur qu'hier soir.

— Toute la ville en parle. Je te trouve très courageux.

Son regard d'adoration me fit presque oublier ma peur.

— Oh, n'exagérons pas les dangers, fis-je. En fait, j'attends le combat avec impatience.

Je mentais aussi bien qu'un autre, quand j'étais jeune.

— Je viendrai te voir, promit Aurélia. Je resterai à l'écart, dans un endroit sûr, mais je serai là. As-tu rencontré nos invités d'honneur ? J'imagine que non, mère est trop occupée à papillonner pour t'avoir présenté. Viens.

Elle prit ma main et me tira vers le groupe des Parthes.

— Votre Excellence, voici le questeur Décius Cécilius Métellus le Jeune. Décius, je te présente Son Excellence, l'ambassadeur Suréna.

Le Parthe me sourit, s'inclina légèrement, porta la main à sa poitrine, puis à ses lèvres et à son front. Une barbe en pointe ornait son menton et ses longs cheveux bouclés étaient huilés et parfumés. Obéissant à l'écœurante mode orientale, les Parthes se maquillaient. Le visage de l'ambassadeur était enduit d'une couche de poudre blanche, du rouge écarlate rehaussait ses lèvres et ses joues. Tracées avec du khôl, deux lignes noires dessinaient ses sourcils et se rejoignaient sur le haut de son nez. On aurait dit une mouette en vol, vue de loin. Du khôl soulignait aussi ses grands yeux marron. Quel pédant !

— J'apporte les salutations du roi Phraatès.

C'était une formule apprise, et son accent indiquait qu'il n'était pas à l'aise en latin.

— Le Sénat et le Peuple de Rome présentent leurs chaleureuses salutations à son ambassadeur, répondis-je en grec, qu'on parlait couramment en Orient et que j'avais été forcé d'apprendre dans mon enfance, comme tous les Romains bien nés.

Je bénissais le jour où le latin supplanterait le grec afin que ces Barbares parlent enfin une langue convenable.

— Il me semble entendre Crassus qui arrive, dit Aurélia. Excusez-moi.

J'étais peiné de la voir partir, mais cela m'offrit l'occasion d'admirer sa croupe que la soie habillait et dévoilait en même temps, comme Aurélia l'avait si bien dit.

Suréna ne parut pas partager mon enthousiasme pour cette vision exquise. Les Orientaux ont décidément des goûts bizarres.

— Une étoffe vraiment admirable, dis-je.

L'œil de Suréna brilla sous sa couche de khôl. Apparemment, il préférait le contenant au contenu.

— C'est un cadeau des dieux. Il faut que tu viennes en Parthie, tu verrais le grand bazar de soie d'Ecbatane. La soie y arrive à dos de chameau d'Extrême-Orient.

Les histoires qu'on racontait sur les pays lointains m'avaient toujours fasciné.

— Les caravanes sont-elles conduites par les Seres ?

— Aucun Parthe n'a vu ce peuple. La soie voyage pendant des mois, et même des années, avant d'arriver à Ecbatane. Elle passe de caravane en caravane, et autant que je sache, personne n'a jamais fait la route de bout en bout. On dit que les Seres sont petits, jaunes, et qu'ils ont les yeux bridés, mais c'est peut-être une fable.

— Sais-tu d'où vient la soie ? demandai-je. On entend de telles fadaises sur sa fabrication.

— Tu en sais donc autant que nous, admit-il. Certains croient qu'elle provient d'une plante, comme le lin, d'autres prétendent qu'elle est tissée par des araignées géantes. D'autres encore affirment qu'elle est tirée des cheveux de certaines femmes, ce qui me semble improbable, et quelques personnes pensent qu'elle est produite par de petits vers qui se nourrissent des feuilles du mûrier. Quelle qu'en soit l'origine, c'est le tissu le plus léger, le plus résistant et le plus beau qui soit.

Il en était lui-même vêtu des pieds à la tête.

— J'en ai livré plusieurs rouleaux, comme présent de mon roi, à votre général Pompée lorsque nous avons conclu notre alliance contre Mithridate et Tigrane.

— Agissiez-vous en tant qu'ambassadeur ?

— Non, pas à l'époque. J'étais le général des armées parthes.

Imaginer cet étranger efféminé, outrageusement maquillé, affublé de vêtements flamboyants, conduire une armée me parut d'un ridicule achevé ; j'en déduisis que, à l'instar de tant de monarchies, il tenait son rang de sa parenté avec le roi. J'ignorais, bien sûr, que je parlais à l'homme le plus puissant de l'empire parthe. Les rois de ce pays étaient des chefs de file sélectionnés par les plus grandes familles scythes, parmi lesquelles la maison de Suréna était la plus puissante. Dix ans plus tard, il devait prouver à Crassus et à Rome que la soie et les pommades n'avaient aucunement affaibli sa férocité guerrière.

Aurélia et Orestilla nous rejoignirent alors, tirant Crassus par la main. Après que Suréna et lui eurent échangé des salutations avec moult effusions, Crassus me prit à part. La récente alliance de nos deux familles l'avait apparemment rendu bienveillant à mon égard, du moins pour l'instant.

— Décius, me dit-il, assure ton père qu'il aura mon soutien pour l'élection de l'année prochaine à la censure.

— Il se réjouira de l'apprendre. Avec ton soutien, il sera sûr d'être élu.

C'était à peine une exagération.

— Il ne suffit pas d'être élu, me rappela Crassus. J'espère qu'il aura plus de chance que moi avec son collègue.

Deux ans plus tôt, Crassus avait connu une censure particulièrement malheureuse. Lui et son collègue, le grand Catulus, n'avaient jamais réussi à s'entendre, et chacun défaisait ce que l'autre faisait. Finalement, les deux hommes avaient abdiqué avant même de finir le cens des citoyens, qui était pourtant le principal devoir de leur charge.

— Tu connais mon père, dis-je. Il s'entend avec pratiquement tout le monde. Il veut faire sortir Hortalus de sa retraite pour qu'il se présente à la censure. Certes, ils travailleraient bien ensemble, mais Hortalus a perdu le goût des affaires de l'État depuis l'arrivée au pouvoir de Cicéron.

— Je parlerai à Hortalus, m'affirma Crassus. Il ne pourra pas résister au plaisir de porter encore une fois la toge prétexte s'il obtient l'assurance de travailler avec un collègue compréhensif.

— Père t'en serait infiniment reconnaissant.

Crassus se pencha vers moi.

— Regarde-moi ces Parthes ! Ils sont encore plus méprisables que les Égyptiens ! Écoute-moi bien, Décius, dès qu'ils nous en offriront le prétexte, je demanderai le commandement d'une armée pour les anéantir, dussé-je payer l'entière campagne de ma poche. J'aurai besoin de légats à ce moment-là. Ce sera un bon poste pour un jeune homme qui désire établir sa réputation de soldat.

— Ta proposition m'honore, Crassus. J'y penserai, promis-je.

En mon for intérieur, je fis le vœu de ne jamais me retrouver en Orient, et, surtout, de ne pas être mêlé, ni de près ni de loin, à une entreprise militaire conduite par Crassus, une décision que je n'ai jamais regrettée.

— C'est bien, mon garçon, me dit Crassus en me tapotant l'épaule. C'est bien. Et bonne chance pour la fête.

À peine Crassus m'avait-il quitté que Catilina le remplaçait.

— Décius, j'ai appris que c'est toi qui conduiras Subure. Félicitations !

— Ah, Lucius, ces constants rappels à mon destin me gâchent la soirée.

Catilina pouffa.

— Ah, tu crois que ça va saigner ? C'est justement ça qui est amusant. La fièvre du combat et les honneurs, c'est ça, la vie.

Et voilà ! Une réflexion typique de Lucius Sergius Catilina : un gamin de douze ans qui avait oublié de grandir. Le jeune Marcus Antonius marchait sur ses traces. Tous deux avaient beaucoup de points communs.

— Tu as déjà été capitaine à la fête du Cheval d'octobre ? m'informai-je.

— Bien sûr. J'ai représenté la Via Sacra quand j'avais ton âge. C'était sous le consulat de Carbon et de

Cinna. Après ça, j'ai dû garder le lit pendant un mois, mais la gloire en valait la chandelle.

— Il se trouve que j'ai une source d'inquiétude supplémentaire cette année, fis-je remarquer.

— Oui, je sais. Clodius représentera la Via Sacra. Cette espèce de...

Il jeta un coup d'œil autour de lui.

— Clodia n'est pas dans le coin ? Je ne comprendrai jamais comment une femme de sa classe peut être la sœur de ce serpent visqueux.

Il baissa la voix et poursuivit sur un ton de conspirateur :

— Écoute, Décius, je vais charger quelques hommes de veiller sur toi. Ils n'habitent pas tous dans Subure, mais on n'est pas obligé de le savoir, pas vrai ?

J'étais disposé à me fier à la protection de mes voisins, mais tout ce qui pouvait me rapprocher de Catilina était le bienvenu.

— Merci, fis-je. En principe, ce n'est qu'une simple bagarre, mais je soupçonne Clodius et ses sbires de vouloir en profiter pour m'assassiner.

— C'est ce que je crois aussi. Ne crains rien, mes hommes auront l'œil sur toi. Et...

Il prit une pose théâtrale.

— ... après la fête, je donne une petite réception. Il n'y aura que des gens importants, si tu vois ce que je veux dire. Cela risque d'être capital pour ton avenir, je te le garantis.

Exactement ce que j'avais espéré.

— Si je suis en état, je serai des vôtres. Compte sur moi.

— Bien, bien. Et dis donc... Aurélia m'a l'air drôlement éprise de toi, ajouta-t-il en me gratifiant d'une bourrade dans les côtes. Ce qui n'est pas pour déplaire à Orestilla.

Il n'avait pas fini sa phrase qu'Orestilla se faufila à son côté et il la serra contre lui, un geste qui aurait paru choquant dans une soirée moins mondaine. À cette époque, le seul comportement qu'on considérait encore comme dépravé était l'étalage d'affection envers sa propre femme. Nous n'étions pourtant pas dans la rue, ni dans le Forum, mais, même dans une réunion comme celle-là, cette attitude paraissait audacieuse. Caton aurait exigé l'exil pour cela. Moi, je vis une certaine noblesse dans le geste tendre de Catilina. Même le pire des hommes est capable d'attendrissement et d'amour. Or Catilina était loin d'être le pire, malgré tout ce qu'on a pu dire par la suite.

— C'est enfin prêt, annonça Orestilla. Venez, ajouta-t-elle en enlaçant la taille plutôt enveloppée de son mari. Nos invités meurent de faim.

Pendant tout le repas, je me demandai si mes bonnes dispositions envers Catilina n'étaient pas dues à sa réflexion au sujet d'Aurélia. Se pouvait-il qu'il l'utilisât comme appât ? Je refusais de le croire, mais le seul fait que je fusse prêt à croire ses belles paroles rendait mon propre jugement suspect. En outre, je ne pus prendre plaisir au banquet. J'étais allongé assez près d'un Parthe pour sentir son parfum, ce qui me coupa l'appétit, et je n'osai boire car je devais être en condition pour la fête qui aurait lieu deux jours plus tard. La conversation n'était pas non plus faite pour m'inspirer et je ne me souviens pas de quoi nous avons parlé, bien que je fusse on ne peut plus sobre.

Lorsque le dîner fut terminé et que les acrobates engagés pour l'occasion se lancèrent dans leurs contorsions habituelles, je me levai et sortis faire un tour dans le jardin, dont la taille était fort conséquente pour une maison en pleine ville. Afin d'utiliser au mieux l'espace restreint, il avait été dessiné comme un labyrinthe de haies, assez hautes pour masquer la vue des bâtiments voisins. On pouvait ainsi se promener parmi les plantes en imaginant qu'on se trouvait à la campagne. Çà et là, des lampes et des torches éclairaient l'obscurité, et des jets d'eau coulaient en chantant dans des bassins.

Une grande sérénité régnait. Les intrigues et les affres de la fête équestre me paraissaient bien loin. Des recoins sombres me parvenaient des murmures et des chuchotements galants. Je n'étais pas le seul à m'être échappé de la soirée pour m'offrir un moment de tranquillité. Soudain, on m'appela doucement par mon nom. Je me retournai et vis une ombre se découper dans la lueur d'une torche.

— Aurélia ? fis-je, la bouche sèche.

Elle s'approcha si près que je sentis la chaleur de son corps.

— Ah, je suis si contente de te trouver ici, déclara-t-elle dans un murmure. Je ne m'attendais pas à ce qu'il y ait autant de monde ce soir ; je croyais qu'on aurait un peu de temps à nous. Il va falloir que j'y retourne, mais tu reviendras après la fête, n'est-ce pas ? Sergius m'a dit qu'il t'avait invité.

— Cela dépendra de mon état, dis-je. Tu n'es pas obligée de partir tout de suite...

J'aurais tant voulu que ce moment s'éternise. Elle s'approcha encore.

— Oh, je suis sûre que tu t'en tireras avec gloire ! Dans deux nuits, tu n'auras qu'à rester après le départ des autres, et alors... je pourrai te traiter comme un héros le mérite.

— Si je dois sortir vainqueur du combat, autant que tu m'accordes un peu de ta chance maintenant.

Se serrant contre moi, elle m'enlaça et m'embrassa à pleine bouche avant de coller mon visage contre sa poitrine. Mes mains parcoururent son corps que la soie enveloppait comme de l'huile, un corps tendre et ferme... voluptueux. Une vraie pouliche de course. Je la caressai avec fougue, appréciant la souplesse de ses hanches, la fermeté de sa croupe, la dureté de ses mamelons qui pointaient sous la soie. Elle m'embrassa de nouveau, puis, bien trop vite à mon goût, elle s'écarta soudain.

— Je dois retourner auprès de nos invités. Plus tard, Décius. Dans deux nuits, nous aurons tout le temps à nous.

Puis elle s'éclipsa.

Je tremblais comme un adolescent qui vient juste de connaître sa première expérience inachevée avec une esclave. Le sang cognait à mes tempes, et j'étais persuadé qu'on entendait mon cœur battre de l'autre côté des haies. Avant de pouvoir retourner dans le péristyle et prendre congé de mes hôtes, je dus rajuster mon *subligaculum*. J'avais sans doute l'air illuminé et j'étais quelque peu échevelé, mais tout le monde était bien trop éméché pour remarquer mon état.

En rentrant chez moi dans le noir, j'essayai d'analyser les événements des derniers jours et les propos que j'avais entendus, mais Aurélia hantait mes pensées. J'avais l'impression de passer à côté de choses capitales, mais je n'arrivais jamais à réfléchir quand le souvenir d'une femme me trottait dans la tête. Ce n'est certainement pas un défaut qui me soit propre, car d'autres hommes ont attesté qu'ils souffraient de la même affliction.

Quelles que fussent mes faiblesses, en arrivant chez moi, je m'écroulai sur mon lit, accablé de désir, de confusion et de fièvre.

VII

Cette année-là, la fête du Cheval d'octobre se passa dans le Forum. D'habitude, elle avait lieu au Campus Martius, le Champ de Mars*, mais les augures y avaient relevé des signes défavorables : Mars voulait qu'elle se tienne à l'intérieur des murs de la cité. Dans l'ancien temps, elle se déroulait toujours dans le Forum, qui était alors un vaste terrain découvert. Maintenant encombré de bâtiments publics, de temples, de monuments et de plates-formes d'orateurs, c'était devenu un endroit exigu pour une course de chevaux. Mais les constructions avaient également envahi le Champ de Mars, car la ville se révélait trop petite pour contenir l'expansion démographique. Le champ où se rassemblait autrefois l'armée connaissait une urbanisation aussi rapide que le reste de Rome.

Que la course se déroulât au Forum m'était au moins favorable sur un point : au Champ de Mars, elle se serait faite en char. Or, j'étais bon cavalier mais piètre conducteur. Les chars n'étant plus utilisés depuis des siècles, on ne s'en servait que pour les jeux et les cérémonies. Je n'avais donc pas jugé utile de maîtriser cet art, bien qu'ayant pris quelques leçons par pure curiosité. En revanche, tout le monde savait que Clodius s'entraînait régulièrement avec les Verts (il était passé des Rouges aux Verts en devenant un homme du peuple). Un Romain de bonne naissance ne devait pas participer à une course de chars en public, mais de nombreux jeunes, enthousiasmés par ce sport, le pratiquaient assidûment, même s'ils ne pourraient jamais s'en servir.

Ce qui plaidait aussi en ma faveur, c'était la carrure de Clodius. Il était un peu plus petit que moi, mais beaucoup plus trapu et plus lourd. Tout dépendrait donc des chevaux dont nous hériterions. Comme on les choisissait parmi les meilleurs coursiers des écuries, il y avait des chances pour que leurs qualités s'équivalent, ce qui me laissait un avantage.

Avec la moitié de Subure derrière moi, je pénétrai dans le Forum au milieu d'acclamations tonitruantes. Les Romains se pressaient dans l'ancien centre de la cité, se bousculaient sur les balcons, sur les portails et sur les toits. D'autres avaient escaladé les monuments. J'étais accompagné de deux hommes qui allaient courir pour Subure, des palefreniers du cirque, tous deux d'excellents cavaliers.

À cette époque, Mars demeurait encore un dieu extra-muros ; il n'avait pas d'autel en ville, hormis celui qui se trouvait dans la demeure du grand pontife. Aussi avait-on été obligé d'en dresser un provisoirement juste en face des Rostres, qui fût identique à celui ornant le Champ de Mars. S'y tenaient le flamine de Mars et ses assistants, prêts à conduire la cérémonie. Derrière le prêtre, sur les Rostres, s'étaient rassemblés les magistrats de l'État ainsi que les autres pontifes et flamines, les augures, et quelques étrangers privilégiés.

À l'autre bout du Forum, Publius Clodius et ses deux compagnons approchèrent, soutenus par les habitants de la Via Sacra. Comme les miens, ses partisans étaient pour la plupart de jeunes braves, pressés d'en découdre. Clodius restait plutôt séduisant, malgré les cicatrices que j'avais laissées sur sa figure et que je ne contemplais jamais sans un pincement de joie. Je fus agréablement surpris de constater qu'il avait encore pris quelques kilos depuis la dernière fois que je l'avais vu. Respectant la solennité de la cérémonie, nous nous abstînmes des grimaces menaçantes habituelles et nous nous drapâmes dans une impassibilité hiératique.

J'escaladai l'estrade qui avait été construite pour accueillir l'autel et m'y figeai en compagnie des cinq autres cavaliers. Mon père se trouvait là, ainsi que ceux de deux participants. Puisque nous étions encore considérés chacun comme la propriété de notre pater familias, suivant une loi qui n'était en fait que pure fiction, les trois chefs de famille et le flamine de Mars durent accomplir certains rites avant de nous remettre au service du dieu. Lorsque cette pantomime fut terminée, mon père s'approcha de moi et me dit :

— C'est une affaire sacrément dangereuse, mais les assemblées tribales s'en souviendront quand le temps viendra pour toi de postuler à l'édilité. Sois prudent, et laisse autant que faire se peut les risques aux autres.

Il descendit ensuite de l'estrade. Père avait l'art de voir un intérêt politique en toute chose. Pour lui, tout était bon, sauf la mort, du moment que cela aidait à se faire élire.

Les assistants du flamine nous dépouillèrent alors de nos tuniques. Une pratique ancienne dont la principale justification était de s'assurer que nous ne portions pas d'armure et que nous ne dissimulions pas d'armes sous nos habits. Nous n'avions droit qu'à un *subligaculum*, qui était lui aussi discrètement fouillé pour débusquer les amulettes ou les charmes destinés à ensorceler un adversaire. Ce fut l'occasion pour moi de vérifier que j'étais en bien meilleure condition physique que Clodius dont l'excédent de poids était flagrant. Bien sûr, je soutenais moins bien la comparaison avec les autres, tous quatre des athlètes professionnels.

Pendant qu'on m'examinait sur toutes les coutures, je scrutai la foule. À part les habitants de Subure, j'avais d'autres partisans. Je vis Milon avec une bande de durs. L'inimitié entre Clodius et moi aurait pu passer pour l'amour unissant deux frères comparée à celle qui régnait entre Clodius et Milon. Comme promis, certains hommes de Catilina se trouvaient là eux aussi, parmi lesquels je reconnus Valgius et Thorius, les deux adorables barbus qui avaient accompagné Aurélia lors de sa visite au cirque. La vue de Valgius déclencha en moi de vagues souvenirs, mais l'image d'Aurélia les balaya aussitôt. Décidément, je pensais bien trop à elle depuis quelque temps. Je levai les yeux vers le Capitole où la nouvelle statue de Jupiter était enfin installée, et je m'aperçus que le mur avait été également réparé. Les haruspices affirmaient qu'elle nous préviendrait si un danger quelconque menaçait l'État. Le son des trompettes retentit et un silence révérenciel enveloppa la foule. La cérémonie avait commencé.

De la Via Sacra descendirent les *salii**, les douze jeunes patriciens qui formaient la confrérie des prêtres de Mars. Vêtus de tuniques écarlates, et portant des casques et des plastrons anciens en bronze, ils entamèrent une danse lente et solennelle au son des trompes sacrées et des flûtes. Chacun tenait dans une main l'une des lances sacrées de Mars, et dans l'autre l'ancile*, l'étrange bouclier en bronze confié à la garde des prêtres saliens. C'était la dernière cérémonie de l'année à laquelle ils participaient. Pendant quatre jours, ils allaient danser dans tous les lieux saints. Ensuite, les boucliers, les lances, les trompes seraient purifiés et entreposés dans la Regia, et le culte de Mars s'interromprait pendant tout l'hiver, sauf si une guerre devait éclater.

Derrière les saliens venaient les chevaux. Des bêtes formidables : trois bais, un blanc, un noir, et un alezan à l'arrière-train rayé de brun. Sur leur front avait été peint un chiffre, de un à six, suivant un ordre choisi par le flamine de Mars, en fonction de critères seulement connus des pontifes. Maintenus tant bien que mal par les palefreniers, les chevaux s'arrêtèrent devant l'estrade. Poursuivant leur danse, les saliens les entourèrent en chantant une prière si ancienne que plus personne n'en comprenait les paroles, pas même les prêtres. La foule observait, attentive au moindre geste. Il était primordial que les lances ne touchent pas les boucliers car c'était de cette façon que, dans les batailles, nous appelions Mars à notre aide. Ainsi alerté, le dieu serait infiniment courroucé de voir qu'aucune guerre n'était en cours. Toutefois, la danse se déroula sans incident, et les saliens finirent par s'arrêter à leur tour devant l'estrade.

Ensuite, une vestale prit le casque d'un danseur et le tendit au flamine. Un de ses assistants y déposa cinq osselets. Ce n'étaient pas de vrais osselets, mais des répliques en bronze, chacune de la taille d'un poing d'enfant et brillamment lustrée. Un à un, nous prîmes le casque des mains du flamine, le secouâmes et lançâmes les osselets sur l'estrade. Le chiffre obtenu désignait le cheval que nous devions monter.

Je tirai le trois. L'étalon blanc. Ce que j'interprétai aussitôt comme une preuve de chance, car, ainsi que tout un chacun, j'avais un faible pour cette couleur de robe. Clodius hérita d'un bai. Mes deux compagnons eurent droit, l'un au noir et l'autre également à un bai. Bien que la course fût censée se passer entre les chevaux, le rôle de mes deux acolytes était d'empêcher Clodius et ses seconds de me désarçonner. Ceux-ci protégeraient Clodius de la même façon.

Un palefrenier m'aida à me hisser sur le cheval blanc. Les montures ne portaient pas de selles, et nous devions les diriger avec de simples cordes, car l'usage du métal était interdit. Une vestale nous donna à chacun une cravache qui avait été fabriquée dans le temple de Vesta* avec des crins et du cuir. Ainsi, nous étions sûrs qu'elles n'étaient pas empoisonnées.

Les chevaux étaient alignés si près les uns des autres que mes genoux touchaient ceux de mes voisins. Clodius se trouvait à ma gauche. Un coup du sort évident. Il me déclara à voix basse, trop bas pour que les autres l'entendent :

— J'espère que tu as loué des pleureuses, Métellus, car tu mourras avant le crépuscule.

Les années qui s'étaient écoulées depuis notre dernière algarade n'avaient pas adouci son animosité.

— À ta place, je ne tenterais rien, rétorquai-je. J'ai disposé des archers sur le toit de la Curie.

L'imbécile leva les yeux pour vérifier.

Les palefreniers lâchèrent nos rênes et s'écartèrent vivement. Pressées de partir, nos montures tremblaient, arrêtées dans leur élan uniquement par la corde enduite de craie que deux esclaves tendaient à hauteur de poitrail. J'étais aussi crispé qu'elles. Tous les regards convergeaient vers le flamine de Mars. Il fit un signe de tête et les assistants des saliens soufflèrent dans leur trompe sacrée. La foule explosa...

Tandis que nos chevaux s'élançaient au galop, soudain, Clodius brandit sa cravache. M'attendant à ce genre de perfidie, je baissai prestement la tête, mais le coup m'atteignit quand même au front. C'était pour cela que la présence de Clodius sur ma gauche m'avait tourmenté. Sa position lui permettait d'utiliser sa cravache avec sa main droite, alors que j'étais trop mal placé pour répliquer.

Clodius en tête, nous dévalâmes l'étroite piste délimitée par des cordes, derrière lesquelles se pressait la foule enthousiaste. L'étalon blanc, furieux d'avoir été dépassé par le bai de Clodius, lui mordit l'arrière-train tandis que nous arrivions devant la basilique* de la voie Émilienne. Clodius faillit être désarçonné par les ruades de sa monture. Aussitôt, la mienne accéléra et, en dépassant le bai, je me penchai pour cingler Clodius de ma cravache. Mais j'étais trop loin pour l'atteindre. En outre, c'était un geste imprudent, car, au même moment, un homme de la Via Sacra, presque parvenu à ma hauteur, me fouetta violemment le dos. La force du coup et la douleur soudaine manquèrent me faire culbuter la tête la première. Même dans le cas où la chute sur le pavé ne m'aurait pas tué, je serais mort, piétiné par les cinq chevaux. Serrant les genoux, je m'agrippai de toutes mes forces à l'encolure de mon cheval. Néanmoins, j'entendis le rire mauvais de Clodius alors qu'il me dépassait en trombe.

Un de mes partenaires désarçonna d'un coup de cravache l'homme qui m'avait frappé. Son habileté déclencha les acclamations de la foule en délire. Dans cette course, les cavaliers avaient le droit de s'attaquer mutuellement, mais ne devaient en aucun cas toucher aux montures de leurs adversaires. C'eût été un sacrilège.

Les chevaux eux-mêmes ne connaissaient pas ce genre de restrictions. Tandis que je reprenais mon assiette et essuyais le sang qui m'aveuglait, mon partenaire monté sur le noir et celui de Clodius sur l'alezan arrivèrent sur ma gauche. Comme il n'y avait pas assez de place pour deux, les coursiers luttèrent pour passer, se bousculant, se mordant et se cabrant. Ils finirent par rouler sur le sol, leurs corps enchevêtrés. Les cravaches sifflèrent, accompagnées par une grêle de coups de sabots.

Je rejoignis Clodius à l'endroit où la piste tournait devant la statue d'un consul, mort quatre siècles auparavant. Elle était en piteux état et fut d'ailleurs démolie quelques années plus tard, car, la famille s'étant éteinte depuis longtemps, personne ne voulut financer sa restauration. Clodius vira trop court ; l'arrière-train de sa monture heurta le coin de la statue, arrachant les morceaux de plâtre qui la consolidait. Le cheval trébucha. Aussitôt, j'en profitai pour le dépasser, fouettai Clodius au passage, mais le ratai...

Galopant maintenant à fond de train vers l'autel, je jetai un coup d'œil derrière moi, juste à temps pour voir que Clodius me rattrapait. Je lui coupai la route. Le seul rescapé de mes deux compagnons le suivait de près. En revanche, les trois cavaliers désarçonnés qui s'étaient enfin relevés étaient fort loin. Ne pensant qu'à finir la course, leurs montures les avaient abandonnés en route. L'étalon blanc montrait ce qu'il avait dans le ventre, bien qu'il donnât l'impression de s'être seulement échauffé. Un seul tour du Forum ne représentait rien pour lui, comparé aux sept tours de piste qu'il accomplissait régulièrement au cirque, attelé à un char.

Tandis que nous passions la ligne d'arrivée, son écume se mêla à mon sang. Je tirai sur les rênes, et, d'un bond, mis pied à terre sous les acclamations frénétiques, puis je caressai l'encolure de mon cheval qu'un palefrenier prit aussitôt en main. Les applaudissements étaient destinés à ma monture, bien sûr. Il ne s'agissait en aucune façon d'une compétition entre athlètes et je ne recevrais ni couronne ni lauriers.

Mais les habitants de Subure me fêtèrent, eux. Une femme me lança un foulard que je nouai autour de mon front pour empêcher le sang de m'aveugler. Mon dos me brûlait comme si on m'avait appliqué un fer rouge. Des palefreniers rattrapèrent les trois chevaux sans cavaliers. Le corps raide, je m'avançai vers l'estrade. Clodius, qui n'était pas contusionné, lui, m'y avait précédé. Il me jeta un regard furieux, auquel je répondis par une grimace de mépris. Il ne s'avouait pas vaincu, je le savais. Je n'avais remporté que la première manche de l'épreuve.

La foule se calma. Les deux cavaliers qui avaient enduré les pires chutes n'étaient pas sérieusement blessés ; ils réussirent à rejoindre l'estrade en boitillant, ensanglantés mais fiers. Ensuite, on amena l'étalon blanc qui m'avait conduit à la victoire. Entonnant l'ancien chant du Cheval d'octobre, les spectateurs l'arrosèrent sur son passage de galettes de miel et de pétales de fleurs séchées.

Puis les palefreniers le firent monter sur l'estrade tandis que le flamine et ses assistants récitaient des prières. Le prêtre flatta l'animal, lui caressa le front jusqu'aux naseaux, et celui-ci inclina la tête, un signe de bon augure. Une vestale offrit alors des foulards aux cavaliers ; nous nous en couvrîmes la tête, imités en cela par la foule, les hommes avec leur toge, les femmes avec leur *palla*.

Lorsqu'il eut terminé sa prière, le flamine fit signe à un de ses assistants qui frappa le front du cheval avec un long marteau. L'animal resta planté sur place, assommé. Aussitôt, le prêtre l'égorgea avec le couteau sacrificiel qu'il devait toujours porter sur lui. Le sang fut recueilli dans deux vases. L'un d'eux irait au temple de Vesta où il servirait aux lustrations de l'année à venir tandis qu'on verserait le contenu de l'autre sur le foyer de la Regia, l'ancien palais de Numa où résidait le grand pontife.

La mort du bel étalon m'attrista ; j'éprouvais toujours de la peine quand j'assistais à un sacrifice, mais celui-ci m'émut particulièrement, car la victime expiatoire avait si bien couru que je lui devais ma victoire. Cependant, sans regrets, que vaudrait une immolation ? Comment les dieux apprécieraient-ils une offrande pour laquelle le donateur n'éprouve qu'indifférence ? Je jugeais inutile le sacrifice de pigeons ou d'autres animaux inférieurs, mais celui du Cheval d'octobre me fascinait pour le lien qu'il établissait entre les Romains et leurs dieux. D'ailleurs, pourquoi un si vif coursier voudrait-il vieillir et par là s'affaiblir ? Mieux valait périr en pleine gloire, rejoindre la horde divine. Malheur à nous quand nous oublierons les devoirs dus à nos dieux.

Pendant qu'on recueillait le sang, le flamine invoqua Mars. Afin qu'il ne butât pas sur les mots archaïques de cet ancien texte, un de ses assistants lui présentait les tablettes au fur et à mesure. De plus, un joueur de flûte l'accompagnait pour qu'aucun son ou parole de la foule ne vînt troubler son chant. Au moindre défaut, à la moindre hésitation, il faudrait recommencer le rituel depuis le début.

Lorsque plus une goutte de sang ne coula, le flamine se pencha sur le corps et, avec habileté, il trancha d'un coup de couteau sacrificiel la tête ensanglantée du cheval. La foule applaudit trois fois, cria sa joie trois fois, et répéta trois fois le rire rituel. Avec respect, le prêtre plaça alors la tête sur l'autel, puis l'aspergea d'orge et d'huile fraîchement pressée, mêlée de miel. Ensuite, selon un rituel propre au Cheval d'octobre, le flamine et les vestales pilèrent des galettes cuites le jour même avec les meilleures farines et les émiettèrent sur la noble tête. Finalement, le flamine recula, frappa trois fois dans ses mains et rit trois fois. Un soupir de soulagement parcourut l'assemblée, et tout le monde se découvrit, certain que les honneurs avaient été correctement rendus au Cheval d'octobre, que Mars était satisfait, et qu'il était donc prêt à s'absenter pour quatre mois de la cité.

Du coup, la tension monta de nouveau. Le rite était terminé. La partie finale de la fête pouvait commencer. J'étais prêt, mais je ne crois pas avoir jamais ressenti une telle peur.

Le flamine, ses assistants et les vestales quittèrent l'estrade et escaladèrent les Rostres. Une place était réservée au prêtre sur l'avant du socle. À côté de lui se tenait le maître de la guilde des hérauts, dans sa longue robe blanche. Son bâton symbolique à la main, il était prêt à relayer les paroles du flamine afin que tout le monde les entendît. Il avait gagné son titre parce qu'il possédait l'organe le plus puissant que Rome ait connu.

Le flamine de Mars prononça la formule rituelle.

— Mars est satisfait ! répéta le héraut.

Là-dessus, nous nous ruâmes vers l'autel. Clodius y parvint le premier, voulut s'emparer de la tête du cheval, mais je l'envoyai bouler d'un coup d'épaule et il s'affala dans les miettes de galette. J'agrippai aussitôt le noble trophée à deux mains, fis demi-tour et fonçai en direction de Subure. Deux hommes me barrèrent la route, mais, balançant la tête à droite et à gauche, je les écartai et me faufilai dans la brèche. Une dizaine de Suburiens se précipitèrent alors devant moi pour me frayer un chemin jusqu'à notre territoire.

Dans le Forum, la foule grondait, hurlait, applaudissait, déchaînée. Il y avait tellement de monde que seuls mes plus proches voisins savaient où je me trouvais, mais ceux qui étaient perchés sur les toits, les balcons et les monuments, me désignaient à mes adversaires assoiffés de sang.

Entouré de mes protecteurs, je traversai le Forum et m'engouffrai dans une rue qui menait à Subure ; néanmoins, je ne fus pas en sécurité pour autant. Depuis les toits, les gens de la Via Sacra nous bombardèrent de tuiles et l'une d'elles m'atteignit en pleine tête. Complètement étourdi, je manquai m'écrouler et faillis même lâcher mon trophée. Comme ma blessure au crâne s'était rouverte, le sang recommença à couler, inondant mon bandeau et ruisselant dans mes yeux. Sans hésiter, mes partisans arrachèrent des planches de bois et des volets dont ils firent des boucliers.

Alors que nous dépassions un carrefour, une bande d'énergumènes de la Via Sacra nous fonça dessus. Une échauffourée s'ensuivit. Tandis que mes gardes du corps s'engageaient dans des luttes individuelles, quelqu'un m'attrapa par-derrière, et je me retrouvai soudain face à face avec Clodius. Il tenta de m'arracher mon trophée, mais sa main glissa car j'étais couvert d'huile, de miel, de sueur, et surtout de sang (le mien et celui du cheval). En outre, ce mélange infâme était parsemé d'orge et de miettes de galette. Me débattant violemment, je cognai, ruai, et finalement lui envoyai un genou dans les testicules. Tandis qu'il s'écroulait, je lui balançai un revers de coude qui lui arracha un cri étouffé. Il lâcha prise. Avant de foncer vers une ruelle, je lui assenai en passant un coup de pied en pleine figure pour faire bonne mesure.

Au bout de quelques pas, je bifurquai dans un passage qui virait sur la gauche avant de déboucher sur une volée de marches menant au tombeau de Quirinus*. J'avais semé mes poursuivants, mais, avec eux, mes partisans. En fait, j'étais perdu. Je m'arrêtai pour m'orienter. Avisant une petite fontaine à côté du tombeau, j'en profitai pour nettoyer mon visage ensanglanté. Mon corps tout entier hurlait de douleur, mais je gardais un silence stoïque. Le moindre son aurait alerté Clodius et sa bande.

La première porte à laquelle je frappai s'ouvrit, à ma grande surprise. Un homme parut, qui me regarda, incrédule. C'était un étranger, un barbu dans une longue robe à rayures. La chance était avec moi, car, bien sûr, tous les Romains s'étaient rendus à la fête.

— Excuse-moi, fis-je, je suis le questeur Décius Cécilius Métellus le Jeune. Peux-tu m'indiquer le chemin de Subure ?

Il reprit ses esprits, et s'inclina.

— Volontiers. Si tu descends ces marches et que tu tournes à droite...

— Non, c'est impossible. Des hommes m'attendent là-bas pour me tuer ou me voler ceci, dis-je en brandissant la tête, qui semblait à présent deux fois plus lourde qu'au début. Y a-t-il une autre possibilité ?

Il réfléchit longuement.

— Si tu daignes venir dans mon humble demeure, la porte de derrière ouvre sur une rue qui te mènera dans la bonne direction.

Il s'inclina de nouveau puis m'invita à entrer.

— Je ne voudrais pas salir... hésitai-je.

— Ce n'est rien. Je t'en prie, viens.

Je pouvais difficilement refuser une telle hospitalité. Alors que je pénétrais dans la maison, une femme voilée disparut discrètement derrière un battant qui se referma sans bruit. La pièce était modeste mais d'une propreté méticuleuse.

— Par ici...

L'homme m'introduisit dans une autre pièce qui contenait une table et un coffre plein de rouleaux de parchemin, puis dans la cuisine.

— D'où viens-tu ? demandai-je.

Il avait un air vaguement oriental.

— De Jérusalem.

Je savais peu de chose de cette ville, sinon que Pompée l'avait saccagée deux ans plus tôt. Me faisant signe de rester à l'écart, l'homme ouvrit la porte de la cuisine et scruta la rue des deux côtés avant de m'annoncer :

— La rue est déserte. Si tu tournes à droite en montant, Subure est à quelques minutes de marche.

— Je te remercie infiniment, dis-je en mettant le pied dehors. Si, un jour, je peux te rendre service, n'hésite pas. Viens me voir.

— Tu es trop bon, dit l'étranger qui s'inclina encore.

— Quel est ton nom ? m'enquis-je.

— Amos, fils d'Éléazar, un humble employé de la maison de Simon, un importateur.

— Eh bien, je pourrais peut-être t'être utile à un moment ou à un autre, car je risque d'être bientôt élu préteur pérégrin. Si j'arrive à rejoindre Subure sain et sauf, bien sûr.

— Je te souhaite bonne chance, dit l'homme, qui s'inclina une dernière fois avant de refermer sa porte.

Ah, si tous les étrangers étaient aussi polis et obligeants !

Ce court répit m'ayant permis de reprendre mon souffle, je partis en courant. Mes bras devenaient de plus en plus douloureux à force de porter la tête, qui devait bien peser ses trente livres. À présent, je savais où je me trouvais, et si j'arrivais à éviter les bandes de la Via Sacra pendant quelques minutes, je pourrais rejoindre Subure. Au loin, j'entendais le bruit de combats acharnés.

Je traversais un carrefour quand quelqu'un me montra du doigt.

— Le voilà ! s'écria-t-il.

Je me précipitai tandis que mes poursuivants débouchaient dans la rue, hurlant, jurant, s'encourageant mutuellement. Jetant un coup d'œil derrière moi, je surpris l'éclat d'un objet métallique. J'étais épuisé, mais cette vision me redonna des ailes, comme celles de Mercure accrochées à ses sandales. C'étaient les sbires personnels de Clodius et ils brandissaient leurs dagues !

Brusquement, la rue se rétrécit pour finalement aboutir à un court escalier. Je gravis les marches quatre à quatre, respirant bruyamment, comme un soufflet de forge. Arrivé en haut, je tournai dans une *itinera** dont je savais qu'elle donnait sur la place de Vulcain qui appartenait au territoire de Subure.

Tout à coup, je reçus un choc sous l'omoplate. Ressentant une brûlure aiguë, je vis un objet brillant fuser et ricocher sur les pavés. La dague d'un de mes poursuivants venait de m'entailler l'épaule. Je n'osai me retourner. C'est alors que j'aperçus devant moi une troupe qui m'attendait. Je me crus perdu. Mais, sans hésitation, je serrai la tête de cheval contre ma poitrine et, baissant le front, chargeai. À mon grand étonnement, la troupe s'écarta pour me laisser passer. C'étaient les hommes de Milon.

Les ayant dépassés, je m'arrêtai pour lancer un regard derrière moi. Bien que les hommes de Milon ne soient qu'une dizaine, et qu'ils n'aient que des gourdins, je savais que je pouvais leur faire confiance, car c'étaient des durs à cuire, d'anciens gladiateurs qu'une vulgaire petite lame n'effrayait pas. Jamais je ne fus aussi heureux de rencontrer une bande de pendards. L'écho des crânes fracassés me fut aussi doux à l'oreille que les vers d'Homère. La rue fut bientôt jonchée de corps.

Je repartais au galop vers la place quand un hurlement venant d'en haut me fit lever la tête. Une large silhouette descendait d'un balcon. J'eus la vision fugitive d'un masque de sang, d'une bouche tordue par une grimace furieuse et d'une paire d'yeux hallucinés. Même en plein vol, Clodius était aisément reconnaissable.

Il atterrit sur moi avec la force d'une pierre projetée par une catapulte. Je fus plaqué au sol, le souffle coupé. M'arrachant alors la tête du cheval des mains, Clodius la brandit et la maintint ainsi en poussant un cri de triomphe, tel un héros d'Homère qui aurait tué un ennemi et l'aurait dépouillé de son armure.

Si Clodius, à ce moment-là, était reparti en courant, il serait peut-être parvenu à s'en tirer, mais l'imbécile avait trop envie de me corriger. Ses premiers coups de pied atteignirent leur but, car, encore estourbi, je ne réussis pas à les esquiver. Mais, quand il voulut faire demi-tour et s'enfuir, je me relevai à moitié et plongeai pour lui attraper les jambes. Faute d'atteindre les deux genoux, j'agrippai ce que je pus. Comme il se débattait à cloche-pied, ma main huileuse glissa le long de son mollet jusqu'à sa cheville que je saisis fermement. Les muscles douloureux et raides, je savais que je ne pourrais maintenir longtemps ma prise. En outre, Clodius ruait violemment. Tandis qu'il essayait de me décocher un coup de pied au visage, je plantai mes dents dans son talon, là où la sandale ne le protégeait pas. Il hurla, tenta de se retourner, mais je mordis encore plus fort avant d'empoigner son autre cheville. Il s'effondra.

Dès qu'il fut à terre, je sautai sur lui et le battis comme plâtre. Comme il s'efforçait de protéger sa face de patricien, j'en profitai pour m'emparer du trophée en le lui arrachant des mains. Il voulut se relever, mais je brandis la tête de cheval et l'abattis de toutes mes forces sur son crâne. Une fois, deux fois. Clodius s'écroula, masse inerte. Cette fois, je ne m'attardai pas pour lui donner le coup de grâce. Regardez quel prix Clodius avait payé pour son acharnement inutile.

Lorsque j'atteignis la place de Vulcain, je ruisselais comme un mannequin de cire en train de fondre. Quelqu'un m'aperçut et poussa aussitôt un cri de victoire. Mes voisins m'entourèrent et m'accompagnèrent avec force tapes dans le dos jusqu'à la salle des Guildes, où celles-ci tenaient leurs réunions et leurs banquets. Là, la tête du cheval, encore superbe, fut lavée, nettoyée, bichonnée, puis plantée au bout d'une pique, sur le fronton du portique. Subure avait récupéré sa chance et les réjouissances qui s'ensuivirent furent grandioses. Ce fut du moins ce qu'on m'apprit plus tard, car je m'étais évanoui pendant qu'on astiquait amoureusement le trophée.

Je rouvris les yeux sur un vieillard barbu à la mine sévère, appuyé sur un bâton autour duquel était enroulé un serpent. Une statue en marbre, haute de plus de vingt pieds. Ainsi, je me trouvais dans le temple d'Esculape, niché sur une île du Tibre. Puis, un homme de taille plus humaine se pencha sur moi. Celui-là, je le connaissais bien.

— Asclépiade ! m'exclamai-je, ou plutôt, croassai-je. Je te croyais à Capoue.

— Il n'y aura pas de jeux avant plusieurs mois ; on n'aura donc pas besoin de mes services. Alors, j'ai pris un congé afin de venir travailler au temple. Tes blessures étant superficielles, j'ai profité de ton évanouissement pour te recoudre. Ton visage a échappé au désastre, mais ton crâne n'a pas eu cette chance. Les dieux, qui te voient d'en haut, n'auront pas une jolie vision de toi pendant un certain temps. Bien que ta blessure à l'épaule soit profonde, j'ai réussi à la soigner. C'est ce qu'on appelle la morsure du fouet, la plupart des esclaves en subissent de semblables et s'en accommodent. Peux-tu t'asseoir ?

Aidé par un esclave égyptien, je m'assis sur le lit. La tête me tourna, mais le malaise passa assez vite. Les nombreuses paillasses étaient vides pour la plupart ; elles se rempliraient dans la soirée, quand les malades et les blessés viendraient dormir au temple, dans l'espoir que les dieux leur enverraient un rêve qui les aiderait à guérir.

Je m'aperçus que j'étais nu et que les esclaves m'avaient nettoyé. À part de sinistres bleus, j'avais l'air de revenir des bains.

— Je te serais reconnaissant de me prêter des habits pour rentrer chez moi, dis-je.

— Mais certainement.

Asclépiade vérifia les bandages de mon crâne et s'assura que tout était en ordre. Ses esclaves avaient véritablement fait du travail d'artiste.

— Cela fait bien longtemps que tu ne m'as pas consulté pour un meurtre, gourmanda Asclépiade.

— Ce ne sont pourtant pas les crimes qui manquent, remarquai-je. Mais tu sais, la dernière vague d'assassinats était d'une monotonie affligeante. Les tueurs n'ont plus ni imagination ni finesse.

Je lui relatai la chronologie des meurtres depuis celui d'Oppius.

Asclépiade était un médecin original, qui exécutait lui-même les incisions et les points de suture. Médecin des gladiateurs du *ludus* de Statilius, il avait acquis un important savoir sur les différentes formes de blessures, et je l'avais souvent consulté pour mes enquêtes. D'un seul coup d'œil, il était capable de dire quelle sorte d'arme avait infligé telle ou telle entaille, s'il s'agissait d'une lame droite ou courbe, si le tueur était droitier ou gaucher, plus grand ou plus petit que sa victime, si celle-ci était debout, assise ou couchée quand elle avait reçu le coup mortel. Asclépiade avait développé une sous-branche de la philosophie médicale qui ne portait pas encore de nom. Il tenait le sien du dieu grec de la médecine, Asclépios, ainsi que les Grecs appellent Esculape. Les Grecs n'ont jamais pu prononcer les noms correctement.

— L'art de l'assassinat est retombé dans l'amateurisme, remarqua Asclépiade.

— Ne t'en fais pas, il y aura encore de belles morts spectaculaires. Si je tombe sur un cadavre intéressant, je n'hésiterai pas à faire appel à toi.

Un esclave apporta une tunique qui était presque de ma taille. Je l'enfilai, grimaçant au moindre geste, puis fis jouer mes muscles, mes membres. Tout semblait en ordre, mais la douleur était tellement diffuse que j'avais l'impression que mon corps tout entier souffrait.

— À quel moment de la journée sommes-nous ? m'enquis-je.

Il me semblait que plusieurs jours s'étaient écoulés depuis que j'avais monté le Cheval d'octobre.

— Aux environs de midi.

— Parfait. J'ai un dîner ce soir ; je dois rentrer chez moi me changer.

— Dans ton état, tu devrais plutôt te reposer.

— Le devoir m'appelle. Le dîner a un rapport avec les meurtres. Du moins, selon ma théorie. Et puis, il y a aussi une dame de haute naissance et de grande beauté.

J'ai découvert qu'on pouvait discuter de ce genre de problème avec un médecin.

— Après une journée aussi éprouvante, tu penses encore au devoir et même à l'amour ! Quel héroïsme, mon ami ! D'une imprudence certaine, bien sûr. Mais néanmoins admirable.

VIII

Grimaçant de douleur, je descendis les marches du temple. J'aurais pu demander à Asclépiade de me prêter une litière et des esclaves, mais je préférais marcher de crainte de m'ankyloser et de ne plus pouvoir bouger. Je traversai le vieux pont en bois. Celui en pierre qui enjambe maintenant le Tibre ne fut construit que l'année suivante par le tribun Fabricius. Dans la ville, la fête battait son plein. Partout où je montrais ma tête bandée, on m'acclamait, et on se battait pour m'offrir une outre de vin. Je ne bus que très peu, juste assez pour me sentir mieux afin de pouvoir rejoindre ma maison. Il fallait absolument que je garde la tête claire pour le dîner. Cela exigea un grand effort de volonté, car j'aurais voulu boire jusqu'à ce que j'oublie mes blessures et surtout me perdre dans l'insouciance festive de la cité. Cependant, je me concentrai sur les meurtres, sur les intrigues et les manigances des politiciens et des généraux.

Des femmes vêtues de courtes tuniques et de la toge des courtisanes s'offraient à moi gratuitement, mais une autre accaparait mes pensées, m'empêchant de profiter d'une si belle occasion. Ah, quelle bêtise d'être épris ! Dans les rues, jouant de la flûte et des cymbales, des musiciens déambulaient, suivis par des espèces de bacchantes échevelées, habillées de peaux de bêtes ou de chitons fendus sur le côté. C'était une coutume grecque que les édiles ou les censeurs interdisaient périodiquement, mais cela faisait plusieurs années qu'ils avaient d'autres chats à fouetter.

Un marchand me tendit une tranche de pain, roulée autour d'un bon morceau d'agneau, d'oignons frits et d'olives, le tout dégoulinant d'une bonne graisse. Je dévorai à belles dents, n'ayant rien mangé depuis le matin. Mieux valait ne pas avoir l'estomac vide, car je devrais boire avec Catilina et ses acolytes si je ne voulais pas paraître suspect. C'était si bon que j'acceptai aussi la feuille de figuier garnie de saucisses grillées que m'offrit un autre commerçant. Ayant besoin de faire descendre ce substantiel repas, je pris une coupe de jus de pomme non fermenté sur un étal, ainsi qu'une poignée de figues et de dattes.

Des femmes se frottèrent contre moi pour se porter chance ; je ne protestai pas. Toutefois, lorsque des hommes voulurent en faire autant, je m'insurgeai. J'étais le héros du jour, mais d'un jour seulement. Les Romains sont tellement versatiles qu'ils m'oublieraient dès le lendemain.

Je m'étais agréablement restauré quand j'arrivai enfin à la maison où je laissai mes vieux esclaves papillonner autour de moi. Ils me traiteraient en héros pendant deux jours, peut-être trois, si je ne faisais rien pour les offenser entre-temps. Cassandre voulut m'ôter mes bandages afin de me couvrir la tête d'un cataplasme de sa fabrication, mais je refusai. Je préférais faire confiance à Asclépiade.

Lorsque le soleil déclina, j'enfilai une tunique propre et ouvris le coffre où je rangeais mes épées, mon armure de combat et celle de parade, mes dagues et mes cestes*. Attrapant un *pugio* avec son fourreau, je le glissai sous ma tunique. Quelques années auparavant, j'avais gagné des gants de pugilat dans un combat, et les avais dépouillés de leurs lanières compliquées, ne gardant que l'épaisse tablette de bronze qui recouvrait les jointures. Avec ses pointes pyramidales d'un demi-pouce, c'était exactement ce qu'il fallait pour délivrer à son adversaire un coup de poing mémorable. Je l'essayai pour m'assurer que la lanière restante épousait bien ma paume, puis l'enfouis sous ma tunique de façon à pouvoir m'en emparer facilement de la main gauche.

Je ne craignais pas Catilina ni ses acolytes, mais il y avait des chances que Clodius et ses hommes rôdent dans la ville, or il était assez fou pour m'attaquer bille en tête. Je devrais me méfier de lui encore un bon moment, jusqu'à ce qu'il trouve une autre cible pour passer sa rage. Ce qui ne saurait tarder. Clodius attirait les ennemis comme César les votes.

Prévenant que je rentrerais tard, je quittai mon domicile et m'engageai dans les rues sombres. Dans la plupart, les réjouissances s'étaient tues, mais pas dans toutes, loin de là. Subure est rarement calme, mais, à cette heure, les gens poursuivaient leurs agapes chez eux ; toutefois, sur les places et dans les cours du quartier, les habitants des *insulae** locales avaient dressé des tables pour festoyer. Les sacrifices du jour avaient procuré de la viande en abondance, et comme c'était la saison des récoltes, on trouvait quantité de fruits et de légumes à bon prix. L'automne est une saison féconde à Rome, sauf quand les récoltes sont mauvaises. Dans ce cas, on pressurait simplement davantage les provinces.

J'atteignis la demeure d'Orestilla sans avoir rencontré ce cher Publius, ni ses myrmidons. Le *janitor* me laissa entrer, et je pénétrai dans l'atrium où je fus accueilli par des acclamations. Catilina s'avança vers moi pour me prendre la main.

— Bien joué, Décius, bien joué !

Passant son bras autour de mes épaules, il se tourna vers les invités avec un geste théâtral.

— Voici enfin notre héros. Nous t'attendions avec impatience, Décius.

Se trouvaient là une douzaine d'hommes qui se levèrent pour me féliciter. J'en connaissais déjà certains : Curius, Céthégus Sura, Léca, ainsi que Thorius et Valgius, les deux barbus. Ces derniers exhibaient triomphalement les marques de l'aide qu'ils m'avaient apportée le matin. Thorius arborait un bandage à la tête, moins artistique que le mien, toutefois, tandis que Valgius montrait orgueilleusement deux magnifiques yeux au beurre noir, presque fermés. Il y avait aussi un chauve trapu vêtu du laticlave, la tunique ornée d'une bande de pourpre des *equites*. En revanche, les autres n'avaient pas d'habits distinctifs.

— Décius, dit Catilina en me désignant le chauve. Je te présente Publius Umbrénus, qui fait d'importantes affaires en Gaule.

Ainsi, c'était le mystérieux financier qui entreprenait les Allobroges !

— J'ai connu ton père en Gaule, me dit Umbrénus, qui avait la faconde pateline d'un maquignon.

Des autres, j'ai retenu quelques noms : Publius Gabinius Capito, Lucius Bestia, Marcus Fulvius Nobilior et Lucius Statilius, tous quatre de l'ordre des chevaliers, bien qu'habillés à dessein de tuniques ordinaires. Preuves vivantes que tous les *equites* ne sont pas forcément de riches hommes d'affaires, ils étaient aussi mal fagotés et aussi affamés qu'une bande de bons à rien. Certains, tel Umbrénus, étaient des entrepreneurs ruinés, d'autres n'avaient jamais eu assez d'argent pour connaître la débâcle de leur fortune.

Par contre, ceux dont j'ai oublié les noms – mais on peut les trouver dans les archives judiciaires – n'étaient pas originaires de Rome ; ils appartenaient à la noblesse de divers *municipia** et *coloniae** italiens. Je me souvins alors de ce que Milon avait dit des mécontents. Ce qui, du reste, me permit de rectifier l'image idéale que j'avais encore de l'empire. En fait, seule Rome bénéficiait d'une relative tranquillité. Partout ailleurs, l'insatisfaction et la rébellion grondaient.

Au milieu des tapes dans le dos et des embrassades, Catilina sursauta en entendant le cliquetis assourdi de mes armes.

— Je ne voulais pas être démuni au cas où je rencontrerais Clodius, expliquai-je en les lui montrant.

Plusieurs invités sourirent, puis exhibèrent, qui une dague, qui une courte épée.

— Ici, personne n'a peur de se promener armé dans le *pomerium*, pouffa Catilina. Mais tu n'as rien à craindre de Clodius. Il se cache chez lui et fait soigner par sa chère sœur ses pitoyables blessures. Il affirme que seuls les serpents ont la manie de mordre les talons.

— D'où le nouveau surnom dont on t'affuble en ville, intervint Céthégus. Métellus la Vipère.

— Hé, voilà un nom qui me plaît, dis-je.

— J'ai entendu un de ses sycophantes aux bains, signala Léca, flagorneur comme pas deux. Il déclamait des vers plutôt bancals, dans lesquels il comparait Clodius à Achille, blessé au talon par un lâche.

Il éclata d'un rire sonore et faux, puis ajouta :

— Comme si celui qui rapporte, presque sans aide, la tête du Cheval d'octobre du Forum à Subure pouvait être un lâche !

— On ne va parler que de toi à Rome pendant quelques jours, Décius, dit Catilina.

— Oui, et on m'aura déjà oublié pour les prochaines élections, répliquai-je, sautant sur l'occasion pour reprendre mon rôle.

— C'est précisément pourquoi nous sommes réunis ici, déclara Catilina. Nous sommes tous las de l'inconstance des électeurs. Les Gracques* les ont trop gâtés, et ils ne se sont pas arrangés depuis.

Il fit une pause pour permettre aux autres de grogner leur assentiment.

— Loin de moi l'idée de revenir à la monarchie, mais il faut avouer que tout allait mieux quand les décisions étaient prises par le Sénat et les comices centuriates, composés d'hommes de bien, de soldats, de patriciens ou de plébéiens. Maintenant, on accorde la citoyenneté à n'importe qui, même à des étrangers.

Se souvenant soudain que des non-Romains participaient à la soirée, il ajouta vivement :

— En plus, nos démagogues ont dépouillé les *municipia* et les *coloniae* du droit d'administrer leurs affaires sans leur accorder une juste représentation au gouvernement.

Voilà le genre d'erreur que César n'aurait pas commise. Catilina manquait de subtilité et de génie politiques.

— C'est vrai ! s'exclama l'un des étrangers. On prétend que les alliés italiens ont reçu la citoyenneté romaine, mais ils doivent venir à Rome pour voter, s'ils veulent être représentés. Nous sommes alors obligés de nous entasser dans des tentes ou dans des chambres insalubres. Et tout ça, à la plus mauvaise saison !

L'homme bouillait, profondément outragé.

— Et on se fait flouer plus souvent qu'à notre tour, poursuivit-il. Quand une loi risque de nous être favorable, les débats s'éternisent ou les augures voient soudain des présages qui exigent que le vote soit reporté. Après, il suffit d'attendre que nous soyons rentrés chez nous pour voter contre.

C'était effectivement un abus courant, et nos alliés avaient de quoi être amers.

— De telles injustices sont intolérables ! m'écriai-je avec conviction.

— Nous les corrigerons, affirma Catilina. Je vous en prie, asseyez-vous et venons-en aux faits.

Tandis que nous nous installions, des esclaves dressèrent une table et apportèrent des pichets de vin ainsi que des plateaux de fruits, de noix, d'olives, et d'autres friandises. Ce n'était pas à proprement parler un dîner, mais nous autres Romains ne pouvons parler de choses sérieuses sans prendre de collation, hormis au Sénat et au tribunal où nous affichons une dignité sans faille. Les esclaves se retirèrent. Comme dans beaucoup de maisons, la salle principale donnait directement sur le *peristylium* et sur les pièces adjacentes. Nous pouvions ainsi vérifier que personne ne nous épiait.

— Orestilla a enfermé les domestiques à l'arrière, expliqua Catilina. Vous pouvez parler sans crainte ; personne ne vous entendra.

Tel un général contemplant ses légions avec fierté, il parcourut la pièce d'un regard d'aigle.

— Le temps n'est plus aux discours, reprit-il, mais à l'action. Écoutons d'abord vos rapports. Publius Umbrénus, à toi de commencer.

Umbrénus se leva et, comme s'il s'adressait au Sénat, sa main droite chercha le pli de sa toge sous la clavicule, un geste fort prisé par les orateurs. Se rappelant qu'il n'en portait pas, il se rattrapa sur sa tunique.

— Mes agents ont bien travaillé en Gaule. Les tribus n'attendent que notre signal pour se soulever. Le pouvoir de Rome s'est affaibli dans la province transalpine. Quand Lucius Muréna est rentré pour se présenter au consulat, il a laissé son frère Caius gouverner à sa place en tant que légat. Pour les Gaulois, c'est comme si un roi installait sur le trône son fils demeuré pendant qu'il part guerroyer. Une véritable invitation à la rébellion.

« J'ai mené de fructueuses négociations ici même avec les Allobroges. Leur soutien affermit notre emprise sur le nord de la province. Ils ont d'abord hésité, mais quand je leur ai montré l'étendue de nos préparatifs, de notre pouvoir, ils ont accepté avec entrain de collaborer. Ils attendent impatiemment nos ordres.

— Excellent, fit Catilina. Marcus Fulvius, nous t'écoutons.

Nobilior se leva à son tour. C'était un homme sec, apparenté à Fulvia, la maîtresse de Curius.

— J'ai achevé mes préparatifs dans le Bruttium. À ton signal, consul, déclara-t-il à Catilina, il est prêt à se soulever. Sois assuré de la loyauté et du soutien inconditionnel de ses habitants.

Je levai ma coupe d'un geste solennel, et bus une longue gorgée pour éviter d'éclater de rire. Quiconque avait l'appui de cette région était sûr de courir au désastre. Ses habitants avaient succombé devant tous les ennemis qui avaient tenté de nous envahir par le Sud. Ils avaient abrité Pyrrhus, Hannibal, et même Spartacus y avait trouvé refuge car les Bruttiens n'avaient pas eu le cran d'affronter une bande d'esclaves en fuite. Ce n'étaient même pas des Italiens ; ils parlaient un mélange de grec, d'oscan et de latin. En fait, nul ne savait d'où ils venaient, et tout le monde s'en moquait.

Nobilior se rassit.

— Lucius Calpurnius ?

À l'appel de Catilina, Bestia se leva. Il venait d'être élu tribun de la plèbe pour l'année à venir. Depuis Sylla, les tribuns de la plèbe n'avaient presque plus aucun pouvoir. En tout cas, à peine plus qu'un questeur de bas étage comme moi. Désormais, ils ne pouvaient que convoquer la plèbe afin de voter une loi qui, ensuite, devait être soumise au Sénat avant d'être ratifiée.

— Contrairement à vous qui êtes des hommes d'action, commença Bestia en promenant un regard enjoué sur ses collègues, je n'ai eu qu'une part mineure dans les préparatifs de cette révolution qui fera date et rendra aux hommes bien nés leur juste place au pouvoir.

Les mots choisis convenaient pour la circonstance, mais quelque chose sonnait faux. Malgré son aspect miteux, Bestia dégageait une volonté d'acier. Il y avait comme une moquerie sous-jacente dans son propos ; on aurait dit que tout cela l'amusait.

— Par contre, j'aurai mon rôle à jouer quand vous aurez pris les armes, poursuivit Bestia. Lorsque le soulèvement aura gagné toute l'Italie, de la pointe du Bruttium à la Gaule Cisalpine et Transalpine, quand notre nouveau consul marchera sur Rome à la tête de son armée, alors, en tant que tribun, je demanderai au peuple de renverser Cicéron l'usurpateur. Avec moi à leur tête, les citoyens ouvriront les portes de la cité et conduiront notre nouveau consul à la chaise curule*.

— Tu as l'air sceptique, Décius Cécilius, remarqua Catilina.

Apparemment, j'avais oublié de me contrôler.

— Cicéron est certes méprisable, dis-je, mais c'est son collègue Caius Antonius qui m'inquiète.

— Il aura déjà quitté Rome, m'expliqua Catilina. Il est si pressé de piller la Macédoine que Cicéron a bien failli le faire arrêter pour l'obliger à rester à Rome le temps de terminer son année de fonction.

Catilina se renversa sur son siège et éclata d'un rire jovial, aussitôt imité par les autres.

— Il sera convoqué à Rome, bien sûr, mais trop tard ; nous serons déjà maîtres de la situation, et il suivra le sort de son frère Marcus en Crète. Quintus, tu me sembles relativement mieux épargné que Thorius. Parle-nous du travail que vous avez effectué auprès de nos jeunes Romains.

Valgius se frotta la mâchoire d'un air penaud.

— Si cet incapable de Clodius avait frappé un poil plus fort, je n'aurais pas pu parler avant les prochaines saturnales. Avec Marcus, nous nous sommes dépensés sans compter auprès des fils des familles sénatoriales. Nous avons repéré toutes celles dont le chef de famille a attaqué notre consul dans le passé ou a cherché à le poursuivre, tous ceux dont nous savons qu'ils résisteront quand le soulèvement commencera. Eh bien, leurs fils les tueront dans leur lit dès qu'ils entendront les trompes.

Catilina surprit mon effarement.

— Oh, ne t'inquiète pas, Décius. Nous ne te forcerons pas à tuer Nez-Coupé. Il ne m'a jamais offensé, et il se rangera à nos côtés quand il comprendra que le vent a tourné.

— Ouf, je préfère ça, dis-je pour masquer mon trouble. Nous ne sommes pas toujours d'accord, mais notre relation ne s'est pas détériorée à ce point.

— Eh oui, intervint Céthégus. Pourtant il faudra bien que tu assassines quelqu'un.

— Vraiment ?

— Pardi ! Nous avons tous déjà payé notre dû. À ton tour.

Je n'aimais pas le ton sarcastique de Céthégus qui semblait toujours insinuer je ne sais quoi.

— C'est une sorte d'initiation, expliqua Léca. Un peu comme lorsqu'on se convertit à une religion à mystères. Chacun d'entre nous prouve la sincérité de son engagement et sa loyauté en tuant quelqu'un.

— Tu dois admettre que c'est une preuve tangible de solidarité, renchérit Céthégus avec cette ironie que je ne supportais pas.

— Je comprends. Ai-je le choix de la personne ?

— Ça, c'est le côté le plus agréable, dit Catilina. Tu te rappelles que nous avons raconté comment nous étions tous à la merci de nos créanciers ?

— Oui, je m'en souviens.

— Eh bien, voilà ! Quoi de plus agréable que d'assassiner son créancier ? Tu nous as parlé d'une importante somme que tu as dû emprunter pour financer ta charge présente et ta future édilité. À qui dois-tu tout cet argent ?

Je bus lentement une longue rasade, m'absorbant dans les profondeurs de l'excellent massique dont la robe rouge sang luisait sur le fond argenté de ma coupe. Je cherchais désespérément une parade. Si je ne trouvais pas de réponse crédible, je risquais fort de ne pas sortir vivant de chez Orestilla. Heureusement, l'image d'Aurélia avait décidé de me laisser en paix.

Soudain, j'eus une illumination, celle que peuvent nous accorder les génies dans un instant de lucidité aveuglante. Bien sûr, certains philosophes prétendent que nous avons deux génies, un bon et un mauvais ; c'était d'ailleurs souvent ce dernier qui me soufflait mes inspirations suicidaires, que je trouvais néanmoins excellentes sur le moment. De toute façon, je n'étais pas en position de distinguer le bon du mauvais. Je reposai ma coupe.

— C'est Asclépiade, le médecin grec, dis-je.

Cela surprit tout le monde.

— Le médecin des gladiateurs ? s'étonna Curius.

— Oh, mais il ne fait pas que ça, rétorquai-je. Il soigne aussi les riches, comme tous les médecins grecs. Rendez-vous compte, on vient même d'Antioche et d'Alexandrie pour le consulter.

Je les dévisageai comme si nous étions entre gens du monde qui connaissions bien ces choses.

— Discrètement, bien sûr, ajoutai-je. Asclépiade se spécialise dans ces affections dont les gens préfèrent ne pas parler. À lui seul, Lisas l'Égyptien lui verse des honoraires annuels d'un million de sesterces afin qu'il le soigne pour les maladies que ses multiples perversions lui attirent.

— Ça alors ! s'exclama Umbrénus.

— Ce n'est pas tout, dis-je en me penchant avec des airs de conspirateur, ce qui était assez bien vu dans cette assemblée. Être le médecin et le chirurgien attitré des gladiateurs est un bon moyen de s'enrichir.

Je fis une pause pour qu'ils digèrent les sous-entendus.

— Asclépiade connaît les hommes en forme. Qui mieux qu'un médecin peut savoir lequel des champions sera affaibli le jour du combat ? Cela lui permet de toucher de fortes cotes, mes amis. En outre, il monnaye ses informations, ou les transmet en échange de faveurs.

— Ah, c'est pour ça que tu gagnes si souvent aux jeux, remarqua Bestia.

— C'est un moyen presque honteux de faire fortune, ajouta Léca.

— Oui, mais je suis endetté jusqu'au cou auprès de ce misérable Grec, déclarai-je. Il ne me donne des tuyaux que dans l'espoir que je pourrai le rembourser en partie.

— Un bon Romain ne devrait pas parier pendant les *munera**, dit Catilina. Après tout, ce sont des jeux funéraires. On devrait se borner aux courses de chevaux. Mais ne dépouillons pas Décius Cécilius de sa juste vengeance. Bon, c'est entendu, fit-il en se tournant vers moi. Tu peux tuer Asclépiade. Mais le temps presse. Agis vite... avant deux jours. Cela te convient ?

— Oh, pour sûr ! acquiesçai-je. Le plus tôt sera le mieux.

— Parfait. À présent, Valgius, parle-nous des incendies.

— Un site a été assigné à chacune de nos équipes, dit le barbu. La nuit venue, les incendies éclateront à travers toute la ville. Les autorités ne sauront pas où donner de la tête, je vous le garantis.

Il se rassit, et je bus pour de bon cette fois. C'était pire que ce que j'avais imaginé. Jusqu'à présent, ils avaient comploté des trahisons, des meurtres et des parricides ; de graves forfaits, certes, mais néanmoins fréquents. Là, en revanche, il s'agissait d'incendies. Le crime le plus redouté et le plus haï des Romains. Les incendiaires pris sur le fait enviaient avec raison les meurtriers qu'on se contentait de crucifier.

Malgré l'horreur de ce que j'entendais, j'avais encore du mal à y croire. Je savais pourtant que ces hommes avaient assassiné des citoyens, j'en avais les preuves. Mais une révolution ? Ils me faisaient penser à ces enfants qui jouent à la guerre, se proclament généraux et font une cohorte ou une centurie* à eux seuls. Non, cette bande de poseurs, d'attardés, de vantards ne pouvait tout de même pas espérer renverser le gouvernement de Rome ! Cependant, j'avais constaté la réalité de leurs actes. Cela me renforça dans la conviction qu'un personnage important tirait les ficelles, bien qu'il préférât ne pas paraître avec cette horde de fous.

J'avais donc quelques questions à poser, que je voulais réserver au seul Catilina. Lui aussi avait un grain, mais la plupart des grands hommes de l'époque étaient dans son cas. Bien qu'il me parût plus intelligent que les autres conjurés – même si Bestia faisait exception –, j'étais persuadé qu'il ne se lancerait pas dans une entreprise aussi risquée sans un soutien haut placé.

Il y eut d'autres rapports, tous plus vagues et décevants les uns que les autres. C'était comme un rêve, sauf que le sang coulait pour de bon. Or, je n'ai jamais accepté qu'on assassine impunément des citoyens, ni même des résidents sous la protection de Rome. Certaines victimes n'étaient sans doute pas particulièrement recommandables, mais d'autres étaient des citoyens éminents. De toute façon, ceux qui ne meurent pas de mort naturelle ont le droit de périr de leur propre main, ou d'être exécutés après les délibérations de juges équitables. C'est à cela que servent les croix et les arènes. Non, personne ne doit succomber aux mains de malfaiteurs, et je n'ai jamais toléré les actes criminels.

Que des ambitieux assoiffés de pouvoir s'entre-tuent, je n'y vois rien à redire. Chaque rapace de moins rend le monde plus agréable à vivre. Mais je trouve insupportable que des innocents pâtissent de la folie des grandeurs de quelques-uns. Si une armée souhaite suivre son général et combattre jusqu'à la fin pour satisfaire la soif des honneurs de celui-ci, pourquoi pas ? Comme tout le monde, j'admire les légionnaires romains, mais la motivation « tuer ou mourir » fait partie de leur métier. Ce n'est pas une raison pour sacrifier les simples citoyens qui désirent sculement vaquer à leurs occupations, et par là mêmc accomplir leur devoir.

La vérité m'oblige à dire que je n'étais pas à cet âge, qui maintenant me semble aussi lointain que l'époque d'Homère, un homme d'une ambition dévorante. Je ne voulais pas conduire d'armées, conquérir de nouvelles provinces, rentrer à Rome en triomphateur. J'étais un Romain dans le vieux sens du terme, un citoyen d'une petite ville sur le Tibre qui, à la suite d'un extraordinaire concours de circonstances, s'était retrouvée la maîtresse du monde. Je n'aspirais qu'à vivre paisiblement parmi mes voisins et à les gouverner, ainsi que ma naissance et mon éducation m'en donnaient la compétence. Lorsque la nécessité l'exigeait, je me battais pour leur défense dans la mesure de mes capacités, lesquelles n'avaient rien d'héroïque.

J'aimais les réceptions de l'ambassade d'Égypte où les puissants s'empiffraient, mais aussi les fêtes de Subure où tous les membres d'une guilde apportaient leur obole afin d'acheter une amphore de falerne et où le festin se bornait au seul pain blanc que ces gens mangeaient à longueur d'année. Près de chez moi, à l'angle de ma rue, le temple de Jupiter, où j'assistais aux sacrifices le matin, n'avait que cinq prêtres : un homme libre, deux affranchis, et deux esclaves. C'était ça, la Rome que j'aimais, pas le rêve impérial des Crassus, des Pompée et autres. C'étaient eux qui avaient détruit l'ancienne Rome. Or, Catilina ambitionnait d'ajouter son nom à cette liste.

Pourtant, malgré sa folie et sa brutalité, je ne pouvais m'empêcher d'éprouver une sorte de sympathie pour Catilina. Il me faisait penser aux chiots envahissants, ou aux garnements qui viennent sans cesse troubler les débats solennels des adultes en brandissant leur épée en bois, en poussant des cris de guerre, et qui finissent par accaparer l'attention. Il ne manquait pas d'*hubris*, ainsi que les Grecs nomment l'orgueil, mais il n'était pas méchant et encore moins prétentieux. J'espérais sincèrement qu'après tous ses meurtres et ses trahisons on lui accorderait une mort rapide et digne.

Après les discussions sérieuses, les invités continuèrent à boire, puis firent leurs adieux et on libéra les esclaves afin qu'ils raccompagnent leurs maîtres. Le crâne bandé, Thorius monta dans une litière portée par deux Nubiens. Je supposai qu'on les lui avait prêtés. Comme il avait pris ostensiblement ma défense, je me sentis tenu à une certaine prévenance.

— Bel attelage, Thorius, fis-je avec un clin d'œil. De qui le tiens-tu ? De l'épouse d'un riche citoyen ?

Il réussit à sourire malgré sa mâchoire probablement fracturée.

— Non, pas cette fois. J'ai acheté moi-même la litière et les esclaves.

Il s'affala dans les coussins et on l'emporta. Je notai d'autres anomalies du même acabit. Ainsi, Bestia s'en alla avec une toge neuve dont l'ourlet n'avait pas été simplement teinté avec la pourpre extraite du murex, mais brodé à la manière scythe avec des dessins d'animaux et de fleurs entrelacés. Certes, il lui avait été promis une charge curule, digne de la toge prétexte, quand Catilina prendrait le pouvoir, mais une bande pourpre suffisait. Cette toge représentait à peu près la valeur du butin d'une municipalité de taille moyenne. C'étaient, je le savais, des cadeaux de Catilina, dont la pauvreté était pourtant notoire. Alors, d'où tirait-il l'argent ?

Tandis qu'il saluait ses invités, Catilina posa une main sur mon épaule, signifiant par là qu'il souhaitait que je reste. J'y étais tout disposé, et pour plusieurs raisons. Lorsque les autres furent partis, nous retournâmes dans l'atrium où les esclaves nous servirent du vin. Nous bûmes un instant en silence.

— Vas-y, Décius Cécilius, dit enfin Catilina. Pose les questions que tu brûles de poser depuis le début de la soirée.

— Pas seulement de la soirée, Lucius. Au moins depuis le dîner chez Sempronia.

Il s'adossa confortablement, avec cette nonchalance désarmante qui faisait son charme.

— Laisse-moi deviner, qu'est-ce qui peut bien te tracasser ? Tiens, par exemple : Que fait donc Sergius Catilina avec cette bande d'imbéciles à la noix ? Comment peut-il s'imaginer qu'il pourra renverser le gouvernement avec ces incapables ?

Il me coula un regard en biais.

— Avoue, c'est bien ce que tu penses, n'est-ce pas ?

Je compris ce que le bœuf sacrificiel ressentait quand l'assistant du flamine s'apprêtait à abattre le marteau entre ses deux yeux. Heureusement, nous autres Metelli avons toujours eu l'esprit vif.

— J'ai tout de suite vu que j'avais affaire à des nullités, admis-je. Je suppose cependant que, dans ton plan, ils ont un rôle utile. Lequel, ça, je l'ignore.

Catilina se pencha vers moi.

— Tu as vu juste, Décius. Tu es un homme d'expérience, tu descends d'une des plus nobles familles de Rome. Ce n'est pas les bouffons qu'on a vus ce soir qui t'en laisseront accroire. Puis-je être franc ?

— Je t'en prie, dis-je en me penchant à mon tour.

Je me demandai combien d'autres avaient eu droit à ce tête-à-tête où Catilina semblait se livrer. Valgius avait-il été flatté ainsi ? Avait-il cru recevoir les confidences privilégiées du maître ?

Catilina se cala sur son siège. Je l'imitai.

— Mais d'abord, dis-moi où est la faille. Qu'est-ce qui ne va pas, à ton avis ? Montre-moi si tu es aussi perspicace que ça.

Excellente ruse : obliger l'autre à révéler ce qu'il sait sans s'engager soi-même. Une astuce dont je m'étais moi-même maintes fois servi.

— Enfin, Lucius, dis-je, personne ne s'aventure dans une telle entreprise sans l'appui d'hommes haut placés. Qui sont-ils ? Qui te soutient ? Ils ne sont pas plus d'une dizaine à pouvoir marcher avec nous.

Ah, voilà qui était finement formulé !

— Leurs noms ?

Catilina sourit avec la suffisance d'un homme sûr de son fait. Ou du moins, de quelqu'un qui voulait donner cette impression.

— Oh, ils sont nombreux, et de poids. Mais ils sont très prudents. On ne devient pas puissant et riche sans une bonne dose de prudence.

Il fit une pause pour ménager ses effets.

— Lucullus, par exemple.

Je pris un air étonné.

— Lucullus ? Mais il s'est retiré de la vie publique. Il détient déjà la richesse et la gloire. Qu'a-t-il à gagner dans une telle aventure ?

— Il déteste Pompée, un sentiment partagé par tous nos partisans. Tu t'apercevras, Décius, qu'ils haïssent tous Pompée et qu'ils craignent, à juste titre, que le fourbe ne cherche à se faire nommer roi de Rome.

Enfin une information crédible. Pompée avait dépouillé tant d'hommes compétents de leur gloire chèrement acquise ! Durant toute sa carrière, il n'avait eu de cesse de laisser les autres se battre à sa place puis avait forcé le Sénat à lui attribuer leurs commandements de sorte que ses légionnaires n'intervenaient que pour la victoire finale. Il était fort possible que la faction anti-Pompée du Sénat envisageât des mesures d'urgence pour prévenir un coup d'État de Pompée. Tout le monde se souvenait des infâmes proscriptions de Sylla.

— Ce que Lucullus dépense pour un simple banquet suffirait à financer une guerre, admis-je, et les usuriers réclament son sang au Sénat et dans les assemblées.

— Il y en a d'autres, poursuivit Catilina. Quintus Hortensius Hortalus, par exemple. C'est le meilleur légiste de sa génération, et il saura convaincre les Romains que nous avons agi en conformité avec la Constitution. En outre, c'est le patron de ton père. Il se chargera de ta carrière, tout comme moi.

— Je dois admettre que cela me semble de meilleur augure que les Valgius ou autre Céthégus. Qui d'autre ?

— Ne méprise pas trop vite ces hommes. Un général gagne-t-il une guerre tout seul ? Non, il lui faut des légionnaires et des auxiliaires loyaux. Il doit s'entourer de centurions* capables de commander à tous les échelons. Valgius et les autres jeunes barbus se chargent des émeutes. Ils n'ont rien à perdre.

— Ils sont donc prêts à se sacrifier, n'est-ce pas ?

— Précisément. C'est un excellent moyen de débuter dans la carrière politique, pour un jeune ambitieux. De l'action, de l'enthousiasme, c'est tout de même mieux que de s'échiner à arracher les votes dans les assemblées du peuple, non ? J'ai moi-même fait ce genre de travail pour Sylla.

— Je n'avais pas envisagé les choses sous cet angle, admis-je.

— C'est un tort. C'est très bien d'avoir des principes aristocratiques quand tu gouvernes, mais l'organisation exige parfois de se salir les mains. Même les imbéciles et les rustres ont leur utilité.

— Je m'en souviendrai.

— Je l'espère. Umbrénus est peut-être un financier manqué, mais il nous a rendu un grand service en ralliant les Gaulois à notre cause. De son côté, Bestia fera un excellent tribun. Bien sûr, dès que je serai consul, j'agirai comme Sylla : je remettrai les tribuns à leur place. C'est scandaleux de leur avoir donné le droit de veto.

— Là, je ne peux qu'approuver. Mais, poursuivis-je, pressé de revenir à la question qui m'obsédait, tu disais qu'il y en avait d'autres.

— Oh, oui. Il y a Publius Cornélius Lentulus Sura, le préteur, et Caius Julius Caesar.

— César ? Je veux bien croire qu'il veuille tuer ses créanciers, et je sais qu'en tant que grand pontife il conférera une certaine dignité à notre révolution, mais peut-on se fier à lui ?

— Ce dont on peut être sûr, c'est qu'il défendra ses propres intérêts avant tout. Mais personne n'a autant d'influence que lui sur les assemblées populaires. Certes, c'est un piètre meneur d'hommes, son expérience militaire est négligeable pour un homme de son âge, et sa prêtrise lui interdit de voir le sang humain, mais tu peux parier que les augures et les présages nous seront favorables et que les dieux seront avec nous. Comme grand pontife, Caius Julius est maître du calendrier. Il peut prolonger l'année du consulat bien au-delà des douze mois traditionnels.

— Ah, fis-je, cela te donnera le temps de faire les... euh, ajustements nécessaires.

— Cela me permettra de m'assurer que les consuls de l'année suivante seront des hommes de mon choix. Cependant, même si César manipule le calendrier, j'aurai peut-être besoin de davantage de temps pour compléter mon œuvre.

— Oui, mais comme les consuls seront des hommes à toi, et que sur proposition du Sénat ils peuvent nommer un dictateur*...

Catilina se fendit d'un large sourire.

— Je savais que tu avais l'esprit vif, Décius. Oui, c'est tout à fait le rôle qui me convient ! Accorde-moi six mois de dictature, je réformerai l'État et redonnerai à Rome un gouvernement capable. Il sera composé des meilleurs, et tu en feras partie. De plus, il sera légal, en conformité avec notre ancienne Constitution. Hortalus y veillera.

Rome n'avait pas eu de dictateur depuis cent trente-neuf ans. Un vrai dictateur, s'entend. La dictature de Sylla avait été anticonstitutionnelle. Si Catilina était investi de l'*imperium* absolu, il n'aurait pas à répondre de ses actes après avoir quitté ses fonctions. Cette pensée me fit froid dans le dos. Cependant, je concevais que certains Romains préfèrent la dictature de Catilina à la perspective de Pompée s'emparant du trône. Cela nous ramenait à la première question.

— Lucius, tout cela me paraît excellent. Ton consulat, suivi d'une dictature de six mois, oui, Rome sera peut-être sauvée. Mais que fais-tu de Pompée ? Même si nous choisissons la meilleure saison, quand les voyages deviennent difficiles, il pourrait camper avec son armée devant les murs de Rome six semaines après la nouvelle de notre révolution. Comment se défendre, alors ?

— Il faut peu de temps pour lever une armée en Italie, affirma Catilina. Les anciens légionnaires de Sylla n'attendent que ça, et il y a tous les autres. Ne crains rien. Nous avons aussi caché des armes dans toute la péninsule. Même, tiens-toi bien, pouffa-t-il, dans le temple de Saturne.

Je pris un air atterré.

— Dans le temple de Saturne ?

— Eh oui. Peut-on imaginer meilleur endroit ? C'est en plein milieu du Forum ; une fois armés, mes hommes contrôleront le centre de la cité. Et ils tiendront le Trésor. Notre cache la plus importante se trouve chez Céthégus. Après s'être emparés des armes, nos hommes prendront les portes de la cité.

C'était bon à savoir.

— Ah, comme ça, je suis tranquille, annonçai-je. Oh, encore une chose : il y a toujours deux consuls, si on suit la Constitution à la lettre. Qui sera ton collègue ?

Catilina sourit et me tapota l'épaule.

— Laisse-moi quelques secrets, Décius. Mais sois certain que mon choix te plaira.

Il se leva et s'étira.

— Il se fait tard, on dirait. Mieux vaut que tu ne traînes pas dans les rues par une nuit pareille. Reste donc ici, Décius. Nous avons des chambres d'amis.

Je me levai à mon tour, exagérant la raideur de mes membres douloureux, qui était grande.

— Merci. Je risque d'avoir besoin de plusieurs jours pour récupérer.

Il appela une esclave que je suivis, après qu'il m'eut prodigué moult démonstrations d'amitié, jusqu'à une chambre d'ami qui donnait sur le péristyle. Elle abritait un lit spacieux et une table de marbre où brûlait une lampe à trois mèches soutenue par une statuette en bronze représentant un satyre en érection dans cette position impudique commune à ces créatures mythiques.

Lorsque l'esclave se fut retirée, je m'assis sur le lit et réfléchis, car j'avais conscience qu'il me restait peu de temps pour ce faire. L'histoire de Catilina comportait trop de trous, et j'ignorais ce que je devais croire dans ce qu'il m'avait dit. J'étais sûr qu'il avait mentionné certains personnages dans le seul but de m'impressionner. Hortalus, par exemple. Certes, je connaissais plutôt bien cet homme et son intégrité discutable, mais je le savais trop intelligent pour se mêler à un plan aussi insensé que cette conjuration. Il avait lui-même suffisamment conspiré, et toujours avec une prudence de renard. César ? Comme toujours, l'homme était impossible à cerner. Lucullus ? J'en doutais fort, mais sa haine de Pompée pouvait effectivement l'avoir conduit à approuver des actions désespérées.

Ce qui me troublait davantage, c'était le seul nom que Catilina n'avait pas prononcé. Quel rôle jouait Crassus dans cette histoire ? Il convoitait la gloire militaire de Pompée. Il était assez riche pour lever et financer ses propres légions. Or, Catilina tenait bien son argent de quelqu'un, ne serait-ce que pour les présents somptueux dont il comblait ses acolytes.

La fable des fidèles de Sylla n'avait aucun sens. Cela faisait dix-sept ans qu'ils n'avaient pas combattu ; les hommes de Pompée, aguerris par les campagnes d'Asie, n'en feraient qu'une bouchée. Crassus, cependant, possédait une armée de vétérans répartis dans toute l'Italie, qui constituerait une force autrement redoutable. En outre, il pouvait, au besoin, acheter des auxiliaires en Gaule ou en Afrique. Mais était-il assez fou pour soutenir Catilina ?

Un grattement à la porte interrompit mes réflexions. Le sang reflua de mon visage pour aller bouillonner dans une région d'utilité plus immédiate. Je tentai de parler, mais ma gorge était trop nouée. Le rideau de la porte s'écarta et Aurélia parut, dans sa robe de soie aux couleurs de feu, des perles autour du cou. Cependant, je ne pus discerner si c'était le même interminable collier que l'autre soir, car elles disparaissaient sous sa *stola.*

— Oh, Décius, ce pansement te va si bien ! Tu as vraiment l'air d'un soldat de retour de quelque bataille.

Je m'emparai des mains qu'elle me tendait, et l'attirai contre moi.

— Ma plus grande crainte pendant la fête était de n'être pas en condition de venir ce soir, dis-je.

— Je savais que tu viendrais, murmura-t-elle. Ne t'avais-je pas dit que tu étais un héros ?

Elle se blottit dans mes bras et nos lèvres se scellèrent en un long baiser fougueux. J'ignorais si j'étais un héros, mais je partageais au moins un point commun avec le satyre de bronze.

Avec une maladresse soudaine, je m'escrimai sur les agrafes qui retenaient sa robe sur les épaules. Elle me sourit avec malice, mais ne m'aida pas, se contentant de me caresser langoureusement. Son sourire s'élargit quand sa main palpa la preuve de mon émoi. Puis la *stola* glissa le long de son corps avec cette sensualité particulière à la soie. Le tissu hésita, comme stoppé dans sa chute par son opulente poitrine, puis s'accrocha un instant sur les mamelons érigés, paressa sur son ventre et sur les rondeurs de ses hanches, glissa sur ses cuisses, ses genoux, et forma enfin une sorte de flaque éblouissante à ses pieds. Aurélia se recula pour me laisser le loisir de l'admirer.

J'avais déjà vu les statuettes que les marins de la mer Rouge rapportent des Indes. Elles représentent les servantes des dieux qu'on appelle les *yaksa.* Elles ont d'énormes seins ronds et pleins, sans le relâchement de la peau propre aux mortels, et des tailles tellement sveltes que deux mains suffiraient à les encercler. Leurs hanches et leurs fesses possèdent la même rondeur ferme et tout en elles est une exagération surnaturelle de la féminité. Malgré cela, elles ont la grâce des gazelles. Elles sont même plus sensuelles que les servantes de Vénus, et j'avais toujours cru qu'elles n'existaient que pour les dieux. Or, j'avais une *yaksa* vivante devant mes yeux.

Les flammes de la lampe coloraient sa peau des tons ambrés d'un vin pâle, hormis ses mamelons bruns qui rehaussaient la beauté de ses seins mieux que ne l'auraient fait les plus beaux bijoux. Aurélia avait adopté la mode des femmes de haute lignée qui se faisaient épiler et poncer ; je me pris à envier son *depilador*. Sous la fossette de son nombril, son ventre exhibait la fleur, ô combien désirable, que les sculpteurs grecs omettent toujours pudiquement, mais que les artistes étrusques ou indiens prennent un malin plaisir à reproduire.

M'asseyant sur le lit, j'attirai Aurélia vers moi, enlaçai sa taille de guêpe et caressai d'une langue mutine son nombril avant de savourer son musc ; alors qu'un frisson courait tout le long de sa colonne vertébrale, ses mains fines et déliées pétrirent ma nuque, puis cherchèrent fébrilement à me dépouiller de mes vêtements. Pour l'aider, je me levai et ôtai ma tunique, tandis qu'elle reculait d'un pas pour m'examiner. Elle portait toujours son fabuleux collier de perles qui s'enroulait autour de son cou avant de se croiser sur sa poitrine et de faire trois tours autour de sa taille de guêpe. La couleur nacrée ajoutait une touche provocante à sa nudité.

Lorsque j'ôtai mon *subligaculum*, Aurélia se mit à me caresser avec une lascivité effrénée, mais un pli soucieux lui creusa le front.

— Oh, Décius, tu es encore plus blessé que je ne le pensais ! J'espère que tu n'as pas trop mal ?

J'étais couvert de bleus et de coupures, bien que les pires cicatrices fussent cachées sous le bandage. La morsure de la cravache zébrait mon dos en diagonale.

— Pour le moment, la douleur est bien le dernier de mes soucis, assurai-je.

— Oui, mais nous devons veiller à ce que tu souffres le moins possible. Laisse-moi te guider.

Nous basculâmes lentement sur le lit. Avec une délicatesse consommée, elle s'arrangea pour envelopper mon corps dans la douceur du sien, tout en évitant d'appuyer sur les blessures les plus douloureuses. Elle utilisa sa bouche avec une précision que je croyais réservée aux seuls artistes. Lorsque ni l'un ni l'autre ne pûmes attendre davantage, elle m'adossa tendrement contre le traversin et m'enfourcha avec la légèreté d'un nuage. Elle poussa un cri rauque qui sembla sortir de la gorge d'une ménade, et, d'abord lentement, puis avec une urgence accrue, elle me chevaucha avec la même ardeur que j'avais mise à chevaucher le Cheval d'octobre, le matin même.

IX

— Asclépiade, dis-je, laisse-moi te tuer.

Le praticien leva les yeux de son bureau sur lequel il était en train de rédiger un de ses innombrables traités médicaux. Il ne dictait jamais les premiers jets.

— C'est un peu trop demander, même à son propre médecin.

— Oh, ce ne sera que temporaire, assurai-je.

— La mort temporaire, bien que courante dans la mythologie, se rencontre rarement sur terre.

Il reposa son roseau et me contempla avec perplexité.

— Qu'essaies-tu de me suggérer ?

Nous étions dans le temple d'Esculape, sur l'île. L'arrière du bâtiment était réservé aux quartiers, aux bibliothèques, aux bureaux des prêtres et des médecins, ainsi qu'aux salles de réunion et aux jardins où l'on cultivait des plantes médicinales.

— Ce ne sera pas pour de vrai, insistai-je. J'ai juste besoin qu'on te croie mort. Pour quelques jours seulement.

— Ne t'inquiète pas, Décius, fit-il, rassurant. Les coups que tu as reçus provoquent souvent de tels délires.

— Je ne délire pas. L'angoisse mise à part, je me sens en grande forme.

— Alors, tu me dois des explications. Avant toute chose, il faut que j'examine tes blessures et que je les soigne. Déshabille-toi, un serviteur retirera tes pansements.

Je m'exécutai et Asclépiade de m'examiner sur toutes les coutures. On aurait pu croire qu'il s'apprêtait à m'acheter.

— La guérison est en bonne voie, dit-il quand il eut terminé et pendant que l'esclave changeait les pansements. Les blessures ne s'infectent pas. La peau et les muscles sont sains, même si je détecte des signes d'excès vénériens assez considérables. On dirait que tu étais sérieux quand tu parlais de terminer ta journée avec une dame.

— Ce fut le jour le plus long de ma vie, admis-je en m'affalant sur un siège, à présent que je m'étais rhabillé. Il a commencé avec une course de chevaux, a continué avec un combat et s'est terminé dans la luxure avec la plus belle femme de Rome. Mais, entre-temps, je me suis trouvé entraîné dans un complot. Meurtres, trahisons et incendies criminels figurent parmi les sujets abordés.

Asclépiade s'illumina.

— Ah, des actes criminels ! Enfin, tu deviens intéressant ! Raconte-moi.

Le bonhomme raffolait des combines et des magouilles en tout genre. Je lui narrai ce que je savais et ce que je soupçonnais, car il n'est pas sage de cacher des informations à son médecin. Il branlait du chef et pouffait à chaque horrible révélation. Eh oui, il était grec, après tout !

— Oh, comme c'est excitant ! s'exclama-t-il quand j'eus terminé. Tu ne peux pas savoir à quel point je m'ennuyais ici, à soigner les malades. Voilà enfin une occasion d'exercer quelque nouvelle ingéniosité. Voyons, comment allons-nous procéder ? Pourquoi ne pas me jeter de la roche Tarpéienne* et m'abandonner en sang, le corps brisé, couvert de bleus ? Non, il faudrait que des éclats d'os transpercent la peau ; c'est trop difficile à simuler. Ah, tu pourrais m'étrangler. La décoloration du visage est une gageure à obtenir, et je saurai confectionner une langue de cire très vraisemblable qui dépassera de mes lèvres bleuies.

— J'ai la réputation d'être plutôt direct, fis-je valoir. Il vaudrait mieux que je te poignarde ou que je te tranche la gorge.

— Je concocterai des lacérations convaincantes ; je ferai un cadavre très réaliste, assura-t-il. Doit-on me retrouver mort demain matin ?

— Oui, ce serait une bonne chose. Tu es sûr d'y parvenir ?

— Personne ne se doutera de rien. Mes talents, combinés à la peur qu'ont les Romains de toucher un cadavre, et l'illusion sera parfaite. Mon patron, Statilius Taurus, est à Capoue, de sorte que mes obsèques devront être différées le temps que mes esclaves le préviennent. Je me cacherai ici, dans mes quartiers, ajouta-t-il en parcourant la pièce d'un coup d'œil satisfait. Je pourrai ainsi me reposer et en profiter pour écrire. J'ai du travail en retard. Mes serviteurs sont d'une discrétion absolue... Es-tu sûr que c'est légal ? fit-il, soudain inquiet.

— Sanctionné par le préteur Métellus en personne. Et j'irai bientôt voir le consul Cicéron pour lui faire part de mes découvertes.

— Je t'invite à le faire le plus vite possible. Inutile d'attendre que les conjurés l'aient assassiné.

Le conseil me parut judicieux.

— Bien, je te quitte, Asclépiade. J'attends avec impatience des nouvelles de ta mort.

— Tâche de ne pas trop pleurer.

J'allai au temple de Saturne sans attirer l'attention. Ma célébrité s'était déjà estompée. Telle est la nature de la gloire. Je passai une journée profondément ennuyeuse, mais calme, parmi les richesses de l'empire. Je me rendis ensuite aux bains, avec mes pansements et mes cicatrices, et méditai sur la marche à suivre. Je résolus de rendre visite à Cicéron le soir même.

En sortant des bains, je rencontrai mon père qui y entrait en compagnie de ses fidèles. Je saluai tout le monde et reçus leurs félicitations pour mes exploits, puis je pris mon père à part. Nous allâmes dans une des niches qui jalonnent les murs de l'atrium et nous nous arrêtâmes sous une statue de Bellone.

— Que veux-tu ? Sois bref, me dit-il avec son amabilité coutumière.

— Que devient Hortalus ? m'enquis-je.

— Il profite trop de sa retraite, mais je pense qu'il a décidé de se présenter à la censure. Il sait que rien ne presse, et il attend sans doute que la moitié du Sénat vienne en masse le trouver dans sa maison de campagne pour l'implorer de se présenter afin de sauver la République, ou autre fadaise.

Je lui rapportai les propos de Crassus. Il parut satisfait.

— Je savais que ce mariage avec les Crassi porterait ses fruits. Espérons que ma nièce Cécilia se hâtera de donner un petit-fils à Marcus. Ce n'est pas un mauvais bougre, tu sais, hormis son obsession indécente d'accumuler de l'argent.

Concernant l'argent, la seule différence entre Marcus Crassus et ses contemporains résidait dans son habileté à en amasser. Ça, et sa remarquable honnêteté. Les aristocrates prétendaient mépriser l'argent, indigne d'un homme bien né. En pratique, cela voulait dire que vous pouviez piller les provinces à votre guise et laisser vos affranchis thésauriser vos gains.

— Hortalus a-t-il... euh... reçu de la visite ?

C'était d'une balourdise extrême mais je n'étais pas arrivé à le formuler autrement. Père étant un grand ami d'Hortalus, j'espérais qu'il saurait si Catilina avait tenté de prendre contact avec lui.

— Comment cela, de la visite ?

Père me toisa avec mépris et je compris que j'avais commis une bourde.

— Pourquoi ne recevrait-il pas de visites ? Quintus Hortensius Hortalus est l'un des hommes les plus éminents de sa génération. Bien sûr qu'il reçoit de la visite ! Où veux-tu en venir ?

Je décidai aussitôt de changer de sujet et de lui poser une question qui m'avait taraudé, mais dont j'avais oublié de lui parler.

— Père, est-ce qu'Orestilla était très liée avec ma mère ?

Que je passe ainsi du coq à l'âne le surprit, mais des années de pratique judiciaire lui avaient donné une agilité mentale digne d'un acrobate, si je puis oser cette métaphore hardie.

— La femme de Sergius Catilina ? Pas que je sache. Elles se connaissaient forcément, se croisaient sans doute aux rites de la Bonne Déesse et à certaines réunions mondaines. Les femmes de sénateurs se connaissent toutes, mais Servilia n'a jamais été aussi liée avec Orestilla qu'avec Antonia la Jeune ou Hortensia, par exemple. D'ailleurs, Orestilla est une femme scandaleuse. Pourquoi me demandes-tu cela ? Que manigances-tu, jeune débauché ?

— Tu l'apprendras à temps, père, assurai-je. Je travaille sur une affaire délicate qui peut s'avérer cruciale pour l'État.

Père fut tout sauf impressionné.

— Je serai agréablement surpris le jour où tu travailleras réellement. As-tu d'autres excuses pour me retenir davantage ?

Je n'en avais pas ; il me quitta donc. Il ne lui serait jamais venu à l'esprit de prendre des nouvelles de ma santé. Il pensait sûrement que mes pansements me donnaient un air efféminé. Nul doute que, selon lui, j'aurais dû laisser mes blessures à vif et maculer le pavé de mon sang, comme il seyait autrefois à tout Romain.

Il était encore trop tôt pour aller chez Cicéron, car je ne voulais pas qu'on m'y vît entrer. En descendant les marches des bains publics, je remarquai un de ces monuments qui semblent pousser en une seule nuit dans Rome, tels des champignons. Il s'agissait de l'un de ceux, nombreux, que Crassus avait fait ériger à sa gloire. Pour Crassus, la modestie ne convenait qu'à ceux qui avaient de bonnes raisons d'être humbles. Cette statue-là commémorait sa victoire sur Spartacus. Ce que les Romains trouveraient de très mauvais goût. Ils adoraient fêter les victoires acquises sur d'autres nations, mais préféraient oublier au plus vite les rébellions d'esclaves. Le seul monument digne de cet épisode funeste avait été les six mille croix que Crassus avait fait planter le long de la Via Appia entre Rome et Capoue, cité où la révolte avait vu le jour. De Rome et des villes voisines, des badauds s'étaient déplacés pour assister aux exécutions. Le record de longévité était détenu par un robuste Gaulois qui avait mis huit jours à mourir.

En pensant aux liens probables entre Crassus, Catilina et cette absurde conjuration, je vis la statue d'un autre œil. Crassus cherchait tout simplement à rappeler aux Romains qu'il les avait sauvés du péril qu'ils craignaient par-dessus tout, même s'ils refusaient de l'admettre. Le vieux Mithridate nous avait longtemps menacés, mais il ne vivait pas chez nous, donc ne risquait pas de nous égorger pendant notre sommeil, l'envie lui fût-elle venue.

Comme beaucoup de grands hommes de l'époque, comme Catilina lui-même, d'ailleurs, Crassus s'était enrichi durant les proscriptions de Sylla. Il avait pourchassé et tué ceux dont le dictateur avait publié les noms au Forum, et s'était approprié leurs biens en récompense. Avant les proscriptions, à la fin de la guerre civile entre les partisans de Marius et ceux de Sylla, c'était Crassus qui avait conduit l'armée qui avait écrasé les rebelles devant la porte Colline, un combat auquel les Romains avaient pu assister du haut des murailles, comme s'il s'était déroulé au cirque pour leur propre édification. Crassus avait gagné la bataille, mais Sylla s'en était attribué tout le mérite. Dix ans plus tard, il avait défait Spartacus. Cette fois, c'était Pompée qui lui avait volé la vedette.

Crassus avait une soif désespérée de gloire. Il avait assumé les plus hautes fonctions et semblait posséder la moitié des richesses du monde ; la célébrité était donc la seule chose qui lui manquait. La désirait-il suffisamment pour s'emparer de Rome par un coup d'État ? Rome restait le seul bastion qui résistait encore à Pompée. Si c'était le cas, cela signifiait que Crassus était devenu fou, comme Marius à la fin de sa vie, mais je n'arrivais pas à y croire. Sans doute jouait-il un jeu plus subtil, dont Catilina ignorait les finesses, et moi tout autant.

Je songeais à Crassus parce que je ne voulais pas qu'Aurélia envahît mes pensées. Représentait-elle simplement un appât ? Une sorte de lien pour m'attacher à Catilina et à sa cause ? Si oui, il avait deviné ma faiblesse avec une clairvoyance dont je ne l'aurais pas cru capable. Aurélia hantait mon esprit et mes sens comme aucune femme depuis... euh, depuis Clodia. Mon penchant pour les femmes était-il devenu de notoriété publique ?

Asclépiade m'avait dit un jour : « Les jeunes gens se laissent aisément diriger par leur membre viril. Tu es l'un des rares à avoir l'intelligence d'en être conscient, et pourtant tu es incapable de te soustraire à cette influence. »

Quelqu'un – Clodia, sans doute – avait-il prévenu Catilina qu'on pouvait s'assurer de ma participation en agitant une belle femme devant mon nez d'aristocrate ? Que je deviendrais alors aussi malléable que de la glaise si mes organes inférieurs régissaient ma vie à la place de mon cerveau ? Je l'ignorais. Je ne savais qu'une chose : je désirais toujours Aurélia, et j'avais l'impression que je ne me lasserais jamais d'elle.

Cicéron habitait près du Forum, dans une petite mais élégante demeure qu'il avait choisie pour sa proximité avec le siège du gouvernement. Bien sûr, il possédait d'autres maisons, que ce fût en ville ou à la campagne, mais il montrait une nette préférence pour celle-ci en automne et en hiver. La plupart des Romains se retirent dans leur chambre à la tombée de la nuit, mais je savais que Cicéron travaillait tard. Lorsque je me présentai à la porte, le *janitor* me demanda la raison de ma visite.

— Le questeur Métellus pour le consul, dis-je à voix basse. Il s'agit d'une affaire urgente.

Le *janitor* glissa un mot à un jeune esclave qui se précipita en courant à l'intérieur de la demeure. Quelques minutes plus tard, Tiron parut et me fit entrer. Tiron, le secrétaire et le confident de Cicéron, se révélait si indispensable qu'il était presque aussi célèbre que Cicéron lui-même.

— Si tu veux bien me suivre, questeur, dit Tiron. Mon maître se trouve avec un autre visiteur pour l'instant, mais il souhaite te voir, et il te rejoindra dès qu'il aura une minute.

Il me conduisit dans une petite pièce donnant dans l'atrium où on avait déjà dressé une table chargée de rafraîchissements. Consul doublé d'un avocat, Cicéron avait l'habitude de recevoir des visiteurs qui préféraient venir le soir afin qu'on ne les vît pas entrer chez lui.

— Merci, Tiron. Dis au consul qu'il s'agit d'une affaire d'État. Je ne le dérangerais pas à une heure pareille, et sans m'être annoncé, si ce n'était pas de la plus haute gravité.

— Mon maître en est bien conscient, citoyen. Il ne tardera pas. En attendant, restaure-toi, je t'en prie.

Je ne me fis pas prier. Le vin était un excellent cru de Setinie, d'un moelleux raffiné, que je n'aurais jamais eu les moyens de m'offrir. Mon anxiété et ma perplexité m'avaient fait oublier de dîner, de sorte que j'attaquai la collation avec grand appétit. Outre les œufs de caille durs, il y avait des pâtés de porc en croûte, et des feuilletés aux noix et au miel. Alors que je terminais l'un de ces derniers, Cicéron entra, me surprenant en train de lécher le miel qui me coulait entre les doigts, ce qui dut lui faire plutôt mauvaise impression. Je me levai d'un bond et m'excusai de le déranger si tardivement, mais il me fit rasseoir d'un geste, et prit place en face de moi, ignorant la table et ses tentations.

— On vient toujours me voir en prétextant que l'État est en danger, Décius Cécilius, mais toi, tu as déjà rendu de loyaux services dans le passé alors que la sécurité de l'État était en jeu. Raconte-moi, je te prie, ce que tu as découvert cette fois-ci.

Je m'exécutai avec empressement, lui narrant toute l'histoire – les meurtres, le fait que les victimes étaient des usuriers –, puis lui parlai du conseil de Milon de contacter les mécontents qui pullulaient dans Rome. Lorsque j'en vins à Catilina, une moue de dégoût parcourut le visage de Cicéron. J'omis simplement de lui signaler les détails qui concernaient Aurélia. Un homme a bien droit à quelques secrets.

— Lucius Sergius Catilina ! cracha Cicéron. C'est donc cela ! Il veut revenir aux temps funestes, lorsque des Romains tuaient d'autres Romains dans les rues même de Rome ! Je le savais pernicieux, mais voilà qu'il est devenu fou.

Il me toisa avec un sourire glacial.

— C'est très perspicace de ta part, Décius. Aucun esprit ne fonctionne comme le tien dès qu'il s'agit d'analyser les faits, de rassembler des indices disparates afin de... comment dire ?... de présenter une version probable des événements, appuyée par des preuves crédibles. Tu aurais dû être philosophe.

— Je prendrai cela comme un compliment, consul. C'est vrai, lorsque Caius Rabirius m'a dit, lors d'un dîner chez l'ambassadeur d'Égypte, que la mort d'un créancier n'annulait pas la dette, j'ai cru m'être trompé. Mais quand j'ai découvert que les crimes avaient été exprès commis avec un étalage de passion, les choses ont commencé à prendre tournure.

— Mais l'*eques* Décimus Flavius, le directeur des Rouges, n'était pas un usurier et ne semble pas avoir de rapport avec les conjurés. Comment expliques-tu son assassinat ?

— J'ai une théorie là-dessus, consul, mais il me faut d'autres preuves.

En fait, j'étais presque certain de savoir pourquoi Flavius avait péri, mais j'avais la terrible impression qu'Aurélia était mêlée de près à son meurtre, et je ne voulais pas l'impliquer car j'espérais encore prouver son innocence.

— As-tu vraiment l'intention de mettre à exécution ton projet ? Vas-tu simuler le meurtre du médecin ?

Là-dessus, Cicéron s'esclaffa, lui qui ne riait jamais.

— C'est la chose la plus insensée que j'aie jamais entendue. Bien sûr, on a affaire à d'authentiques fous, et j'imagine que les mesures les plus absurdes sont de mise.

— À propos de Crassus... commençai-je, mais il me coupa.

— C'est pure spéculation, Décius. Tu possèdes des preuves irréfutables des machinations de Catilina et de ses fidèles, mais aucune de la participation de Crassus.

— Cependant, ils ne peuvent espérer réussir sans le soutien d'un homme réellement riche, ni sans armée crédible, fis-je remarquer.

— Écoute, Décius, ces hommes sont suffisamment fous pour s'imaginer qu'ils s'en tireront. Ils ont la tête pleine de chimères et ne vivent pas dans la réalité. Ils font partie de ces gens qui croient que les hautes fonctions leur sont dues pour je ne sais quelles qualités innées. Ils n'ont jamais envisagé que les honneurs ne s'acquièrent que par l'instruction, le service militaire et une longue et rigoureuse expérience des affaires de l'État. Par des actes désespérés, ils espèrent tout obtenir en quelques jours, quitte à risquer leur misérable vie. Non, Décius, conclut-il en hochant la tête, Crassus possède tout, la fortune, le pouvoir, les honneurs, pourquoi les remettrait-il en jeu en s'associant à ces minables ?

— Il n'y a rien là-dedans que je ne sache déjà, rétorquai-je. Mais je crains que tu te méprennes sur Crassus.

— Dans ce cas, apporte-moi des preuves. Si j'en ai la moindre, par écrit de préférence, je le dénoncerai devant le Sénat et réclamerai son exil. Mais j'ai besoin d'autre chose que de tes soupçons.

Je gardai le silence. Cicéron se cala sur son siège et poursuivit, d'un ton moins sévère :

— Continue ton enquête, Décius. Tu as déjà rendu des services inestimables, et je dois tout savoir sur cette conjuration. Connaître l'emplacement de leurs deux principales caches d'armes équivaudra à une demi-légion le jour où ils décideront de frapper.

— J'ignore encore la date.

— Nous avons le temps. Trouve tous les noms que tu peux avant que je ne saisisse le Sénat. Pendant ce temps-là, je parlerai au préteur Métellus, et je m'assurerai que ta couverture légale est inattaquable.

— À propos de préteur crois-tu vraisemblable que Lentulus Sura soit impliqué ?

Cicéron réfléchit.

— Lentulus Sura est un individu ignoble. Il est l'un des rares consuls à avoir été exclus du Sénat l'année suivant son élection par les censeurs. Si un homme de haut rang est impliqué dans cette conspiration, ce ne peut être que Lentulus, mais je ne le croirai pas tant que je n'en aurai pas la preuve devant mes yeux.

Je me souvins alors d'un détail. C'était Crassus qui, pendant sa censure, avait réintroduit Lentulus au Sénat, lui permettant ainsi de se présenter aux élections pour la préture de l'année suivante. Lentulus devait donc beaucoup à Crassus. Néanmoins, je me gardai d'en parler à Cicéron.

— Tu as raison de te méfier des noms que Catilina t'a jetés en pâture, reprit Cicéron. Hortalus et Lucullus sont certes devenus des jardiniers indolents, mais ils ne se risqueraient pas dans une aventure aussi folle. S'ils restaient à Rome pour aider le Sénat, eux et d'autres encore, plutôt que de se contenter d'élever des poissons, nous n'aurions pas tant d'ennuis avec des médiocres de l'acabit de Catilina.

Hortalus et Lucullus étaient très fiers de leurs étangs, dans lesquels ils expérimentaient de nouvelles races de poissons étrangers afin d'introduire leur élevage en Italie. Cicéron trouvait cela frivole et ne s'était pas privé de le déclarer en plein Sénat.

— Et pourtant, tu ne portes pas Hortalus et Lucullus dans ton cœur, notai-je.

— Mes sympathies ou antipathies n'ont rien à voir là-dedans, rétorqua Cicéron. Ce sont deux hommes extrêmement capables ; seulement, ils devraient être à Rome pour servir l'État au lieu de jouer les oisifs à la campagne.

— Et Jules César ?

— Il vaut mieux que ce qu'on croit en général, même s'il s'est fait élire grand pontife après une honteuse campagne de pots-de-vin. Oui, il est peut-être dans le coup, mais, là encore, il me faut des preuves solides.

— Excuse-moi, consul, mais tu ne sembles pas surpris outre mesure, ni choqué par mes révélations, qui m'ont moi-même atterré au plus haut point.

J'étais assez déçu qu'il n'ait pas déjà convoqué les sénateurs pour une session extraordinaire, afin de dénoncer les traîtres.

Il me gratifia une fois de plus de son sourire glacial.

— Cela fait deux ans que je suis au courant des complots de Catilina. Oh, ne fais pas cette tête ! On n'accède pas à ma position sans avoir de bonnes sources d'informations. Cependant, tu es le premier à m'apporter des preuves tangibles, obtenues de Catilina lui-même. Bien qu'on m'ait déjà donné des renseignements de seconde main d'excellente qualité.

— Qui ? m'étonnai-je, déconfit. Oh, tu préfères peut-être garder le secret ?

— Non, je sais que tu ne trahiras pas mes sources. Eh bien, Fulvia, pour commencer.

— Fulvia !

Avec tous ces conspirateurs, j'avais oublié les femmes. Hormis Aurélia, bien sûr.

— Oui, Fulvia. Ce crétin de Curius l'aime à la folie, et quand, par jalousie, il ne menace pas de la tuer, il lui raconte tout ; il lui a déjà dévoilé les deux projets de Catilina en vue de m'assassiner. Fulvia est certes une débauchée, mais pas au point d'aller jusqu'au meurtre, et elle m'a prévenu chaque fois que ma vie était en danger. Elle m'a aussi informé du dernier complot de Catilina, espérant que j'épargnerais Curius quand la révolte sera écrasée.

— L'épargneras-tu ?

— Ce n'est pas à moi d'en décider. Le Sénat jugera.

J'étais tellement éberlué que je ne remarquai pas que Cicéron avait dit « le Sénat », et non « les tribunaux ». Un lapsus chargé de graves ennuis pour les jours à venir.

— D'accord, le coup d'État a peu de chances de réussir, fis-je remarquer. Mais quelques irréductibles peuvent provoquer un carnage dans une ville aussi peuplée que Rome. Sans compter qu'ils ont des partisans dans toute l'Italie.

— C'est juste. C'est pourquoi je veux que tu préviennes le plus tôt possible ton parent Métellus Créticus. Peux-tu t'en charger sans éveiller les soupçons ?

Le pauvre Créticus attendait toujours devant les murs de Rome la permission de célébrer son triomphe.

— La semaine prochaine, la gens Caecilii organise sa journée d'observance religieuse annuelle. Comme Créticus ne peut entrer dans la cité, nous nous réunirons dans sa villa sur le Janicule. Je pourrai alors lui parler en tête à tête.

— Excellent. Raconte-lui le coup qui se prépare, mais n'entre pas dans les détails. Dis-lui d'attendre mes ordres et d'être prêt à rameuter ses hommes. Tiron enverra le même message à Marcius Rex. À eux deux, ils devraient pouvoir réunir une légion entière en peu de temps.

— Et ton collègue ? demandai-je.

— Hybrida brûle d'envahir la Macédoine. Je lui dirai de rassembler ses troupes et de faire semblant de se mettre en route. Mais il n'ira pas plus loin que le Picenum. Ne crains rien, Décius, nous viendrons facilement à bout de cette triste affaire.

J'aurais aimé partager son optimisme. J'avais peur que Catilina ne nous donne plus de fil à retordre que Cicéron ne le pensait.

— Et la Gaule, consul ? Il faut alerter les autorités romaines et les citoyens qui s'y trouvent. Les Allobroges peuvent déclencher un bain de sang. Notre emprise sur la Gaule n'est pas très solide, un soulèvement tribal risque de nous en chasser.

— Oh, ça ! fit Cicéron dont le sourire glacial devint polaire. Figure-toi que Fulvia n'est pas mon seul informateur, Décius. J'aimerais te présenter la personne que je recevais quand tu es arrivé.

Mystifié, je le regardai appeler un esclave afin qu'il aille chercher son invité surprise. Quelques instants plus tard, entra un grand individu au visage volontaire que je reconnus aussitôt.

— Questeur Décius Cécilius Métellus, dit Cicéron avec emphase, permets-moi de te présenter le patricien Quintus Fabius Sanga, de Rome et de Gaule.

— Nous nous sommes déjà rencontrés, dis-je. Au cirque, il y a quelques jours.

— Tu sais donc que Fabius Sanga est le patron des Allobroges ?

— Oui. J'ai parlé à ton conducteur de char ce jour-là. Un dénommé Dumnorix.

— Amnorix, corrigea Sanga.

— C'est ça, Amnorix. Il court sous le nom de Polydoxus. Il m'a dit que tu étais le patron de sa tribu, et je me suis souvenu qu'on surnommait ta famille Allobrogicus.

— Fabius est venu me voir, il y a quelque temps, avec des nouvelles alarmantes, expliqua Cicéron. Ce soir, il m'a apporté certaines confirmations.

— Umbrénus, ce misérable coquin, a pris langue avec les délégués des Allobroges, commença Sanga. C'est un publicain de la pire espèce, mais il s'est toujours arrangé pour rester en bons termes avec les tribus gauloises. Il connaissait leurs doléances et savait qu'ils étaient à Rome pour protester. C'est exactement l'occasion que les partisans de Catilina attendaient. Umbrénus a abordé la délégation au Forum et l'a emmenée chez Décimus Brutus. Brutus est absent de Rome mais Sempronia les a reçus et leur a prêté sa maison pour leurs réunions. Les conjurés pensaient que les Gaulois seraient impressionnés par l'une des plus belles demeures de Rome, et c'est exactement ce qui s'est produit.

— Catilina prétend qu'il a reçu leur soutien, dis-je.

Après s'être croisé les mains, Fabius se pencha vers moi.

— Vous ne connaissez pas les Gaulois. Comme tous les *keltoi*, expliqua-t-il en utilisant le nom que leur donnent les Grecs, ils s'emportent facilement et adorent les rodomontades, mais ils ne ressemblent pas du tout aux caricatures qu'on dresse d'eux au théâtre. Leur première réaction est toujours émotionnelle, pourtant, on ne peut en aucun cas préjuger de leur décision finale. Accordez-leur un temps de réflexion, et ils se montrent aussi raisonnables et équilibrés que n'importe qui.

« Lorsque Umbrénus a paru s'émouvoir de leurs doléances, ils se sont répandus en leurs lamentations habituelles. Alors il leur a fait remarquer que les vrais hommes préféraient se battre plutôt que de se soumettre, et, bien sûr, ils ont proclamé qu'ils suivraient gaiement celui qui leur promettrait le rétablissement de leurs anciennes libertés. Et voilà, le tour était joué. Umbrénus n'avait plus qu'à leur parler de Catilina et ils se sont déclarés prêts à le suivre.

Fabius s'arrêta pour boire une coupe de vin.

— Bien entendu, reprit-il, c'était des propos de Gaulois, mais Umbrénus les a pris pour argent comptant. Après avoir mûrement réfléchi, ils ont compris qu'ils s'étaient fourrés dans de mauvais draps. Lorsque je suis rentré à Rome, ils sont venus me trouver pour me demander conseil. C'est à ce moment-là que j'ai averti le consul.

— Et je lui ai conseillé de dire aux Gaulois de jouer le jeu afin de découvrir les noms des conjurés. Ils ont alors annoncé à Umbrénus qu'ils combattraient le cœur plus léger s'ils savaient que des personnages haut placés étaient impliqués dans le complot. Ce fut une erreur, car Umbrénus leur a jeté des noms en pâture pour les impressionner, comme Catilina l'a fait avec toi, Décius. Il a même affirmé que ton père était de leur côté.

J'en avalai mon vin de travers.

— Père ? Il faut vraiment être un Barbare pour croire des sornettes pareilles !

— Umbrénus a cité son nom parce que les Allobroges le connaissent. Ton père était encore leur gouverneur il y a peu, et, pour eux, un proconsul est quasiment un dieu.

— Par l'intermédiaire de Fabius, intervint Cicéron, je leur ai conseillé ceci : leurs parents en Gaule ne se soulèveront pas tant qu'ils n'auront pas vu la signature et les sceaux des principaux dirigeants de la conjuration sur un document leur garantissant une juste récompense après le succès de la révolution.

Je le contemplai, atterré.

— Ils ne sont pas stupides à ce point ! protestai-je. D'accord, ils ne vivent pas dans la réalité, mais même le plus naïf des conspirateurs sait qu'il ne faut jamais apposer son nom sur un parchemin !

— N'empêche qu'ils ont promis de faire parvenir un tel document aux Allobroges, dit Cicéron. D'ailleurs, ce n'est pas si absurde. Leur réussite dépend en grande partie du soutien des Gaulois, et s'ils échouent, ils mourront tous. En outre, ils ne se considèrent pas comme des conspirateurs, mais comme de vrais citoyens. Ne veulent-ils pas restaurer la République telle qu'elle n'aurait jamais dû cesser d'être ?

— Lorsque le document arrivera en Gaule, renchérit Fabius, les opérations auront déjà commencé en Italie. Les preuves écrites sont donc le cadet de leurs soucis. Le parchemin va circuler dans les prochains jours.

Une crainte affreuse me saisit.

— Je suppose qu'on va me demander de le signer.

— Et après ? fit Cicéron. J'attesterai que tu as agi sur mon ordre.

— Je m'excuse, consul, mais s'ils frappent plus tôt que nous le croyons, ton assassinat sera le signe que la guerre a commencé.

— Oh, il te restera la garantie de Céler, s'il vit toujours, et de Fabius, ici présent. Pour plus de sûreté, parle à Créticus au plus vite. À présent, citoyens, je vous prie de m'excuser, du travail m'attend. Faites-moi signe si vous apprenez des faits nouveaux. Lorsque j'aurai le document avec les noms des conjurés, je dénoncerai Catilina au Sénat, et nous écraserons la révolte avant qu'elle ne s'étende.

Nous prîmes congé du consul et Tiron nous raccompagna à la porte. Dehors, je pris Fabius par le bras.

— J'aimerais te dire un mot, Quintus Fabius, dis-je, si cela ne te dérange pas.

— J'allais te le proposer. Marchons jusqu'au Forum. La lune brille ce soir, nous pourrons donc voir les gêneurs approcher, s'il y en a.

Je fus soulagé par sa prudence. En effet, la pleine lune permettait de se diriger dans les rues, et elle se reflétait sur le marbre blanc du Forum, illuminant la place d'un éclat énigmatique. On se serait cru dans un rêve.

— Commence, Décius Cécilius, me dit Fabius lorsque nous nous arrêtâmes devant les Rostres.

— Quand je t'ai rencontré, il y a quelques jours, tu parlais avec Crassus. Plus précisément, tu te disputais avec lui. Vous vous êtes interrompus à mon arrivée. Puis, Crassus a dit une chose étrange. Deux hommes m'accompagnaient, Valgius et Thorius, tous deux impliqués dans la conjuration. Pourtant, Crassus a prétendu ne pas les connaître. Or, quand j'ai discuté avec ton conducteur de char, il m'a affirmé que Valgius était venu chez toi avec Crassus.

— C'est exact. J'ai l'impression que Crassus essaie de prendre ses distances avec les conjurés.

— Puis-je connaître l'objet de votre dispute ?

— Crassus voulait que je lui cède le patronage des Allobroges. Il prétendait que c'était pour préserver ses intérêts en Gaule. Il m'a même offert de le racheter, précisa Fabius avec une moue de dégoût. Comme si ces choses-là se vendaient ! Pour Crassus, l'argent est roi. Évidemment, il veut surtout manipuler les Gaulois pour le compte de Catilina. Il ignore que ceux-ci m'ont déjà tout révélé.

— En as-tu parlé à Cicéron ?

— Bien sûr. Tu as déjà deviné qu'il a peur de poursuivre Crassus, j'imagine.

— Oui, et je n'arrive pas à comprendre pourquoi. Je croyais que Marcus Cicero n'avait peur de rien. Pourquoi est-il obnubilé par Catilina alors qu'il sait pertinemment qu'un personnage plus haut placé tire les ficelles ?

Fabius réfléchit longuement.

— Décius Cécilius, toi et moi, nous appartenons à deux vieilles familles sénatoriales, la tienne plébéienne, la mienne patricienne, des familles presque synonymes de l'État romain. Bien que Cicéron soit un homme remarquable, il n'oublie jamais qu'il est avant tout un *novus homo*. Même s'il atteint les sommets, il aura toujours peur de retomber d'où il vient.

C'était triste à entendre ; j'admirais sincèrement Cicéron, mais je découvris par la suite que Fabius avait raison.

— Il poursuivra Catilina, reprit celui-ci. Il ne lui laissera aucun répit, précisément parce qu'il n'est qu'un conjuré subalterne. Il veut étouffer la rébellion avant qu'elle ne s'organise, dans l'espoir que les puissants retireront leur soutien à une cause perdue d'avance.

— Et Catilina ne les dénoncera pas ?

— Peut-être que si, mais qui le croira ? Nous avons déjà entendu les noms d'innocents que lui et ses partisans jettent en pâture pour donner une fausse impression de force. S'il accuse Crassus de l'avoir soutenu, pourquoi Crassus ne se prétendrait-il pas aussi innocent que ton père ?

— Pourquoi, en effet ? Et on peut être sûr que Crassus n'apposera pas son nom sur le parchemin destiné aux Gaulois.

— Oh, ça non !

— Quintus Fabius, encore une question. Tu es allé voir Cicéron pour lui parler du complot. Pourquoi pas Antonius Hybrida ?

Fabius éclata d'un rire sans joie.

— Pour la même raison que toi. Hybrida n'est pas plus digne de confiance que tous ceux qui portent le nom d'Antonius. Il est intrépide, insouciant, capricieux, versatile, et je ne doute pas que Catilina ne lui ait déjà proposé de se joindre à la conjuration.

Je n'avais pas pensé à cela.

— Crois-tu qu'il soit de leur côté ?

— Tu te souviens comment les provinces proconsulaires ont été attribuées après l'élection ?

— Bien sûr. Cicéron a tiré la Macédoine, Antonius la Gaule Cisalpine. Mais pour des raisons que j'ignore, Cicéron a refusé la Macédoine et Antonius l'a reçue par défaut. Catilina affirme que Cicéron a peur d'aller en Macédoine à cause des combats qui s'y déroulent.

— C'est faux. Catilina voulait être consul avec Antonius comme collègue, mais Antonius a préféré s'allier avec Cicéron. Il trouvait Catilina trop sali par la corruption. En plus, Cicéron lui avait fait une meilleure offre.

— Une meilleure offre ?

— Ne lui a-t-il pas cédé la Macédoine ? Antonius rêvait d'une guerre et du butin qu'elle rapporte. C'est ainsi que Cicéron a acheté sa loyauté. Néanmoins, je reste persuadé qu'Antonius tente aussi sa chance avec Catilina, même s'il n'est pas assez fou pour s'engager à fond.

Fabius était très bien informé pour quelqu'un qui passait si peu de temps à Rome, mais les patriciens ont leurs réseaux bien à eux. Une autre question me troublait.

— Je saisis mal la position du tribun Bestia dans l'affaire, dis-je. Il est plus intelligent que les autres conjurés, et j'ai l'impression qu'il joue son propre jeu.

— Les tribuns aiment semer la zizanie, rétorqua Fabius, en bon patricien. Je ne sais comment, mais avec les siècles, ils ont réussi à contourner le Sénat et les tribunaux et s'imposent dorénavant comme les élus décisifs dans les questions du pouvoir. Or, n'importe qui peut se faire élire au tribunat.

— Sauf un patricien, lui rappelai-je. Clodius a été obligé d'abandonner son statut de patricien pour devenir tribun.

— C'est typiquement une manœuvre de Claudien, grogna Fabius. Je sais peu de chose sur Bestia, mais il me semble assez ami avec ton parent, Métellus Népos.

— Le légat de Pompée ? C'est ridicule.

— Cela se passe souvent ainsi en politique. On n'y comprend rien si on n'examine pas les choses de près. Et même là...

— Certes. Tout ce que je sais, c'est que Népos et Bestia sont des amis d'enfance. Ils ont étudié ensemble la philosophie à Rhodes. Mais pour moi, Pompée est le seul qui, assurément, ne trempe pas dans ce complot.

— Rien n'est jamais certain, me rappela Sanga. Allez, bonne nuit, Décius Cécilius Métellus.

Nous nous séparâmes et allâmes chacun notre chemin. Avant de rentrer chez moi, j'entrepris la longue montée vers le Capitole et entrai dans le temple de Jupiter Capitolin. À cette heure, il était désert. Seul un esclave venait toutes les heures vérifier le niveau d'huile des lampes et moucher les mèches.

La nouvelle statue de Jupiter était superbe, assez semblable à l'ancienne mais le double de sa taille. Elle avait été financée par le grand Catulus et sculptée, selon la mode de l'époque, sur le modèle du légendaire Zeus de Phidias, le corps du dieu dans l'albâtre le plus pur, sa robe dans du porphyre. Les cheveux et la barbe étaient couverts de feuilles d'or, et les yeux incrustés de lapis-lazuli. Dans la lueur scintillante des lampes, on aurait dit que Jupiter respirait.

Je piochai une poignée de poudre d'encens dans un bol en bronze ciselé et la jetai dans les braises incandescentes, aux pieds du dieu. Les haruspices prétendaient que ce nouveau Jupiter nous préviendrait des dangers qui menaçaient l'État, mais la fumée qui s'éleva du brasero ne m'évoqua rien. En quittant le temple, je m'arrêtai sur les marches et scrutai le ciel. Je ne vis ni vol d'oiseaux mystérieux, ni éclair, ni étoiles filantes, et n'entendis aucun coup de tonnerre. En rentrant chez moi, je me dis que les dieux ne s'intéressaient sans doute pas aux complots minables des nains dégénérés que nous étions devenus. À l'époque des héros, quand Achille et Hector, Énée et Agamemnon se battaient, les dieux prenaient une part active dans les combats. Dans ce temps-là, les héros appartenaient quasiment à l'Olympe de plein droit. Mais, à présent, les dieux n'étaient pas disposés à se décarcasser pour Catilina, Crassus, Pompée, et encore moins pour Décius Cécilius Métellus le Jeune.

X

Le lendemain matin, on retrouva le cadavre d'Asclépiade sur le pont qui reliait l'île et la ville. Comme j'enquêtais sur la série de meurtres, je me rendis au temple d'Esculape afin d'examiner le corps. N'importe quel prétexte pour sortir du temple de Saturne ! Sur le Forum, les rumeurs allaient bon train. Jusqu'à présent, la plupart des victimes étaient de riches *equites* tandis qu'Asclépiade, bien qu'aisé, n'était même pas citoyen romain. Pour une fois, j'eus la satisfaction de savoir de quoi il retournait.

Asclépiade avait de nombreux amis et un certain nombre de collègues, mais la ville connaissait une nouvelle vague de superstition : selon la rumeur, les crimes rendaient hasardeux d'assister aux obsèques de la dernière victime. Résultat, le corps du pauvre Asclépiade resta quasiment seul dans l'atrium du temple, veillé par ses propres esclaves. Parmi les rares visiteurs, je reconnus Thorius, la mâchoire toujours bandée, qu'on avait envoyé pour confirmer que j'avais bien assassiné mon créancier. Lorsqu'il sortit, il me fit un clin d'œil complice, le porc !

On avait lavé le corps d'Asclépiade qui reposait à présent sur une table, entourée de lampes aux quatre coins. Sa peau était affreusement grise et une blessure atroce entaillait son cou. C'était quand même porter l'imitation à l'extrême. Discrètement, j'effleurai son visage. Complètement froid. Je pris son poignet. Aucun pouls. Il ne s'agissait plus d'une plaisanterie. Asclépiade était vraiment mort.

Cette effarante découverte me secoua davantage que celle des cadavres précédents. Qui avait assassiné Asclépiade ? J'entretins un instant l'idée absurde que j'étais le coupable. Peut-être étais-je aussi fou que les autres ? Alors, un esclave du médecin vint m'apporter un papyrus que je déroulai et sur lequel je lus : « Le questeur Métellus est prié de se trouver dans le bureau du médecin Asclépiade à la sixième heure pour une affaire concernant le testament du défunt. »

— Qui a écrit ce mot ? demandai-je.

L'esclave hocha la tête avec regret. Aucun des assistants d'Asclépiade ne parlait le latin, du moins, c'est ce que le médecin prétendait.

Je passai le reste de la journée en proie à une grande agitation. En fait, mon état normal depuis quelque temps. Je lorgnais sans cesse le cadran solaire ; l'ombre progressait avec une lenteur désespérante. Lorsqu'il me sembla que la sixième heure approchait, je me hâtai vers l'île.

Je trouvai l'atrium désert. En attendant l'arrivée du patron de la cité natale du Grec, censé se charger des funérailles, on avait enlevé le corps. Un esclave me conduisit dans le bureau d'Asclépiade, qui était vide. Tandis que je m'asseyais, l'esclave referma la porte, et je m'aperçus, trop tard, que c'était un piège. On avait assassiné Asclépiade, et mon tour était venu. Je me relevai d'un bond, empoignai ma dague, quand une autre porte s'ouvrit. J'étais prêt à vendre chèrement ma peau.

— Je t'en prie, Décius, rassieds-toi, me dit Asclépiade.

Je m'assis, ou plutôt, je m'effondrai sur la chaise.

— Je suis venu ce matin, dis-je. Tu étais on ne peut plus mort.

— Si tu le penses vraiment, sachant que nous avons comploté ensemble cette petite cérémonie, que doivent croire ceux qui ne soupçonnent rien ?

Je savais qu'il attendait des questions, mais je luttai contre la tentation. Il s'assit et me toisa avec un sourire suffisant, tout pénétré de sa supériorité de Grec. Je n'y tins plus.

— Comment as-tu fait ? finis-je par demander.

— Ah, c'est une question d'habileté. Un soupçon d'art, et, je n'en doute pas, un peu d'aide de la part du dieu qui me patronne. Dosée avec une extrême minutie, une décoction de ciguë, de belladone et d'armoise provoque l'illusion parfaite de la mort clinique. Seul le plus subtil des médecins peut éventer la supercherie, et, en toute modestie, je suis ce médecin-là.

— Cela aurait pu être plus qu'une simple illusion. N'est-ce pas avec de la ciguë qu'on a exécuté Socrate ?

— C'est une question de dosage ; le procédé a déjà été utilisé pour simuler la mort quand un tel subterfuge était nécessaire. J'ai préalablement testé la décoction sur un esclave qui avait les mêmes caractéristiques que moi, âge, taille, et état de santé. Le résultat m'a comblé : trois heures de coma suivies par un prompt rétablissement et aucun autre effet.

— Et la blessure ? m'étonnai-je, cherchant les traces sur son cou.

— Une réussite, n'est-ce pas ? Je l'ai façonnée avec une peau de fœtus d'agneau, la même que celle qui sert à fabriquer les meilleurs parchemins. Je l'ai modelée à la forme de mon cou, et le maquillage qui a donné l'illusion de la pâleur cadavérique a fait le reste. Ce faux épiderme s'attachait sur ma nuque, et les raccords avec ma propre peau étaient cachés sous les cheveux, la barbe ou les habits. Quant à l'entaille sur le cou, je l'ai bourrée de fines lamelles de foie de veau afin de parfaire l'impression. C'était convaincant, non ?

— Un chef-d'œuvre ! m'exclamai-je, sincère.

Revenu de ma frayeur, je ne cachais plus mon admiration.

— Comment as-tu réalisé une si parfaite illusion en si peu de temps ?

Asclépiade se pavana. Il n'était pas grec pour rien.

— On a déjà fait appel à mes services pour simuler des blessures. Vos mimes, qui jouent sans masques, ont parfois besoin d'une note de réalisme. Et certains citoyens de haut rang, dont je tairai les noms, ont eu recours à mon art pour éviter le service militaire.

— Asclépiade, tu me choques !

— Je ne suis qu'un exécutant, la culpabilité repose entièrement sur eux. Pense à moi si un jour tes supérieurs se proposent de t'envoyer dans une expédition militaire suicidaire.

— Un homme aussi dévoué que moi au Sénat et au peuple de Rome ne s'abaissera jamais à une telle perfidie, dis-je pieusement.

Asclépiade se contenta de me regarder en souriant de son air supérieur, sachant pertinemment que je suivrais son conseil si la situation se présentait. Je n'allais certes pas me faire tuer pour la gloire des Crassus ou des Pompée.

— Ce qui importe, dit le Grec, c'est que tu passes pour un bon assassin aux yeux des conspirateurs. Toutes mes félicitations.

— Merci. Dans quelques jours, dis-je en me levant, cette histoire sera terminée ; tu pourras alors te repaître de la surprise que provoquera ta réapparition.

— Il me tarde d'y être.

— En attendant, profite de ta solitude pour rattraper tes travaux d'écriture en retard. J'espère que tu ne souffriras pas d'effets néfastes à cause de la ciguë.

— Oh, en fait, c'était une expérience revigorante. Je pense d'ailleurs l'utiliser comme cure.

Il me raccompagna à la porte.

— Ne dis à personne ce que tu mets dans ta décoction, conseillai-je.

— Rassure-toi, je n'en parle jamais. Salut à toi, Décius Cécilius, et bonne chance.

Je quittai l'île d'excellente humeur. L'assassinat d'Asclépiade étant un fait acquis, le savoir en vie après l'avoir cru mort me rendait optimiste pour la suite. J'avais un pied chez les conjurés et, depuis que j'avais parlé avec Cicéron, je sentais mes appuis officiels plus solides. En outre, la situation politique ne me paraissait plus aussi sombre. Je ne savais pas encore qui était impliqué, mais il devenait évident que Catilina avait un plan presque crédible et qu'il bénéficiait du concours d'un ou plusieurs puissants de l'époque. Les autres, moi compris, n'étions que des osselets, pour reprendre la métaphore de ma cousine Félicia.

On pouvait d'ailleurs étendre l'expression. Tous les osselets ne sont pas francs. Certains ressemblent aux autres, mais, comme les dés, ils peuvent être pipés. J'étais un de ceux-là. Y en avait-il d'autres ? Je connaissais des osselets dont les angles avaient été polis. Fulvia jouait un rôle d'informateur et, par ricochet, Curius était devenu un pion de Cicéron.

Et Bestia, le futur tribun ? À cette époque, les tribuns étaient élus par le *Consilium Plebis*, une assemblée de citoyens qui manquait singulièrement de discernement. De tous les corps électoraux, c'était le plus susceptible d'être la proie des démagogues, et trop de tribuns se révélaient finalement des fripouilles incultes et égoïstes. Le tribunat était devenu la route la plus courte pour atteindre le pouvoir, et de ce fait était fort prisé par des hommes comme Catilina ou Milon. Caton s'était fait élire pour contrecarrer les activités de ses ennemis politiques, mon parent Népos – qu'on avait récemment vu en compagnie de Bestia – dans le seul but d'appuyer la carrière de Pompée. Comme si c'était nécessaire, d'ailleurs. Il n'était donc pas surprenant qu'un tribun s'acoquinât avec Catilina, car un tel magistrat pouvait pousser les foules à se soulever contre le pouvoir, ce qu'un patricien hautain comme Catilina n'arriverait jamais à faire. Toutefois, j'avais été troublé par les insinuations de Bestia. Il ne m'avait pas paru partager la fougue ni les illusions des autres conjurés. Il semblait amusé, un brin supérieur.

Mon humeur joyeuse effaça même mes craintes au sujet d'Aurélia. Catilina l'utilisait peut-être comme appât, mais à son corps défendant, si je puis dire. Non, elle n'était pas de mèche avec les conjurés, impossible ! À Rome, à cette époque, n'importe qui pouvait se faire manipuler aisément.

Les jours suivants se déroulèrent à la fois dans l'allégresse et dans l'anxiété. Il n'y eut pas d'autre réunion entre les conjurés, mais, de temps en temps, je croisais plusieurs d'entre eux sur le Forum ou aux bains. À chaque fois, ils me décochaient un clin d'œil puéril, comme si nous étions les initiés d'une secte secrète.

Je cherchais le moindre prétexte pour me rendre chez Aurélia, mais les esclaves d'Orestilla me répondaient invariablement que les deux femmes étaient en voyage, tout en restant vagues sur leurs pérégrinations et la durée de leur absence. Évidemment, empêché de voir Aurélia, je ne pensais plus qu'à elle. Les souvenirs enfiévrés de notre nuit me hantaient, telles les plus salaces des pantomimes que nos censeurs désapprouvent à grands cris.

Au Trésor, je négligeai mes devoirs. Toutefois, les esclaves et les affranchis ne s'en aperçurent pas, car cela m'était coutumier. Dans les dîners, remarquant mon agitation et ma distraction, les autres convives m'incitaient à boire avec succès. On peut s'étonner qu'un homme étroitement mêlé à un tissu d'intrigues redoutables, de tricheries, de meurtres, pût se laisser distraire par une femme, quels que fussent ses charmes. Il se trouve que les jeunes gens sont ainsi faits. Les Grecs et les Troyens ne se sont-ils pas autrefois combattus pour les beaux yeux d'Hélène ? Je n'étais donc pas le seul à souffrir de cette affliction, même si ce sentiment n'appartenait pas vraiment aux normes romaines.

Lorsque vint le jour du rassemblement des Caecilii, je traversai le fleuve avec les autres et escaladai le Janicule où Quintus Cécilius Métellus Créticus attendait dans sa villa la permission de célébrer son triomphe. Toutes les grandes familles organisent une ou plusieurs réunions annuelles au cours desquelles les divers membres, tout en observant les rites familiaux, arrangent les mariages et prennent les décisions concernant la gens.

Bien sûr, tous les Romains portant le nom de Cécilius ne participaient pas à ces réunions ; sinon, plusieurs milliers de personnes se seraient entassées dans la villa de Créticus. Étaient seulement présents les pater familias qui ne servaient pas à l'étranger dans les armées, ainsi que leurs descendants mâles. De retour dans leur foyer, ils transmettraient les décisions et célébreraient les rites avec leurs affranchis et leurs clients.

La villa regorgeait du butin de la Crète, conservé en vue du triomphe et gardé par des légionnaires endurcis. Je fus rassuré d'en voir autant, car nous allions avoir besoin d'eux.

Se trouvaient là mon père, le préteur Métellus Céler, Métellus Pius Scipio, pontife et cécilien d'adoption, et Métellus Népos, le légat de Pompée. Je devinai que mon problème serait d'arracher quelques minutes en privé à Créticus.

Après l'invocation traditionnelle des dieux, du génie de la famille, des lares et des pénates du foyer, nous passâmes aux choses sérieuses. Parmi les questions soulevées, celle de mon nom occupa une place importante. Certains des anciens de la famille, plus conservateurs ou traditionalistes, exigeaient que Décius fût banni des générations futures. Décius, disaient-ils, n'était pas un *praenomen** à proprement parler, mais un *nomen**. Mon père fit valoir, avec éloquence, qu'un nom décrété par un dieu méritait une juste considération ; or, comme nous avions gagné la bataille contre les Samnites le lendemain de la naissance de mon père, Décius devait être un *praenomen* convenable pour la gens Caecilii. La faction anti-Décius ne fut pas convaincue pour autant. Apparemment, elle pensait que la famille ne possédait pas suffisamment de Quintus. Cela donne une indication de la suffisance et de la mollesse qui avaient gagné Rome dans ces années de vaches grasses. On n'aborda jamais la question de la ligne politique que défendrait la famille. L'affaire de mon nom ne fut jamais réglée, et son sort reste encore indécis aujourd'hui.

Après les rites et les affaires de famille, Créticus nous offrit un splendide banquet au cours duquel il nous servit les meilleurs crus de Crète. Créticus était un personnage d'une grande banalité. Sa carrière politique s'était déroulée sans heurts, et il avait laborieusement gravi tous les échelons pour finalement devenir consul, charge qu'il avait partagée avec Quintus Hortensius Hortalus, le patron de mon père. Comme commandement proconsulaire, il hérita ensuite de la guerre qui nous opposait aux Crétois et aux pirates infestant la région. Il fut un général aussi falot qu'il avait été un politicien sans saveur, et dut livrer une longue campagne décousue. Cependant, contre toute attente, il fit preuve d'un courage têtu quand Pompée, selon son habitude, essaya d'usurper son commandement alors que la campagne tirait à sa fin.

Le tribun Gabinius, partisan de Pompée, avait fait passer une loi lui livrant la Crète. Certaines cités crétoises, sachant la guerre perdue, s'étaient hâtées de se rendre à Pompée. À l'époque, tout le monde se rendait à Pompée, car déposer les armes devant un général de troisième plan comme Métellus Créticus aurait paru déshonorant. Métellus refusa de reconnaître le droit de Pompée d'accepter la capitulation des cités crétoises, et menaça d'attaquer ses officiers. On crut que la guerre civile était inévitable, mais Pompée fit marche arrière. L'année suivante, le tribun Manilius déposa une loi qui accordait à Pompée le commandement des armées pour toute la Méditerranée afin qu'il écrase les pirates, mais Créticus avait alors déjà conquis la Crète et l'avait organisée en province. Pompée lui en garda rancune, et ses suppôts empêchaient Créticus de célébrer son triomphe.

Pour rendre justice à Pompée, je dois dire que sa campagne contre les pirates fut extrêmement brillante. Il les balaya complètement, et presque sans effusion de sang. Ce fut plutôt un chef-d'œuvre d'organisation qu'une réussite tactique, ce qui me porte à croire que si Pompée s'était concentré sur l'administration, il aurait pu devenir le bienfaiteur de Rome. Au lieu de cela, il se dispersa dans d'inutiles et coûteuses conquêtes, et plongea la République dans la plus destructrice de ses guerres civiles.

Après le banquet, je finis par prendre Créticus à part. La plupart des Caecilii étaient déjà rentrés chez eux, et les autres déambulaient dans le jardin pour activer leur digestion ou admirer le butin rapporté de Crète. Un pays différent de l'Asie. Et surtout bien moins riche. C'est pourquoi Créticus n'avait pas amassé d'aussi impressionnants trésors que Lucullus, même si les repaires des pirates recelaient de nombreux objets précieux, et les cités crétoises de magnifiques statues grecques que Créticus s'était appropriées. Le trophée dont il était le plus fier se composait d'une colonne crétoise, ornée des béliers en bronze des galères pirates. Un esclave devait exclusivement s'occuper d'astiquer le bronze du matin au soir.

Je trouvai Créticus sous le portique qui surplombait les jardins. Discrètement, je lui fis signe que je désirais l'entretenir en privé, d'un air suffisamment évasif pour laisser croire à un éventuel témoin que je voulais lui emprunter de l'argent.

— Content de te voir, Décius. Je me réjouis que ton père ait tenu tête à ces imbéciles à propos de ton nom. Tu n'imagineras jamais ce qu'il en coûte de grandir parmi les Metelli quand on s'appelle Quintus. Dans les réunions de famille, à chaque fois que quelqu'un lance : « Quintus ! », les trois quarts de l'assistance tournent la tête.

— Je n'y avais jamais pensé, avouai-je. En fait, je suis là pour te parler au nom du consul Cicéron. Il s'agit d'une affaire urgente. L'État est en danger.

Créticus fut bien évidemment surpris.

— Parle, je t'écoute.

Je décrivis brièvement la conjuration et lui fis part des instructions de Cicéron le concernant. Créticus passa de l'incrédulité à l'inquiétude, puis au calcul. Je savais exactement à quoi il pensait : combien de temps mettrait Pompée pour revenir à Rome quand il serait au courant ?

— Ainsi, Sergius Catilina prépare un coup ?

Il émit une sorte de rire qui ressemblait davantage à un grognement.

— Catilina est une épine dans le pied de la République. C'était déjà assez présomptueux de sa part de se présenter au consulat, mais ça ! Écoute-moi bien, Décius, il y a quelqu'un derrière cette affaire. Je ne serais pas étonné que ce soit Pompée.

— Oh, c'est peu probable ! Personnellement, je soupçonne Crassus.

— Même si Pompée ne tire pas les ficelles, il cherchera à profiter de la situation.

Là, je n'eus pas d'argument à lui opposer.

— Il faudra frapper vite et fort, reprit-il. Crois-tu que Catilina agira cet hiver ?

— Assurément. Ses complices sont trop médiocres pour garder le secret bien longtemps. Je crois qu'il prévoit d'attaquer très bientôt.

— Tant mieux ! C'est le pire moment pour naviguer, et s'il emprunte la route terrestre, Pompée n'arrivera jamais à temps. Qui d'autre est au courant ?

— Le consul préviendra lui-même Marcius Rex.

— Parfait. Marcius est un brave homme, et il a gardé une bonne partie de ses légionnaires. Ses coquins sont encore plus coriaces que les miens. Si on arrive à pacifier Rome et les alentours, les préteurs pourront recruter assez d'hommes dans les *municipia* pour nous permettre de contrôler l'Italie. Dis à Cicéron que je suis à ses ordres, du moins jusqu'à la fin de l'année.

— Je n'y manquerai pas, promis-je. En attendant, Antonius Hybrida rassemble des forces pour envahir la Macédoine, mais il n'ira pas plus loin que le Picenum.

Encore ce même grognement narquois.

— Cicéron ferait mieux de ne pas trop se fier à cette crapule d'Antonin. Il peut aussi bien rejoindre la rébellion que la combattre.

— Je ne le pense pas, dis-je. Il a trop envie de piller la Macédoine.

— Cela se peut. Souhaitons que tu aies raison.

Des anciens de la famille nous rejoignirent et j'en profitai pour m'esquiver.

Alors que je m'apprêtais à quitter la villa de Créticus, je m'aperçus soudain que Cicéron s'était montré particulièrement habile en répartissant la défense de la

République entre de nombreux commandants. Il ne craignait pas grand-chose de Catilina et de ses partisans écervelés, mais s'inquiétait de la menace qu'aurait présentée un éventuel « sauveur ». Un général victorieux, qui se retrouverait avec ses troupes près de Rome, pourrait fort bien se sentir le droit de profiter de la situation. Cela s'était déjà vu.

Je pris congé. En partant, je fus accosté par Quintus Cécilius Métellus Népos, le futur tribun, légat de Pompée. Vraiment la dernière personne de la famille avec laquelle je m'attendais à m'entretenir ! Je le connaissais à peine et n'avais pas dû lui dire plus de trois mots en dix ans. D'un ou deux ans mon aîné, cet homme de grande taille, droit comme un I, donnait l'impression de porter encore son armure. Il était aussi blond que j'étais brun, et aussi élancé que j'étais ramassé. Seul notre long nez métellien témoignait de notre parenté.

— Ah, Décius, me dit-il tandis que nous descendions le Janicule. Cela fait longtemps que je cherche à te parler.

— Je suis facile à joindre. Ma porte est toujours ouverte, pour les visites officielles ou privées.

Nous passions devant l'ambassade d'Égypte. Le Janicule est recouvert de propriétés somptueuses, appartenant aux riches Romains qui souhaitent habiter près du siège du pouvoir, mais à distance respectable de la foule et du bruit.

— Je ne voulais pas t'importuner chez toi. Or, ce que j'ai à te dire ne souffre pas d'être prononcé en public. J'ai donc pensé que cette réunion familiale m'offrirait enfin l'occasion que j'attendais.

— Puis-je savoir ce qui mérite un tel mystère ? demandai-je. Assurément, ton patron Pompée n'a pas besoin de mes services pour conquérir le reste du monde !

Népos s'empourpra, et je regrettai aussitôt d'avoir prononcé des mots aussi durs. Je n'avais aucune antipathie particulière à son égard.

— Pardonne-moi, dis-je. Il se trouve que je déteste Pompée, c'est de notoriété publique. Quel est donc le sujet dont tu souhaites m'entretenir ?

Népos s'arrêta pour me regarder droit dans les yeux. C'était une journée calme ; on n'entendait que les bruits étranges de la faune exotique, de l'autre côté des murs de l'ambassade égyptienne.

— Décius, j'ai appris, peu importe comment, que tu étais impliqué dans une affaire non seulement ignoble et déshonorante, mais dangereuse. Je te supplie d'arrêter. Si tu t'entêtes, on te traînera jusqu'au Tibre par un crochet et la famille connaîtra l'ignominie. En tant que parent, je t'adjure de réfléchir.

Qu'il fût au courant me bouleversa profondément. Qui d'autre encore l'était ? En outre, si Népos connaissait l'existence de ce complot, Pompée l'apprendrait dans quelques jours. Il pourrait ainsi rassembler ses hommes et ses navires, n'attendant qu'un mot du Capitole pour se mettre en route. Cela lui épargnerait de précieuses semaines, à une époque de l'année où la navigation reste plutôt périlleuse.

— Je ne te demanderai pas qui t'a informé, dis-je, mais j'accepte ton avertissement comme un geste de loyauté familiale. À présent, écoute-moi bien. Ne te mêle pas de mes affaires. Tu sais pertinemment que je n'agirai jamais contre Rome ni contre notre Constitution.

— Alors, quel jeu joues-tu ?

Je réfléchis longuement avant de répondre.

— Je joue aux osselets.

— Comment ça ?

— Enfin, Quintus, reste-t-il des Romains qui ne jouent pas à un jeu ou à un autre ? Les débats du Sénat et des assemblées populaires sont devenus l'écran derrière lequel nous jouons à nos petits jeux. C'en est au point qu'on pourrait croire que Rome se donnera au gagnant.

Népos me dévisagea avec un mépris tout militaire.

— Je crois que tu es devenu fou, Décius.

— Ah ! Dans ce cas, je souffre moi aussi de la maladie générale. Ne t'approche pas, Népos, c'est contagieux.

— Eh bien, je te salue, Décius.

Là-dessus, il s'éloigna, la démarche raide.

J'avais l'esprit en ébullition. Ainsi, la conjuration gardait aussi bien ses secrets qu'un panier retient l'eau. Qui m'avait dénoncé à Népos ? C'est alors que je me souvins du futur tribun Bestia qu'on avait surpris avec Népos. Je m'arrêtai brusquement, et lâchai une bordée de jurons. Quel imbécile je faisais ! Bestia était tout simplement l'espion de Pompée.

Cela signifiait que Pompée connaissait l'existence du complot depuis le début. Quand Catilina déclencherait l'insurrection, les tribuns Népos et Bestia rédigeraient une loi pour que le Sénat vote le retour de Pompée d'Asie et lui décerne des pouvoirs extraordinaires. Cela donnerait à Pompée l'*imperium* proconsulaire à l'intérieur de l'Italie, une dictature à laquelle ne manquerait que le nom.

J'en tremblais. Une période plutôt difficile pour un ennemi déclaré de Gnaéus Pompeius Magnus.

XI

Je reportai la faute sur Aurélia. Après tout, si elle n'avait pas profité de ses charmes pour m'ensorceler, mon esprit aurait fonctionné normalement. Qui peut se vanter d'être réfléchi, rationnel, quand ses plus hautes facultés ont succombé devant le désir charnel qu'une femme est capable d'inspirer ? Je sauvai ainsi ma fierté, comme l'avaient fait avant moi tous les jeunes gens depuis des temps immémoriaux. Toutefois, cela n'affaiblit nullement mes sentiments à l'égard d'Aurélia. Je rêvais constamment d'elle, et je m'accrochais au fol espoir de la voir innocentée.

Je m'agitai ainsi pendant deux jours, sans nouvelles de Catilina et ne sachant que faire tout seul. Puis, alors que je quittais le temple afin de me rendre aux bains, Valgius m'accosta avec des mines de conspirateur, comme si les gens n'avaient rien de mieux à faire que de nous observer.

— Rendez-vous ce soir chez Léca, me dit-il dans un murmure presque inaudible. Sois-y dès la tombée de la nuit. L'heure approche. À propos, bien manœuvré pour Asclépiade.

Enfin. Assurément, Catilina devait agir vite s'il voulait que son complot ne reste pas lettre morte. Or il y avait déjà eu trop de meurtres pour que les conjurés s'en tiennent exclusivement aux mots. Je me rendis aux bains comme si de rien n'était. En fait, je pris mon temps et profitai pleinement des meilleurs bains de Rome ; j'allai du bassin d'eau froide à celui d'eau tiède, puis d'eau chaude, m'arrêtai longuement dans l'étuve, retournai au bassin d'eau froide, et terminai sur la table du masseur. Sachant que je risquais de ne plus revivre avant longtemps des moments aussi délicieux, je savourai mon plaisir.

Chez moi, je rédigeai mon testament, un acte que j'accomplissais souvent en temps de troubles, d'incertitude ou de tension. Ayant pris toutes mes dispositions pour répartir mes maigres biens, je saisis mes armes et sortis dans la nuit. L'un des aspects les plus ennuyeux d'une conspiration est qu'elle vous oblige à déambuler dans les rues sombres tard le soir. En cherchant la maison de Léca, je me perdis à plusieurs reprises. Or, il est toujours embarrassant de frapper aux portes pour demander son chemin.

Je réussis enfin à la trouver, une heure après le coucher du soleil. Apparemment, les esclaves avaient été confinés dans leurs quartiers pour la durée de la réunion, car Thorius m'ouvrit lui-même. C'était sans doute l'une des seules précautions élémentaires que ces amateurs daignaient prendre. Dans l'atrium se pressaient une quinzaine d'hommes, le visage marqué par l'inquiétude ; sans doute se rendaient-ils enfin compte de la gravité de leur entreprise. Ils se parlaient en murmurant, comme si une main invisible étreignait leur gosier. Toutefois, le silence se fit quand Catilina parut à l'arrière de la maison.

— Mes amis ! commença-t-il. Mes chers camarades ! Citoyens ! L'heure est venue d'agir !

On aurait dit qu'il faisait des efforts désespérés pour ne pas sombrer dans l'hilarité. Il réfrénait un sourire qui fendait son visage, telle une blessure d'épée. Sa voix tremblait, et je m'aperçus avec effroi combien de temps, de haine, de déception et d'amertume il avait consacré au plan qui allait enfin porter ses fruits. J'eus même la pénible impression qu'il allait se mettre à danser.

— Aujourd'hui, déclara Catilina, j'ai envoyé un message à mon lieutenant Gaius Manlius à Fiesole. Il doit convoquer ses hommes et déclencher la rébellion immédiatement.

Un grognement d'approbation parcourut l'assemblée.

— Le même message, reprit Catilina quand ses partisans se furent calmés, parviendra à Nobilior dans le Bruttium.

Cette fois, l'assentiment des conjurés se réduisit à un murmure. Ils partageaient sans doute mon opinion sur les Bruttiens.

— Lorsque Rome apprendra que l'insurrection a éclaté en Étrurie et dans le Bruttium, la panique s'emparera du Sénat. Ce sera le signal ! clama-t-il à tue-tête. Nous nous soulèverons aussitôt. Nous tuerons, nous brûlerons, nous dresserons le peuple contre les oppresseurs : les usuriers et les aristocrates décadents qui ont accaparé le pouvoir pour leur propre bénéfice. Nous purgerons Rome et nous rendrons à la République sa pureté originelle.

Quelque chose sonnait affreusement faux dans l'emphase de Catilina. Son allégresse presque hystérique avait un côté désespéré. Auparavant, sa confiance, bien qu'injustifiée, était réelle. À présent, elle était forcée. Qu'avait-il pu se passer ? S'était-il aperçu de son manque de réalisme ? J'en doutais.

— Dès que les combats auront commencé à Rome, poursuivit Catilina, j'irai rejoindre nos troupes sur le champ de bataille. Car Rome se gagnera hors des murs. J'emmènerai avec moi ceux qui souhaitent connaître la gloire. Cependant, ceux qui resteront ici pour tenir la ville n'auront pas à rougir de leur sacrifice.

Je vis autour de moi des expressions de vif soulagement. Ces hommes connaissaient les bagarres de rue, mais ils n'avaient pas forcément le cran de risquer leur vie dans de vrais combats.

Catilina parut puiser un renouveau de confiance dans le dévouement aveugle de ses partisans. Il commença à désigner des volontaires d'office pour telle ou telle mission.

— Valgius, Thorius, que vos bandes d'incendiaires se tiennent prêtes. Céthégus, assure-toi que les armes sont bien remises à nos partisans. Junius, mets tes espions en état d'alerte. Métellus...

— Oui, consul ? fis-je, tremblant de tout mon être.

— Reste ici après le départ des autres. J'ai une mission spéciale pour toi.

— Comme mon consul le voudra ! dis-je respectueusement.

J'étais soulagé. Assurément, s'il avait deviné mon véritable rôle, il m'aurait fait tuer sur-le-champ.

— C'est un jour crucial dans l'histoire de la République ! proclama Catilina. Aussi crucial que celui où, voilà près de sept siècles, nous avons chassé les Tarquins, des étrangers qui avaient eu l'audace de se faire couronner rois des Romains !

Grognements d'approbation.

— Plus tard, lorsqu'on demandera aux écoliers : « Quand la République a-t-elle été restaurée ? », ils répondront : « La nuit où les partisans du consul Catilina se sont réunis chez Léca. »

À ces mots, les applaudissements et les acclamations se déchaînèrent. Je n'ai jamais compris cette soif d'être adulé par les futures générations d'écoliers, mais, apparemment, les hommes réunis dans l'atrium y étaient extrêmement sensibles.

— À vos postes, donc ! ordonna Catilina. L'heure n'est plus aux paroles. Faites votre devoir, pour votre consul légitime. Vos petits-enfants vous béniront et vous exalteront. Des monuments pour les hommes présents ici ce soir orneront le Forum afin que tous les admirent ; vos noms seront idolâtrés comme ceux de nos pères fondateurs.

Des rires et des hourras ponctuèrent ces mots, comme si les misérables n'arrivaient pas à croire qu'ils connaîtraient un jour une telle gloire.

Lorsque tout le monde fut parti, je restai dans l'atrium, jouant avec ma dague et mon ceste.

Quelques instants plus tard, Catilina revint seul. Il portait un rouleau de papyrus qu'il étala sur la table. Trempant un roseau effilé dans un pot d'encre, il se tourna vers moi.

— Décius, je veux que tu signes ceci. C'est un message aux Gaulois dans lequel nous nous engageons à accéder à leurs demandes, à restaurer leurs libertés et à annuler leur dette.

J'examinai le papyrus. Ainsi, ils avaient mordu à l'hameçon !

— Lucius, crois-tu qu'il soit sage de laisser des traces écrites ?

Je parcourus promptement le document. Parmi les noms, je notai celui du préteur Publius Lentulus Sura, mais aucun de ceux des hauts personnages que Catilina m'avait si volontiers jetés en pâture. Crassus, Hortalus, Lucullus et César brillaient par leur absence.

— La guerre a commencé, Décius. C'est comme si on nous avait déjà déclarés ennemis publics. Nos noms sur ce papyrus ne signifient rien... à moins que tu aies de bonnes raisons de ne pas signer.

— Pas du tout.

J'empoignai le roseau et apposai mon nom, en prenant soin de l'écrire en entier : questeur Décius Cécilius, fils de Décius, petit-fils de Lucius, arrière-petit-fils de Lucius Métellus. Je voulais m'assurer qu'on n'altérerait pas ma signature dans le but d'impliquer mon père. Catilina jeta un coup d'œil sur le document, puis émit un grognement satisfait. Après avoir semé du sable sur l'encre humide, il souffla dessus et enroula le parchemin.

— Lucius, dis-je, il faut absolument que tu envoies Orestilla et Aurélia se mettre à l'abri en attendant que tout soit fini.

Catilina me regarda d'un œil vide, comme préoccupé par des affaires autrement plus sérieuses.

— Orestilla ? fit-il, tiré de sa rêverie. Elle est à la campagne avec Aurélia. Elles ne craignent rien.

— Que vas-tu faire, maintenant ?

— J'ai bien l'intention d'assister aux réjouissances, ricana-t-il.

Je ne sais ce qui l'avait tant excité, mais il était redevenu lui-même.

— Je ferai deux ou trois discours, je soulignerai les avantages d'un changement de gouvernement. Ne t'inquiète pas, le peuple me soutiendra dès que les épées seront tirées.

C'était la première fois qu'il se vantait d'un appui populaire.

J'y repensai en rentrant chez moi. La nuit était noire, froide, pluvieuse, misérable, comme il sied à la veille d'un désastre. Pataugeant dans les flaques d'eau, je méditais sur l'inconstance de l'électorat romain. Bien que Rome et l'empire fussent de plus en plus riches, le nombre de pauvres n'avait jamais été si grand. Certains croulaient sous les dettes, sans espoir d'un avenir meilleur. Des esclaves à vil prix inondaient le marché du travail et même les bons artisans avaient du mal à joindre les deux bouts. La situation était encore plus dégradée à la campagne : les latifundia, bénéficiant d'une main-d'œuvre exclusivement composée d'esclaves, avaient chassé ou appauvri les fermiers libres, et les paysans ne touchaient pas d'indemnités de l'État.

Dans de telles circonstances, d'aucuns risquaient de sauter sur l'occasion d'améliorer leur sort. Les démagogues et les opportunistes n'auraient aucun mal à entraîner la populace, qui est toujours disposée à se laisser berner quand on lui promet d'alléger ses souffrances.

Sans compter l'ennui. Rome, victorieuse, vivait des temps paisibles ; la vie se déroulait, monotone : travail, jeux, vacances, fêtes et sacrifices religieux. En un mot : le vide. Nombreux étaient ceux, et pas seulement les pauvres, qui regrettaient les jours sombres, quand les bandes rivales et les armées de Marius, de Cinna, de Sylla et des autres, se battaient dans les rues. Quand un simple citoyen pouvait tuer un sénateur en toute impunité. Quand les riches demeures étaient pillées ou incendiées au nom d'un tyran. L'ivresse avait duré jusqu'à ce que la grande moisson de cadavres et de misère eût ramené le peuple à la sagesse.

Mais existait toujours la tentation de jouir des rapines et des boucheries, tant le peuple était assoiffé de sang et de pillage, insouciant de la gueule de bois qui suivait toujours la débauche. Pourquoi en aurait-il été autrement ? La participation civique au gouvernement était vidée de sa substance maintenant qu'une armée professionnelle assurait seule les victoires, qu'une dizaine de familles se partageaient le pouvoir, et que les esclaves faisaient quasiment tout le travail. Que Cicéron ou Catilina le gouvernent laissait le peuple indifférent. Même un répit temporaire dans sa souffrance serait bon à prendre. Cela, et un peu d'action.

Caton m'ouvrit la porte avec son air réprobateur habituel.

— Tu rentres encore bien tard. En plus, une femme est venue te voir et elle a insisté pour t'attendre. Elle est dans l'atrium.

Alors que j'entrais, une femme voilée se leva. J'aurais reconnu cette silhouette entre mille.

— Aurélia ! m'exclamai-je, abasourdi.

Elle rejeta le voile qui recouvrait son visage et je l'aurais embrassée si Caton n'avait pas émis un grondement scandalisé.

— Va te coucher, Caton, ordonnai-je.

Il sortit en grommelant, et je l'entendis dans ses quartiers prendre sa femme à témoin de mon inconduite.

— Décius, dit Aurélia, qu'attends-tu pour te sécher ?

Je regardai mon état pitoyable. J'étais trempé des pieds à la tête. L'eau ruisselait sur le sol carrelé. Ma dague était sans doute déjà rouillée.

— J'ai des serviettes dans ma chambre, dis-je. Attends-moi ici.

J'allai dans ma chambre, me déshabillai, empoignai une serviette et commençai à me frictionner vigoureusement. Tandis que je me séchais les cheveux, je m'aperçus qu'une autre paire de mains avait agrippé la serviette.

— Laisse-moi t'aider, me dit Aurélia.

— Ton impatience me flatte, murmurai-je.

En me retournant, je vis qu'elle avait déjà dénoué ses vêtements. Je les lui enlevai complètement et elle apparut dans sa splendide nudité, avec ses perles pour tout ornement. Sa présence, en cette nuit singulière, me déroutait, mais l'urgence de mon désir chassa les questions qui troublaient mon esprit. Elle couvrit mes lèvres des siennes et nous basculâmes sur mon étroite couche de célibataire. Notre ingéniosité eut vite raison de l'inconfort du mobilier. L'huile de la lampe se retrouva aussi épuisée que moi avant que je reprenne mon souffle pour interroger Aurélia.

— Catilina disait que tu étais à la campagne avec ta mère, m'étonnai-je.

J'étais allongé sur le dos, Aurélia en travers de mon corps, son visage et ses mains appuyés sur ma poitrine.

— Eh bien, je suis revenue. Je ne supportais pas d'être loin de toi.

J'avais beau avoir envie de la croire, j'étais obligé de constater qu'elle avait réussi à se passer de moi pendant un sacré bout de temps. L'avait-on envoyée m'espionner ? Était-elle là pour m'empêcher de contacter quiconque ce soir critique ? Pourtant, Catilina et ses partisans se montraient bien trop imprudents pour s'embarrasser de telles précautions.

— Rome risque d'être dangereuse pour toi, remarquai-je. Connais-tu les projets de ton beau-père ?

Aurélia s'étira.

— Assez pour savoir qu'il gouvernera bientôt Rome. Pourquoi cette question ?

— Dans quelques jours, il sera déclaré ennemi public. Alors, aucun membre de sa famille ne sera en sécurité. Le sang coulera dans les rues, Aurélia.

Elle étouffa un bâillement.

— Le sang coule tous les jours dans les rues, Décius. D'habitude, c'est celui du petit peuple. Pour changer, ce sera du sang bleu. Est-ce une raison pour faire tant d'histoires ?

— Oui, si c'est le tien... ou le mien.

— Ah, tu n'es donc pas pressé de donner ta vie pour ton nouveau consul ?

Elle se blottit contre moi et glissa une jambe sur ma hanche.

— L'intérêt d'un coup d'État, dis-je, c'est de profiter du sacrifice des autres. Après tout, nous en sommes tous là. Je pourrais mourir glorieusement à la guerre, sans risquer la disgrâce. Mais j'ai préféré rejoindre ton beau-père pour gravir les échelons du pouvoir sans avoir à attendre que cinquante Metelli ne meurent pour me laisser leur place.

— Ah, je te retrouve, Décius ! Les autres ne seront jamais que des imbéciles, du bétail à sacrifier, mais, toi, tu as compris à quoi servait la révolte. De tous les fidèles de mon beau-père, toi seul es assez intelligent pour ça.

— Les fidèles n'existent que pour être utilisés. Mais que dire de ceux à qui Catilina doit rendre des comptes ?

Même dans un moment pareil, je ne pouvais m'empêcher de partir à la chasse aux renseignements. Je flattais les reins d'Aurélia d'une main nonchalante, non pour le plaisir de la caresser, mais pour sentir la tension involontaire qui précéderait tout mensonge.

— Que veux-tu dire ? demanda-t-elle d'une voix ensommeillée.

— Catilina m'a affirmé que Crassus le soutenait.

Un sacré mensonge. Mais j'avais besoin qu'elle confirmât mes soupçons.

— Ah, il te l'a dit ? fit-elle, soudain éveillée. C'est qu'il te tient en haute estime. Je croyais qu'il n'en avait parlé à personne.

Ainsi, c'était vrai ! J'en avais enfin la preuve ; malheureusement, pas par écrit, comme Cicéron l'espérait. Il y avait de l'admiration dans la voix d'Aurélia. À ses yeux, je prenais une importance bien plus grande qu'elle ne l'aurait cru. Je connaissais le rôle de Crassus.

Elle bâilla de nouveau.

— Il t'a dit qu'il avait vu Crassus, hier soir ?

— Non, nous n'étions pas seuls.

— Crassus est venu chez ma mère, à la nuit tombée. Ils se sont enfermés dans une pièce. Je n'ai pas entendu ce qu'ils se disaient, mais il y a eu des éclats de voix.

Ainsi, un nouvel osselet venait de rouler sur le tapis, et la figure qu'il présentait était plutôt inattendue. Crassus avait-il fait marche arrière après avoir poussé

Catilina à agir ? Cela expliquerait le manque de confiance que j'avais noté chez Catilina. Oui, mais pourquoi ? Crassus s'était-il retiré parce que le plan était mal conçu ou qu'il trouvait son exécution défaillante ? Peut-être n'avait-il jamais envisagé de soutenir sérieusement Catilina. Après réflexion, je penchai pour cette dernière hypothèse.

Pompée en Asie, Lucullus retiré des affaires publiques, un des préteurs au moins impliqué dans la conjuration, Crassus restait le seul général de prestige disponible, et il pouvait rassembler de nombreux légionnaires fidèles en peu de temps. Il espérait donc que le Sénat, pris de panique, l'appellerait pour écraser la rébellion, le nommerait même dictateur pour la durée des troubles.

Mais Cicéron avait déjà pris ses précautions pour éviter cette éventualité. Il ne chercherait peut-être pas à poursuivre Crassus en justice, mais il répartirait le commandement militaire entre plusieurs corps d'armée. Par cette décision, il montrait sa sagesse et sa prudence. Cette fois-ci, l'ennemi n'était pas Pyrrhus, ni Hannibal, ni Jugurtha, ni Mithridate, et encore moins Spartacus. Un commandement unifié ne se révélait donc pas nécessaire pour combattre ce qui, au fond, se résumait à plusieurs bandes d'insurgés éparpillées dans toute l'Italie.

Cette histoire prenait nettement l'allure d'un casse-tête fascinant à résoudre, mais j'avais d'autres soucis. Ce qui se passait cette nuit-là à Rome, en Italie et dans les contrées les plus éloignées de l'empire, représentait un exemple frappant de la chicanerie, de la tricherie, du double langage, et de la conspiration qui étaient devenus le moteur de la vie politique romaine. Or, depuis que j'avais fait part de mes découvertes à Cicéron, tout cela ne me regardait plus.

La vague de meurtres avait été ma seule et unique préoccupation depuis le début. Je n'aimais pas qu'on tue dans ma ville, surtout quand il s'agissait de paisibles citoyens. Je connaissais à présent le mobile des assassins, sauf dans un cas. Les victimes, toutes des créanciers, avaient été sacrifiées dans une sorte de rite initiatique par les partisans de Catilina.

Une seule ne rentrait pas dans ce cadre : Décimus Flavius, assassiné au cirque. Il n'était pas usurier et avait succombé dans un endroit étrange, sous les coups d'une arme plutôt singulière. Une question me brûlait les lèvres que j'avais voulu éviter de poser depuis la première fois que j'avais vu Aurélia au cirque. Je la secouai doucement.

— Réveille-toi, Aurélia.

— Quoi ? gémit-elle.

— Il y a une chose que j'ai besoin de savoir. Étais-tu avec Thorius et Valgius quand ils ont assassiné Décimus Flavius ?

Ma main sentit le dos d'Aurélia se crisper.

— Non, affirma-t-elle. Pourquoi cette question ? C'était un simple *eques*, après tout.

L'indignation la réveilla pour de bon.

— Sa mort est-elle pire que celle du médecin grec ?

— Lorsque je vous ai rencontrés tous les trois, ce matin-là, vous n'étiez pas là par hasard. Vous entriez dans le tunnel quand je suis tombé sur vous.

— Ce qui signifie ?

Je contemplai un instant le plafond, à peine visible sous la flamme vacillante de la lampe.

— Au début, cela n'avait aucun sens, puis j'ai appris les plans de Catilina. Tu devais surveiller les deux barbus, n'est-ce pas ?

Ma question lui arracha un bâillement.

— Ah, ils n'étaient pas très malins. Mon beau-père a toujours été trahi par l'incompétence de ses partisans. Il fallait que je vérifie tout ce qu'ils entreprenaient pour éviter les bourdes.

— Pourquoi toi ?

— On me fait confiance. J'ai presque leur âge, et qui se méfierait d'une patricienne en compagnie de deux larbins ? Mieux, qui remarquerait les deux larbins ?

— Qui ? Moi, bien sûr. Or, Valgius est chargé de déclencher des feux un peu partout dans Rome. Il connaît bien le Circus Maximus, l'endroit où un incendie ferait le plus de ravages. Comme je l'ai compris plus tard, Valgius et Thorius avaient découvert un énorme tas de déchets ; ils ont décidé que cela ferait un excellent combustible pour allumer un feu. Avec leur inconscience habituelle, ils ne prenaient aucune précaution, parlaient haut et fort. Flavius, qui passait par là en rentrant chez lui, les a entendus. Intrigué, il s'est approché. Mais ils l'ont aperçu.

— Tu as passé tout ton temps à reconstruire ce qui aurait pu se passer à partir des minces éléments que tu connaissais ? s'étonna-t-elle. Décidément, tu as de drôles d'occupations.

— J'aurais interprété les faits plus tôt si tu ne m'avais pas fait tourner la tête, Aurélia.

— Oh, Décius ! dit-elle, flattée, avec une caresse coquine.

— Toujours est-il que nos deux barbus se trouvaient désarçonnés. Comme ils venaient en reconnaissance, ils ne portaient pas d'armes. Mais Valgius est un fanatique des courses. Comme bien des superstitieux de son acabit, un couteau de conducteur de char lui sert de porte-bonheur. Sa forme ne le rend pas pratique, mais, en cas d'urgence, cela peut faire l'affaire. C'est avec ce couteau qu'il a tranché la gorge de Flavius.

— Tu gâches ton imagination dans ces peccadilles, remarqua Aurélia. Est-ce donc si important ?

— C'est important pour moi. Est-ce toi qui les as poussés à tuer Flavius pour qu'il se taise ?

— Pourquoi tiens-tu tant à le savoir ?

— Ne t'inquiète pas. Je ne t'en tiendrai pas rigueur. Pourquoi refuses-tu de l'admettre ?

Aurélia se tortilla, mal à l'aise. Je la sentis rougir, et sa peau réchauffa la mienne comme un feu lointain.

— Eh bien... euh... je ne voulais pas y être mêlée.

Je compris sa réticence. Non à cause du meurtre, plutôt commun à Rome. On n'exécute pas les citoyens pour un crime banal, sauf s'il a été commis par empoisonnement. En revanche, la loi romaine considère l'incendie criminel comme impardonnable. La vengeance des citoyens est terrible quand ils attrapent un incendiaire sur le fait. Si Aurélia était reconnue coupable, on l'emmènerait au cirque, on l'attacherait à un bûcher, on l'enduirait de goudron, et elle connaîtrait des affres dévorantes tandis que le bourreau s'approcherait avec sa torche.

Je lui tapotai le dos.

— Bon, cela n'a plus d'importance. Allez, dors.

Peu après, elle ronflait doucement.

Effectivement, qu'elle eût participé à ce meurtre avait perdu de son intérêt. Désormais, il ne s'agissait plus de quelques crimes isolés. D'une manière ou d'une autre, justice serait faite. Dans quelques jours, ou dans quelques semaines, Catilina et ses partisans seraient morts ou en exil. Les fantômes des *equites* assassinés ne hanteraient plus la ville. Et sans doute plus mes nuits.

Dès les premières lueurs du jour, j'accompagnai Aurélia à travers les rues désertes de Rome. Elle était voilée, mais c'était une précaution superflue. Nulle part, aucun signe n'indiquait que la guerre avait commencé. Rome ignorait superbement la menace qui planait sur la République. Cela changerait bien vite, et je voulais qu'Aurélia fût à l'abri quand éclateraient les troubles.

Une litière et des esclaves l'attendaient chez des amis et je l'y conduisis. Nous nous fîmes nos adieux devant le porche d'une propriété respectable, près de la porte Colline.

— Quitte la ville, Aurélia. Va le plus loin que tu peux, et le plus vite possible.

Elle me sourit.

— Oh, Décius, pourquoi être si nerveux ? Dans quelques jours, mon beau-père sera consul, et je pourrai rentrer.

— Ce ne sera sans doute pas aussi rapide ni aussi facile que tu le crois. En attendant, les parents de Catilina ne seront pas en sécurité à Rome ni dans les environs.

— Bon... à bientôt.

Après m'avoir embrassé comme si nous nous quittions pour la journée, elle pénétra dans la propriété.

Abattu, je fis demi-tour et me dirigeai vers le Forum. Je savais que je ne la reverrais plus, sauf si on la ramenait à Rome, enchaînée, pour l'exécuter. Je priai pour qu'elle s'en sorte vivante. Sa culpabilité avait cessé de me torturer. Partout où je promenais mon regard, l'innocence avait disparu.

Pendant les deux jours suivants, un calme étrange régna à Rome. La cité reposait dans sa somnolence hivernale, les habitants paressaient durant les courtes journées, attendant patiemment le printemps, les floralies et l'assurance rituelle que Proserpine avait quitté le lit de Pluton pour rejoindre le monde des mortels. De sorte que, lorsque les premières informations arrivèrent le troisième jour, elles n'en furent que plus atterrantes.

Il y a comme une magie, que je n'ai jamais réussi à comprendre, dans la manière dont les nouvelles et les rumeurs se répandent en même temps dans les divers quartiers de Rome. Alors que j'atteignais le Forum au petit matin, je découvris la place en pleine effervescence. Perchés sur les socles des monuments, plusieurs orateurs haranguaient les citoyens qui se transmettaient les nouvelles à grands cris. Les femmes gémissaient de terreur et arrachaient leurs vêtements ; bien que le danger immédiat parût plutôt bénin, les marchands d'amulettes et de charmes faisaient des affaires en or.

Décidant que le temple de Saturne pouvait se passer de moi, je me frayai un chemin dans la foule. Parvenu au pied de la Curie, je rencontrai le préteur Cosconius, précédé de ses licteurs.

— Que se passe-t-il ? demandai-je.

Il contempla la cohue avec mépris.

— Tu connais le peuple. Il y a eu des soulèvements rebelles en Italie. Quelques bandits ont saccagé des villas dans le Bruttium et en Étrurie. Quand l'écho nous en est parvenu à Rome, on aurait cru que Mithridate avait ressuscité, et qu'il avait envahi la ville avec son armée. Cela fait des jours que Cicéron nous prévient que Catilina prépare un coup tordu. Cela a dû commencer.

Toute la matinée, les sénateurs arrivèrent. Pendant que le Sénat débattait, les licteurs et les hérauts restaurèrent l'ordre dans le Forum. Bien que je réussisse à pénétrer dans la Curie, il y avait tellement de monde que je dus monter sur une urne, à l'arrière de la salle, pour voir et entendre quoi que ce soit. De toutes les régions d'Italie parvenaient des rapports que les hérauts lisaient à haute voix. Les plus jeunes sénateurs poussaient à l'action.

Malgré sa semi-inactivité, Quintus Hortensius Hortalus était toujours le *princeps** du Sénat, il avait donc le droit de parler le premier. De sa voix sans égale, il protesta qu'il était trop éloigné des affaires de l'État pour avoir un avis sur la question. Devant l'urgence de la situation, il demanda qu'on bouleverse le protocole et qu'on autorise le consul à prendre la parole. Bien entendu, il s'agissait d'un arrangement entre Cicéron et Hortalus. Rivaux politiques, ils s'étaient amèrement combattus, mais savaient mettre leurs dissensions de côté quand la situation l'exigeait. Cicéron se leva de sa chaise curule dans un silence de plomb.

Je ne reproduirai pas ici son discours, le premier des « Catilinaires » qui figurent parmi les plus célèbres harangues depuis que Démosthène dénonça Philippe de Macédoine devant les Athéniens. Par la suite, Cicéron mit ces discours par écrit – avec quelques embellissements – et les publia. De nos jours, partout où Rome étend sa domination, c'est-à-dire dans tout le monde civilisé, les écoliers étudient les *Catilinaires*, et les étudiants en droit s'efforcent de les imiter.

Catilina, qui était présent, voulut crâner ; il proclama son innocence, protesta contre les odieuses machinations de ses ennemis.

Mais il n'a jamais eu le talent oratoire de Cicéron, et il avait peu d'amis au Sénat. Il entra en fureur ; les sénateurs le huèrent, exigèrent sa démission, son exil. Le complot n'avait pas encore éclaté complètement, mais on en savait assez pour comprendre que Catilina se comportait comme un chien enragé : il grondait et mordait la horde qui l'excitait. Je n'emploie pas l'image à la légère, car nombreux étaient ceux au Sénat qui ne valaient pas mieux que lui. Il était plus intrépide que les autres, voilà tout.

Finalement, parmi les jurons et les imprécations, Catilina sortit en criant quelque chose comme : « Ça vous retombera sur la tête. » Je ne pense pas que quiconque entendît sa menace.

Après son départ, Cicéron, pour des raisons qui lui étaient propres, sans doute par souci oratoire, attendit que le calme revienne. Cela permit aussi à Catilina de s'enfuir, ce que je soupçonne Cicéron d'avoir calculé. Lorsqu'il se leva pour prendre la parole, il brandit un rouleau de papyrus qui me parut familier.

Dans un silence de mort, il expliqua ce qu'était le parchemin et comment il était tombé entre ses mains.

Il innocenta les envoyés des Allobroges, définit le rôle de Fabius Sanga. Les esprits perturbés des sénateurs se calmèrent quand ils apprirent que Fabius avait œuvré pour défendre l'État. Ensuite, Cicéron entreprit la lecture des noms. Des cris de rage et d'indignation accueillirent chacun d'eux. Puis le mien fut prononcé. Les hommes qui m'entouraient se reculèrent comme si j'avais la peste. Avec un immense soulagement, j'entendis les mots suivants de Cicéron :

— Le questeur Décius Cécilius Métellus a participé aux réunions des conjurés avec mon consentement. Il a agi sous l'autorité du préteur Métellus Céler. Il est innocent.

À ce moment-là, ceux qui me tournaient le dos me serrèrent la main avec effusion et me gratifièrent de grandes tapes amicales. Puis on m'oublia aussitôt quand Cicéron lut le nom de Bestia. Mon cousin Népos se leva.

— Le futur tribun Bestia n'a jamais participé au complot ! cria-t-il. Il a agi sous les ordres du général Pompée afin de débusquer les conjurés qui menaçaient Rome et s'apprêtaient à faire tomber l'empire sous le joug de la tyrannie.

Cramoisi, Cicéron répliqua avec un sarcasme dont lui seul était capable :

— Comme c'est commode ! Et depuis quand notre estimé et illustre général Pompée a-t-il l'autorité d'envoyer ses partisans espionner dans Rome ? La dernière fois que j'ai consulté les tables de la loi, un proconsul ne détenait l'*imperium* que dans les limites de sa province. Est-ce là une nouvelle interprétation des *Livres sibyllins* dont je n'ai pas été informé ?

Cela ne servit à rien Pompée était trop populaire, surtout parmi la populace qui avait peu de respect pour les finesses juridiques. Bestia était sauvé. Moi, ulcéré. Je me demandai lequel des *equites* il avait tué afin de prouver sa loyauté aux conjurés. D'ailleurs, j'étais bien décidé à enquêter sur cette question lorsque tout serait terminé.

Ce qui n'était pas près d'arriver. Avant la fin de la session, Catilina et ses partisans furent déclarés ennemis publics. Ce n'était que le commencement. Tandis que la nuit tombait, on apporta des lampes ; sans cesse, des messagers entraient et sortaient ; les sénateurs envoyèrent leurs esclaves chercher de la nourriture chez eux ou dans des tavernes et, tout en mangeant debout sur les marches de la Curie, ils continuèrent à discuter entre eux par petits groupes.

Avec diligence, les scribes d'État notèrent les ordres de commandement qu'on acheminait ensuite. La mobilisation générale fut décrétée. Des magistrats furent désignés pour arrêter les conspirateurs où qu'ils se trouvassent. Nous autres, les plus jeunes, reçûmes l'ordre d'organiser des rondes de nuit pour prévenir les incendies criminels. Enfin de l'action ! songions-nous.

Le lendemain, on appréhenda quelques conjurés. À notre époque du Premier Citoyen, avec la réorganisation des vigiles en véritable police, compétente et efficace, on peut s'étonner que tant d'ennemis publics aient pu se déplacer en toute liberté alors que l'état d'urgence était déclaré, et que Catilina et maints de ses partisans aient pu s'enfuir de Rome sans difficulté.

En réalité, Rome ne possédait, dans ce temps-là, ni police ni organisme capable d'appréhender et d'incarcérer un nombre important de criminels. D'habitude, quand un ordre d'arrestation était décrété, un préteur ou un édile curule, accompagné de licteurs, abordait le coupable et l'assignait en justice. L'arrestation effective était l'œuvre des licteurs qui utilisaient pour ce faire une ancienne formule rituelle. En cas de résistance, le magistrat demandait l'aide des citoyens présents, lesquels conduisaient le prévenu au tribunal, de force si besoin. Cette procédure était évidemment inadaptée lorsqu'il s'agissait de conspirateurs.

Au début, Catilina trouva un soutien populaire, surtout auprès des indigents et des citoyens ruinés. On ne se fait pas d'ennemis à Rome en attaquant les usuriers et en promettant d'annuler les dettes. Pendant un temps, les voyous de Catilina circulèrent donc librement, délivrant des discours à tous les coins de rue, et rendant la vie précaire à quiconque appartenait à la fonction publique ou à une famille aisée.

Le courant changea irrémédiablement le troisième jour après la fuite de Catilina, quand on commença à parler de feux criminels, et que plusieurs incendiaires furent pris sur le fait. Dès lors, la sympathie pour les partisans de Catilina déclina. Ce fut le règne d'une justice sommaire.

Durant cette période, j'étais trop occupé pour penser à Catilina ou à Aurélia. J'organisai une troupe de vigiles, et nous patrouillâmes la nuit dans les rues, portant des torches et des lanternes ; parfois, nous rencontrions d'autres gardes qui effectuaient aussi leur ronde et avec lesquels nous évitions de peu la bagarre en nous criant des mots de passe. De temps à autre, nous tombions également sur des partisans avinés de Catilina avec lesquels de furieux combats s'engageaient. Bien que nous vécussions dangereusement, nous y prenions un plaisir immense. Dans les années à venir, nous allions avoir notre content de telles activités, mais, à l'époque, nous accueillîmes avec joie cet épisode sulfureux qui rompait avec la monotonie des années de paix et de prospérité.

Se souvenant de leur tradition de chevaliers, les jeunes *equites* s'armèrent et montèrent la garde autour des demeures des magistrats et des gens importants. Voyant cette activité, aux relents militaires, à moitié organisée, Cicéron céda et, le lendemain de la fuite de

Catilina, le chef des hérauts monta sur les Rostres. Pour la première fois depuis le sacrifice du Cheval d'octobre, sa voix de stentor résonna dans le Forum.

— DÉPOSEZ LA TOGE ! REVÊTEZ LE *SAGUM** !

De formidables acclamations retentirent. Cette ancienne expression consacrée voulait que les Romains, en tant que peuple, se soumissent à une discipline militaire. Tous les citoyens devaient ôter leurs habits civils et endosser le manteau rouge de la guerre. Ce fut la dernière fois que ces mots furent formulés à Rome.

Ainsi, chaussé des caliges* à clous, je paradais avec fierté dans mon manteau rouge ; cependant, je continuais à ne pas porter d'épée ni d'armure à l'intérieur du *pomerium.* Secondé par mon vieux serviteur Burrus, je commandais une demi-centurie de cinquante vigiles et j'eus le bonheur de connaître le combat sans pour autant quitter la ville et aller vivre sous une tente minable. Mon père et ses nombreux vassaux gardaient la porte d'Ostie ; il pestait parce qu'on ne lui avait pas donné l'un des commandements des armées d'Italie.

Je connus un moment de joie intense. Après un interrogatoire serré, un partisan de Catilina avoua qu'un message était parvenu, ordonnant que les incendies éclatassent sur une grande échelle. La nuit même, avec la moitié de mes hommes, je me cachai aux abords du Circus Maximus ; peu de temps après, nous surprîmes deux ombres en train de pénétrer sous les arcades. Je patientai un instant, puis envoyai mes hommes dans le tunnel où je savais que nous trouverions les deux incendiaires. Nos caliges accrochées autour du cou, nous courûmes pieds nus afin de ne pas faire de bruit. Les lanternes couvertes sous le tissu rouge de nos manteaux, nous volions sur les pavés, tels des fantômes.

Aussitôt dans le tunnel, je dévoilai ma lanterne, imité par mes compagnons. La lumière soudaine éclaira les visages barbus et terrifiés de Valgius et de Thorius. Ils étaient accroupis au-dessus d'un tas de déchets auquel ils venaient de mettre le feu.

— Quintus Valgius et Marcus Thorius, m'écriai-je tandis que mes hommes versaient des seaux d'eau sur les flammes naissantes, au nom du Sénat et du peuple de Rome, je vous arrête ! Suivez-moi chez le préteur.

J'avais espéré une résistance, mais ils fondirent en larmes et se répandirent en supplications. Dégoûté, j'ordonnai à mon vieux serviteur :

— Ne les tue pas, Burrus. Ils doivent être jugés.

— C'est bien dommage, marmonna le vieux soldat. Mon fils est en Gaule avec la Xe armée, et ces traîtres veulent y soulever une rébellion ; ils poussent les Barbares à assassiner des Romains pendant leur sommeil.

— Néanmoins, ce sont des citoyens, et ils doivent d'abord passer en jugement.

Le visage de Burrus s'illumina.

— Ah, ils nous donneront tout de même un beau spectacle au cirque ! Peut-être un combat avec des léopards.

En se rendant à la basilique où on enfermait les prévenus, les vigiles discutèrent des meilleurs moyens de mettre à mort les incendiaires. Les cris de terreur de mes deux barbus ponctuaient leurs paroles, aussi doux à mes oreilles que les chants d'Orphée.

Toutefois, malgré cette jubilation, restaient des côtés sombres. Catilina avait rejoint Manlius dans le Picenum où il avait réuni une armée conséquente, formée surtout d'anciens légionnaires de Sylla et de soldats mécontents, ainsi que d'habitants des *municipia* et d'un nombre inattendu de jeunes gens de bonne famille qui avaient quitté Rome pour suivre Catilina, reniflant l'occasion d'un avancement rapide.

Néanmoins, le pire eut lieu à Rome même. J'ai déjà parlé du manque de dispositions pour arrêter un nombre important de félons. Le problème était le même quand il s'agissait de mettre en prison des nobles et de hauts fonctionnaires. Dans le passé, quand un haut magistrat était soupçonné de perfidie, il quittait furtivement la cité et partait en exil, sans qu'on cherchât à l'en empêcher. Là, la situation était différente. On ne pouvait laisser rejoindre leur chef des hommes qui avaient projeté de renverser le gouvernement par la force. Les conjurés les plus en vue furent donc remis entre les mains des préteurs, qui les placèrent chez eux, sous bonne garde.

Comme Publius Cornélius Lentulus Sura était lui-même préteur, Cicéron se chargea de l'appréhender et le conduisit au temple de la Concorde pour y être jugé. Avec son talent oratoire habituel, Cicéron plaida ensuite pour que les chefs de l'insurrection fussent aussitôt mis à mort. Certains protestèrent que le Sénat ne possédait pas l'autorité nécessaire pour condamner des citoyens, et que la tâche en revenait à un tribunal dûment constitué. Mais Cicéron rétorqua que l'état d'urgence empêchait une telle procédure, et que plus tôt on les tuerait, plus vite la rébellion serait matée.

César s'éleva vigoureusement contre cette décision. Il déclara qu'il ne seyait pas à des hommes d'État d'agir sous le coup de la passion. Certes, cette attitude partait d'un bon sentiment, néanmoins, immédiatement la rumeur courut que César était complice des conjurés, ou du moins un sympathisant. Il dut quitter le temple sous les menaces de la foule.

Bien sûr, Caton était partisan de l'exécution. Ce genre de décision convenait parfaitement : simple, brutale et directe. D'aucuns – surtout Caton – croyaient être dans leur bon droit parce qu'ils menaient une vie vertueuse et austère. Caton parla avec éloquence, et c'est peut-être son discours qui emporta la décision du Sénat. Avant le lever du soleil, Lentulus, Céthégus et d'autres furent conduits à la prison, sous le Capitole, où le bourreau les étrangla. Bien qu'ils eussent cent fois mérité leur sort, leur exécution n'était pas constitutionnelle et lorsque l'hystérie retomba, les gens comprirent qu'ils avaient créé un dangereux précédent. Alors, ceux-là mêmes qui avaient réclamé le sang des conjurés exigèrent à grands cris l'exil de Cicéron.

Il y eut une foule d'autres incidents horribles. Certains virent dans cette situation une occasion d'impliquer leurs ennemis, et la saisirent honteusement. Heureusement, mis à part sa promptitude à disposer des conjurés de haut rang, Cicéron garda son calme et balaya nombre de ces fausses accusations avec une ironie cinglante. Un dénommé Tarquin, capturé alors qu'il s'apprêtait à rejoindre Catilina, prétendit qu'il était porteur d'un message d'encouragement de Crassus. Cicéron réfuta l'accusation, même s'il se réjouit que la loyauté de Crassus fût ainsi mise en doute. Plus tard, Crassus affirma que Cicéron avait incité Tarquin à l'incriminer, mais je refuse de le croire.

Ennemis jurés de César, Catulus et Pison tentèrent de soudoyer les Allobroges et d'autres tribus afin qu'ils le mettent en cause dans le complot. L'éloquente plaidoirie de César contre la peine de mort des conjurés apporta de l'eau au moulin des diffamateurs, mais, là encore, Cicéron refusa de se baser sur des déclarations orales, sans document écrit.

César était-il vraiment impliqué ? Il en était certainement capable, mais je ne pense pas que le fait qu'il soit intervenu pour défendre la vie des conjurés constitue une preuve tangible. Durant toute sa carrière, César a exterminé sans remords une foule de Barbares, pourtant il s'est toujours montré réticent à tuer des citoyens. Son nom, devenu synonyme de clémence, était parfois tourné en dérision par ses ennemis qui le prenaient pour un sentimental. D'ailleurs, sa magnanimité finit par causer sa perte. Lorsqu'une conspiration se termina par son assassinat, nombre des conjurés étaient des hommes qu'il avait épargnés alors qu'il les tenait à sa merci et qu'il avait de bonnes raisons de les faire exécuter. Je ne crois pas que César fût particulièrement miséricordieux. Je penche plutôt pour une autre hypothèse : c'était une façon d'afficher son mépris pour ses ennemis et sa confiance dans son propre pouvoir. César était tellement vaniteux !

Divers magistrats, pourvus de l'*imperium*, furent désignés pour affronter l'ennemi en dehors de Rome. La chose n'était pas simple, car la fin de l'année approchait et certains seraient relevés de leurs fonctions tandis que d'autres, nouvellement élus, prendraient leur place. Ainsi, Quintus, le frère de Cicéron, était un futur préteur ; on l'envoya s'occuper des partisans de Catilina dans le Bruttium. Le temps qu'il y arrive, il posséderait les pleins pouvoirs. Caius Antonius Hybrida, qui détenait d'office l'*imperium* en tant que consul, attendait dans le Picenum, prêt à attaquer les insurgés. Le préteur Métellus Céler devait marcher vers le nord avec son armée. Comme Antonius s'octroyait la Macédoine, et que Cicéron avait refusé le commandement proconsulaire, Céler s'était vu attribuer la Gaule cisalpine. En s'y rendant, il rencontrerait par la même occasion les troupes de Catilina. Le préteur Pompéius Rufus fut envoyé à Capoue afin de surveiller les éventuelles complicités existant dans les écoles de gladiateurs. Depuis Spartacus, leur rébellion nous rendait nerveux, et, à cette époque, la plupart des écoles se trouvaient à Capoue, la Campanie étant le foyer des combats dans l'arène. En fait, si ce n'est pendant les moments où ils s'acquittaient de leur devoir dans l'amphithéâtre ou ceux durant lesquels ils se louaient comme sicaires auprès des politiciens, le reste du temps, les gladiateurs étaient doux comme des agneaux. Pourtant, cela ne nous empêchait pas de les craindre comme la peste.

Le futur préteur Bibulus fut chargé d'écraser les Paeligni qui s'étaient ralliés à Catilina. Il n'eut pas besoin de fortes troupes car les Paeligni étaient de piètres guerriers, même si, réfugiés dans leurs montagnes, ils défendaient leur indépendance avec un orgueil démesuré.

Tout cela, vous l'aurez compris, je ne l'appris que par ouï-dire ou j'en lus les récits par la suite. Simple questeur, je n'étais pas encore un membre à part entière du Sénat ; je n'eus donc pas l'occasion d'entendre les discours ni de prendre part aux débats. J'étais trop occupé à patrouiller avec ma demi-centurie. C'est en traînant dans les bains fréquentés par les sénateurs que je découvrais les procédures en cours.

Malgré cela, il me semble que j'étais conscient de vivre les derniers soubresauts de la vieille République.

XII

À mon corps défendant, j'assistai au dénouement. L'année en cours s'était terminée et les nouveaux consuls avaient pris leurs fonctions. Cicéron se heurtait à des difficultés sérieuses, car ses adversaires réclamaient sa mise en accusation pour s'être prononcé en faveur de la condamnation à mort des rebelles. On ne lui reprochait pas le bien-fondé de cette décision, mais sa légalité.

Les tribuns Népos et Bestia avaient présenté une loi demandant au Sénat de rappeler Pompée d'Asie pour venir à bout de Catilina, mais ce fut peine perdue. Cicéron avait trop bien manœuvré. Tout le monde savait que les magistrats désignés pour combattre les rebelles éparpillés en Italie les auraient anéantis avant l'arrivée de Pompée.

Je fus affecté à l'armée de Métellus Céler. Quand mon ordre de mission me parvint, la cité s'était déjà calmée. Les citoyens avaient remis leur toge, même si, preuve que l'état d'alerte perdurait, le drapeau rouge flottait encore sur le Janicule. En préparant mes bagages, je savais que je m'en allais pour longtemps. Je recommandai à mes esclaves de bien veiller sur ma maison en attendant mon retour, puis j'enfourchai ma monture et me mis en route sous un crachin d'hiver, suivi par un cheval qui portait mes armes et mes bagages.

Je ne me suis jamais éloigné de Rome avec joie. Quand le devoir m'appelait hors de la cité, j'éprouvais toujours un pincement au cœur, et cette fois ne fit pas exception. Personne n'était là pour me voir partir, et je franchis la porte en solitaire comme n'importe quel étranger quittant Rome.

Après une longue chevauchée par un temps glacial, je rejoignis l'armée de Céler près du Picenum. Bien sûr, mon esprit voyageait parmi des rêves de gloire merveilleux, mais, étant questeur, je fus nommé intendant, ce qui n'a rien d'héroïque. Toutefois, je me plongeai dans mes nouvelles fonctions avec une belle énergie. Vu la hâte avec laquelle les soldats avaient été rassemblés, le travail ne manquait pas.

La fortune de Catilina avait connu des hauts et des bas selon les événements qui se déroulaient à Rome. Il avait commencé avec une armée assez importante et enthousiaste, levée par Manlius et renforcée par ceux qui avaient suivi Catilina. S'étaient joints à eux d'anciens légionnaires, des déserteurs, des esclaves en fuite et quantité de mécontents divers. Puis, lorsque était parvenue la nouvelle de la mort de Lentulus et des autres, ses partisans l'avaient abandonné en nombre. Ainsi, malgré leur illégalité, les exécutions avaient bien servi Rome.

Finalement, en face de nous, ne se trouvaient plus que deux légions très amoindries. Nous obligeâmes Catilina à en découdre, près de Pistoia, au nord de l'Arno. Après une sérieuse échauffourée dans les montagnes, il se replia sur la Gaule. Grâce à des déserteurs, Céler avait réussi à le prendre de vitesse et lui avait coupé la route. Comme Antonius remontait vers le nord avec une troupe beaucoup plus puissante, Catilina fut pris au piège.

Lors de l'assaut final, engoncé dans mon armure, je chevauchais à côté de Céler. Devant nos yeux s'étendaient les forces ennemies : deux maigres légions, une armée pitoyable pour conquérir le monde. Cependant, il faut reconnaître que c'étaient de farouches soldats, bien décidés à vendre chèrement leur peau. Au signal de Céler, les trompes retentirent, et les deux bataillons s'élancèrent l'un contre l'autre.

Bien que leur cause fût perdue d'avance, les rebelles se défendirent avec l'énergie du désespoir. L'héroïsme de tant de Romains et d'Italiens, qui luttaient avec vaillance sans une chance de victoire, faisait peine à voir. Ils étaient tous à pied, car Catilina avait envoyé les chevaux à l'arrière afin de combattre au milieu de ses troupes. Un geste digne d'un grand général.

Les lances volaient, les épées étincelaient, les glaives cliquetaient avec fracas sur les boucliers et les armures. L'affrontement fut long et pénible, car l'ennemi refusait de se rendre. Il n'y eut pas de prisonniers, aucun vaincu ne criant merci. C'était comme si chaque homme avait attrapé le virus de folie et de désespoir de Catilina ; pourtant, je suis sûr que Céler leur aurait accordé la vie sauve ; encore aurait-il fallu qu'on le lui demandât.

Je vis le dernier geste de Catilina. Nous avions essuyé de lourdes pertes, si féroce était l'engagement. Avec Céler, je chevauchais vers une position légèrement en retrait du centre des combats. Derrière les casques de plusieurs rangées d'hommes, j'aperçus Catilina qui, à côté de son aigle, brandissait son épée et encourageait ses hommes. Voyant que ses flancs reculaient et que le front se désintégrait, il chargea à grands coups d'estoc et de taille et se fraya un chemin dans nos rangs comme s'il essayait d'atteindre notre commandant. C'était un trait de bravoure homérique, un acte de légende.

Juste avant qu'il ne sombrât dans un bain de sang, pourfendant ses adversaires à droite et à gauche, il planta son regard dans le mien. Du moins, c'est ce que je crus sur le moment. Était-ce un reproche que je lus dans ses yeux ou mon esprit perturbé me jouait-il des tours ? J'en ai encore froid dans le dos.

Soudain, une étrange accalmie plana, puis les hommes comprirent que la bataille était terminée. Des cris de victoire retentirent, et les légionnaires entonnèrent un chant, proclamant Céler *imperator*. Mais il les fit taire aussitôt et les réprimanda. Les vaincus sont des compatriotes, déclara-t-il, comment pourrais-je me prévaloir d'une quelconque gloire ? Sans vergogne, les soldats se mirent néanmoins à recueillir le butin du combat. Un centurion nous apporta deux objets. L'un était la tête de Catilina, l'autre son épée.

Céler ordonna qu'on emportât la tête à Rome. Je pris l'épée et la contemplai. C'était une belle arme. Un serpent, les yeux constitués de deux minuscules rubis, s'enroulait autour du pommeau en ivoire.

— Et voilà, le destin a fait une boucle, dis-je, pensif

— Qu'est-ce que tu chantes ? s'étonna Céler.

— Oh, rien.

— C'est une arme africaine, n'est-ce pas ? Catilina a dû la trouver quand il était propréteur là-bas, il y a quelques années.

— Oui, il en a ramassé pas mal, marmonnai-je.

— Garde-la, me dit Céler. Cela te fera un souvenir de cette triste affaire.

Je gardai l'épée. Je l'ai toujours.

— Et maintenant ? demandai-je.

— Pourquoi ne viendrais-tu pas avec moi ? me proposa Céler. J'ai parlé à ton père. Mieux vaut que tu ne traînes pas à Rome en ce moment. Pompée sera de retour dans quelques mois et il y a trop d'inimitié entre vous. Crassus a lui-même de bonnes raisons de te haïr.

Sois mon proquesteur en Gaule. Tu acquerras de l'expérience, et quand tu rentreras à Rome, Crassus et Pompée t'auront oublié.

Je réfléchis à peine.

— Je suis ton homme, acquiesçai-je.

Ainsi périt Catilina, un homme qui n'accepta jamais son manque de grandeur, et qui ne fut qu'un jouet entre les mains de plus puissants que lui.

Ces événements se déroulèrent durant les années 691 et 692 de la ville de Rome, sous les consulats de Marcus Tullius Cicero et de Caius Antonius Hybrida, puis de Decimus Junius Silanus et de Lucius Licinius Murena.

GLOSSAIRE

(Les définitions s'appliquent
au dernier siècle de la République.)

Affranchi : Esclave émancipé. À la deuxième ou troisième génération, les affranchis devenaient des citoyens de plein droit.

Ancile : Petit bouclier ovale, tombé du ciel sous le règne de Numa et considéré comme sacré. Numa en fit faire onze copies, afin que personne ne sache laquelle voler, et les confia à la garde des prêtres saliens.

Assemblées du peuple : Elles étaient au nombre de trois : les comices centuriates, qui élisaient les magistrats supérieurs, et deux assemblées tribales : les comices tributes (*comitia tributa*), qui élisaient les magistrats inférieurs, et le *consilium plebis*, composé uniquement de plébéiens, qui élisait les tribuns de la plèbe et les édiles plébéiens.

Augure : Prêtre chargé d'observer certains signes et d'en tirer des présages pour l'État.

Basilique : Édifice civil qui servait de tribunal par mauvais temps.

Caldarium : Étuve dans les bains romains.

Caliges : Bottes militaires des Romains, en réalité de lourdes sandales aux semelles cloutées.

Censeur : Magistrat élu tous les cinq ans, chargé d'établir le recensement et d'exclure du Sénat les membres indésirables. Il pouvait interdire certaines pratiques religieuses ou certains luxes immoraux. Il y avait deux censeurs et chacun pouvait casser le jugement de l'autre. Ils portaient la toge prétexte, circulaient dans la chaise curule, mais, la charge ne donnant pas droit à l'*imperium*, n'étaient pas accompagnés de licteurs. Les censeurs étaient généralement élus parmi les ex-consuls.

Centurie : Division politique et militaire du peuple romain. Centuries du peuple : unités de suffrages formant par leur réunion les comices centuriates.

Centurion : Issu des rangs, c'était le commandant d'une centurie qui, en pratique, ne comportait qu'une soixantaine d'hommes.

Ceste : Courroie de cuir garnie de plomb, parfois renforcée par des pointes de bronze, dont les athlètes s'entouraient les mains pour le pugilat.

Chaise curule : Chaise de camp pliante qui faisait partie des insignes des magistrats curules et des flamines de Jupiter.

Champ de Mars : Situé à l'extérieur des remparts, c'était autrefois le lieu de rassemblement et d'exercices de l'armée, plus tard réservé aux réunions des assemblées populaires.

Circus : Piste de courses et le stade qui l'englobait. Le cirque originel, le Circus Maximus, entre les monts Palatin et Aventin, était aussi le plus grand. Plus tard, le cirque de Flaminus, plus petit, fut construit sur le Champ de Mars.

Client : Plébéien qui se mettait sous la protection d'un patricien appelé « patron » et qu'il devait défendre à la guerre ou devant les tribunaux. Les affranchis devenaient les clients de leurs anciens maîtres.

Cognomen : Le nom de famille, qui comprend chaque souche d'une gens ; par exemple, Caius Julius *Caesar* : Caius de la souche des Césars de la gens Julia. Certaines familles plébéiennes, notamment les Marii et les Antonii, n'adoptèrent jamais de *cognomen.*

Coitio : Alliance politique entre deux hommes qui unissent les votes de leurs partisans. Souvent un accord entre deux adversaires afin de repousser des rivaux communs.

Coloniae : Cités conquises par Rome, où des citoyens romains se sont installés. Plus tard, colonies fondées par d'anciens légionnaires. Après 89 avant J.-C., les habitants des *coloniae* italiennes possédaient tous les droits afférents à la citoyenneté. Ceux des *coloniae* des provinces avaient une citoyenneté limitée.

Comices centuriates : À l'origine, réunion militaire annuelle des citoyens avant de rejoindre leur armée (les centuries). Ils élisaient les plus hauts magistrats. Vers le milieu de la République, ils n'étaient plus qu'un corps électoral.

Comitium : Endroit où se tenaient les comices. Partie du Forum près de la tribune, où le préteur siégeait pour rendre la justice.

Compluvium : Ouverture pratiquée dans le toit pour laisser entrer la lumière.

Confarreatio : La forme la plus sacrée et la plus contraignante des mariages romains. Les deux futurs époux offraient un gâteau d'épeautre à Jupiter en présence du pontife et du *flamen dialis*. Tombé en désuétude à la fin de la République.

Consul : Magistrat suprême de la République. Deux consuls étaient élus chaque année. Leurs insignes étaient la chaise curule et la toge prétexte. La charge comprenait l'*imperium* et chaque consul était escorté de douze licteurs. Après sa magistrature, le consul était assigné à un poste de proconsul hors de Rome. Il détenait le pouvoir absolu dans sa province.

Curie : Sénat de Rome situé sur le Forum.

Designator : Ordonnateur de pompes funèbres.

Dictateur : Dirigeant choisi par le Sénat et les consuls dans des cas d'extrême urgence. Pour une période limitée, n'excédant jamais six mois, il était doté d'un *imperium* illimité pour résoudre une crise. Contrairement aux consuls, il ne pouvait pas être contredit et n'était pas redevable de ses actes une fois sa mission accomplie. Ses insignes étaient la chaise curule et la toge prétexte, et il était accompagné de vingt-quatre licteurs. Extrêmement rare, la dernière dictature eut lieu en 202 avant J.-C. Les dictatures de Sylla et de César étaient anticonstitutionnelles.

Édile : Magistrat élu chargé de l'entretien des édifices, de l'allocation des céréales, de la morale publique, de l'organisation du commerce et des jeux. Seuls les édiles curules portaient la toge prétexte et circulaient en chaise curule. Les édiles plébéiens avaient uniquement le pouvoir de percevoir des amendes. Cette magistrature était considérée comme un marchepied pour une carrière politique. La charge n'impliquait pas l'*imperium.*

Eques (pl. *equites*) : Ordre des chevaliers. À l'origine, des citoyens assez riches pour fournir leurs propres chevaux et servir dans la cavalerie. Ils formaient l'élite aisée de la classe moyenne. Les publicains, les financiers, les banquiers et les usuriers provenaient de la classe équestre.

Faisceaux : Assemblage de verges liées autour d'une hache avec des bandes rouges et symbolisant le pouvoir de châtiment corporel ou capital du magistrat. Ils étaient portés par les licteurs qui marchaient devant les magistrats curules, les flamines de Jupiter, les proconsuls et les propréteurs des provinces.

Flamine : Grand prêtre attaché au service d'une divinité. Le collège des flamines était composé de trois patriciens et de douze plébéiens. Le flamine de Jupiter portait la toge prétexte, qui devait être tissée par sa femme, avait droit à la chaise curule, était accompagné d'un licteur et pouvait autrefois siéger au Sénat. Il devint difficile de remplir le collège des flamines car ils étaient nommés à vie et n'avaient plus le droit de participer à la vie politique.

Forum : Place du marché où se tenaient les assemblées du peuple et où se discutaient les affaires publiques. Le premier, le Forum romain, entouré des temples et édifices publics les plus importants, était le lieu où siégeaient les tribunaux. Lorsqu'on le pava, il fut réservé aux seules affaires publiques et le marché fut transféré au *forum bovarium*, près du Circus Maximus.

Génie : Esprit qui présidait à la destinée de chacun, à une collectivité, à une organisation, à un lieu.

Gens : Groupe de familles dont les chefs descendaient d'un ancêtre commun. Le *nomen* d'une gens patricienne se terminait toujours par *-ius*. Ainsi, Caius *Julius* Caesar était Caius de la famille César, de la gens Julia.

Gladiateur : Littéralement « qui combat avec le glaive ». Esclave, prisonnier de guerre, criminel condamné ou volontaire libre, il combattait, souvent jusqu'à la mort, dans les *munera*.

Gladius : Le court et large glaive à double tranchant porté par les soldats romains. Utilisé comme poignard à l'origine. Les gladiateurs se servaient d'un glaive plus petit, au dessin plus ancien.

Gracques : Tiberius et Caius Gracchus, tribuns de la plèbe, fils de Cornelia et de Tiberius Sempronius Gracchus.

Haruspice ou **Aruspice** : Membre d'un collège d'Étrusques, il examinait les entrailles des victimes sacrificielles pour en tirer des présages.

Imperium : L'ancien pouvoir du roi de lever et de conduire des armées, d'ordonner et d'interdire, d'infliger des châtiments corporels ainsi que la peine capitale. Les consuls et les préteurs qui se partageaient l'*imperium* étaient redevables de leurs actes après avoir quitté leur charge. Seul un dictateur possédait l'*imperium* illimité.

Insula : Littéralement, « île ». Grand pâté de maisons de plusieurs étages.

Itinera (pl. *itinerae*) : Rue trop étroite pour le passage des véhicules. La plupart des rues de Rome étaient des *itinerae.*

Janitor : Concierge esclave, ainsi appelé à cause du dieu Janus, gardien des portes.

Légat : Commandant adjoint nommé par le Sénat pour accompagner les généraux et les gouverneurs. Également, ambassadeur appointé par le Sénat.

Licteur : Garde, souvent un affranchi, porteur des faisceaux. Il convoquait les assemblées, veillait aux sacrifices publics et exécutait les châtiments.

Ludus (pl. *ludi*) : Jeux publics officiels, courses, théâtre, etc. Également, école de gladiateurs.

Lustrum : Cérémonie de purification.

Mundus : Le monde, l'univers.

Munera (toujours au pluriel) : Jeux spéciaux en dehors du calendrier officiel au cours desquels combattaient les gladiateurs. Jeux funèbres à l'origine, ils étaient dédiés aux morts. Dans les *munera sine missione*, tous les vainqueurs étaient tués : les participants combattaient parfois en séquence, ou tous ensemble jusqu'au dernier. Les *munera sine missione* étaient périodiquement interdits.

Municipia : Villes qui comprenaient à l'origine des habitants ayant acquis la citoyenneté totale à la fin de la République. Cicéron, qui était d'Arpinum, en est l'exemple parfait.

Nobiles : Famille patricienne ou plébéienne dont un membre avait occupé le consulat.

Nomen : Nom d'un groupe de familles ou d'une gens : par exemple, Caius *Julius* Caesar.

Novus homo : Littéralement, « homme nouveau ». Le premier d'une famille à détenir le consulat, ce qui conférait à celle-ci le statut de *nobiles.*

Optimates : Le parti des « meilleurs », c'est-à-dire des aristocrates et leurs partisans.

Palla : Manteau de femme (grande écharpe, mantille). Manteau d'acteur tragique.

Patriciens : Descendants des pères fondateurs de Rome. À la fin de la République, il ne restait que quatorze gens patriciennes.

Patron : Un homme possédant un ou plusieurs clients à qui il devait aide, conseils et protection. Cette relation était héréditaire.

Plèbe : Second ordre du peuple romain (opposé à patriciat).

Pomerium : Tracé originel de l'enceinte de la ville attribué à Romulus. C'était en fait un espace consacré à l'intérieur et à l'extérieur des murs. Il était interdit de porter des armes ou d'enterrer les morts dans le *pomerium.*

Pontife : Membre du collège des ministres du culte. Il contrôlait les cultes privés et publics ainsi que le calendrier. À la fin de la République, il y avait quinze pontifes : sept patriciens et huit plébéiens. Leur chef était le grand pontife (*pontifex maximus*), titre détenu aujourd'hui par le pape.

Populares : Le parti des gens du peuple.

Praenomen : Nom d'émancipation, comme Marcus, Sextus, Caius, etc. Par exemple, *Caius* Julius Caesar : Caius de la famille des Césars de la gens Julia. Les femmes prenaient la forme féminine du nom paternel ; ainsi, la fille de Caius Julius Caesar s'appellerait Julia.

Préteur : Magistrat élu pour un an en même temps que les consuls. Le principal était le préteur urbain qui jugeait les affaires civiles entre citoyens. Le préteur *peregrinus* traitait les affaires impliquant des étrangers. La charge comportait l'*imperium*. À la fin de leur mandat, les ex-préteurs devenaient propréteurs et gouvernaient les provinces proprétoriennes avec un *imperium* absolu.

Princeps : Le plus important, la tête. *Princeps senatus* : le prince du Sénat, élu par les censeurs. Son nom était le premier de la liste et il était le premier à prendre la parole quel que fût le sujet. Par la suite, le titre (*Premier Citoyen*) fut usurpé par Auguste. C'est là l'origine du mot « prince ».

Proscription : Mise hors la loi, condamnation sans jugement des adversaires politiques. On pouvait tuer un proscrit et réclamer une récompense : souvent une partie de son patrimoine.

Publicain : Chevalier romain qui prenait à ferme le recouvrement des impôts. Les contrats étaient établis par les censeurs et valables cinq ans.

Pugio : La dague à double tranchant des soldats romains.

Questeur : Magistrat d'abord chargé d'assister les consuls en matière financière et criminelle. Questeurs urbains chargés de la gestion des deniers publics à Rome ; questeurs militaires, lieutenants des consuls ou des généraux ; questeurs provinciaux, assistants du gouverneur. Ils étaient élus annuellement par la *comitia tributa.* À la fin de sa charge, un questeur devient proquesteur dans une province.

Quirinus : Nom de Romulus divinisé. Patron des divinités de Rome.

Rostres (les) : Monument du Forum commémorant la bataille d'Antium (aujourd'hui Anzio) en 338 avant J.-C. Décoré avec les éperons (les rostres) des navires pris à l'ennemi, son socle servait de tribune aux harangues.

Sagum : Le manteau militaire des Romains, en laine teinte en rouge. Revêtir le *sagum* signifiait que l'État était en guerre. Lorsque les citoyens se réunissaient dans les comices centuriates, ils portaient le *sagum* en mémoire de la fonction militaire de ces assemblées.

Salii : « Les Danseurs ». Deux collèges de prêtres dévoués à Mars et à Quirinus. Chaque collège était composé de douze jeunes patriciens dont les parents étaient toujours en vie. Pour leurs fêtes, ils revêtaient des tuniques brodées, un casque et un plastron de bronze, et chacun portait l'un des douze boucliers sacrés (*ancilia*) et un bâton. Leur rituel était si ancien qu'au Ier siècle avant J.-C. plus personne ne comprenait leurs chants ni leurs prières.

Saturnales : Fêtes célébrées en l'honneur de Saturne entre les 17 et 23 décembre, au cours desquelles les esclaves prenaient la place de leurs maîtres et qui étaient l'occasion de diverses réjouissances endiablées et d'échanges de cadeaux.

Scutum (pl. *scuti*) : Bouclier fait de lattes de bois en demi-cylindre recouvertes de cuir avec rebord métallique.

Sénat : Conseil souverain constitué de trois cents à six cents hommes ayant détenu au moins une fois une charge élective. Vers la fin de la République, sa principale autorité résidait dans la politique étrangère et dans la nomination des généraux. Les sénateurs avaient le privilège de porter le laticlave, tunique ornée d'une large bande pourpre.

Seres : Peuple oriental proche des Chinois.

Sica : Dague à un seul tranchant, ou courte épée de taille variable. Prisée des hommes de main, utilisée par les gladiateurs thraces dans l'arène, elle était considérée comme une arme déshonorante.

Spatha : La spathe, épée des chevaliers romains, plus longue et moins large que le glaive.

Spina : Mur peu élevé qui traversait le cirque.

SPQR : « *Senatus populusque Romanus.* » Le Sénat et le peuple de Rome. Formule personnifiant la souveraineté de Rome et utilisée dans la correspondance officielle, les documents et les travaux publics.

Stola : Longue robe (pour homme ou femme). Robe des matrones romaines.

Strophium : Bande d'étoffe portée par les femmes sous ou sur l'habit pour soutenir la poitrine.

Subligaculum : Petit tablier pour cacher la nudité. Sorte de caleçon.

Subure : Faubourg niché sur les pentes inférieures du Viminal et de l'Esquilin, et connu pour ses taudis, ses échoppes bruyantes et ses habitants tapageurs.

Tarpéienne (roche) : Crête rocheuse de l'extrémité sud-ouest du Capitole. D'après la légende, Tarpéia, vestale romaine qui aurait livré la citadelle de Rome aux Sabins, y était enterrée. C'était de là que l'on précipitait les criminels.

Temple de Jupiter Capitolin : Le temple le plus important de la religion officielle. Les processions triomphales s'y achevaient par un sacrifice.

Temple de Saturne : Le trésor de l'État y était conservé dans sa crypte. C'était également un dépôt militaire.

Temple de Vesta : Abri du feu sacré entretenu par les vestales. Il était dédié à la déesse de la Terre. On y conservait les documents, surtout des testaments.

Toge : Ample pièce d'étoffe sans coutures dans laquelle les Romains se drapaient. Blanche pour les classes supérieures, plus sombre pour les pauvres et pour le deuil. La toge prétexte, bordée d'une bande pourpre, était portée par les magistrats curules, les prêtres pendant les offices et par les garçons avant leur majorité. La toge *picta*, pourpre, bordée d'étoiles d'or, était portée par un général pour la célébration d'un triomphe et par un magistrat lorsqu'il donnait des jeux.

Tribun : Élu plébéien doté d'un pouvoir législatif et du droit de veto aux décrets du Sénat. La fonction ne donnait pas droit à l'*imperium*. Les tribuns militaires étaient élus parmi les jeunes gens de rang sénatorial ou chevaleresque, et assistaient les généraux. Souvent le premier pas vers unc carrière politique.

Triomphe : Cérémonie honorifique, décernée par le Sénat pour saluer une victoire militaire. Le général victorieux devait attendre en dehors de l'enceinte de la ville, car son commandement cessait dès qu'il franchissait le *pomerium*. Appelé triomphateur, il recevait un accueil glorieux et était traité comme un dieu pendant une journée. Un esclave se tenait en permanence derrière lui et lui rappelait son état de mortel afin de ne pas offusquer les dieux.

Tunique : Chemise longue, avec ou sans manches, portée sous la toge à l'extérieur, ou seule dans la maison. La tunique laticlave, bordée au cou d'une large bande pourpre, était portée par les sénateurs et les patriciens. Les chevaliers portaient la tunique angusticlave, bordée d'une étroite bande pourpre. Pour célébrer un triomphe, un général revêtait la tunique *picta*, pourpre, brodée de palmes d'or.

Usus : Mariage le plus courant. L'homme et la femme devaient vivre ensemble durant un an sans interruption.

Via (pl. *viae*) : Large voie. Dans la cité, les *viae* étaient assez larges pour que deux véhicules puissent s'y croiser. Sous la République, il n'y avait que deux *viae* : la Via Sacra, qui traversait le Forum et qu'on empruntait pour les processions religieuses et les triomphes, et la Via Nova, qui longeait le Forum.

Vigile : Garde de nuit. Les vigiles devaient appréhender les criminels, mais leur tâche principale consistait à surveiller les débuts d'incendie. Ils étaient armés d'un simple bâton et portaient des seaux.

Danila Comastri Montanari

Les enquêtes du sénateur Publius Aurélius Statius

Dans la Rome antique du Ier siècle après Jésus-Christ, le sénateur Publius Aurélius Statius nourrit une insatiable curiosité pour les énigmes. Épicurien convaincu, séducteur impénitent, il n'hésite pas à mettre son intuition au service de ses amis pour déjouer crimes, vengeances et complots. Secondé par Castor, un esclave aussi rusé qu'insolent, et par l'excentrique Pomponia, il promène sa toge blanche, au gré des intrigues, dans l'intimité d'une *pax romana* pas si paisible que cela.

n°3701 – 7,30 €

GRANDS DÉTECTIVES, DES POLARS HORS LA LOI DU GENRE

Steven Saylor

Les enquêtes de Gordien

De la dictature de Sylla à la conquête de Rome par César, en passant par le consulat de Cicéron, Gordien traverse un siècle troublé déjouant les complots, résolvant des affaires criminelles, ou filant des sénateurs véreux dans les dédales de la « Ville Éternelle ». Droit, indépendant et toujours alerte, il n'hésite pas à collaborer avec les dieux pour parvenir à ses fins. Steven Saylor nous dévoile avec talent les arcanes de la Rome antique.

n°2996 – 7,30 €

GRANDS DÉTECTIVES, DES POLARS HORS LA LOI DU GENRE

Paul Doherty

Les enquêtes de Télamon

En 334 avant Jésus-Christ, Alexandre le Grand s'apprête à envahir la Perse. Parmi les farouches phalangistes qui composent sa garde, son ami de toujours, Télamon, détonne quelque peu. En effet, ce médecin, formé à l'école d'Aristote, estime plus la vélocité de l'esprit que la force des bras pour résoudre les affaires délicates de l'empire. Meurtres, trahisons ou espionnages, il devra être un fin limier pour débusquer les ennemis de son souverain, même si le caractère fantasque de ce dernier ne lui simplifie pas toujours la tâche…

n° 3738 – 7,80 €

Cet ouvrage a été imprimé par

FIRMIN DIDOT

GROUPE CPI

Mesnil-sur-l'Estrée

pour le compte des Éditions 10/18
en avril 2005

Dépôt légal : mai 2005
N° d'édition : 3718 – N° d'impression : 73604

Imprimé en France